凝聚隧道及地下工程领域的

先进理论方法、突破性科研成果、前沿关键技术，

记录中国隧道及地下工程修建技术的创新、进步和发展。

穿越——中国隧道及地下工程修建关键技术研究书系

NINETEEN LECTURES ON
KEY CONSTRUCTION TECHNOLOGIES OF
OPENTYPE TUNNEL BORING MACHINE

敞开式岩石隧道掘进机(TBM)施工关键技术19讲

周 烨 吕海明 李宏伟 等 编著

人民交通出版社股份有限公司
北 京

内 容 提 要

本书基于作者团队多年的工程实践经验和技术攻关成果，结合相关典型工程，以"讲"的形式介绍敞开式TBM施工关键技术的要点与难点。全书共19讲：第1讲敞开式TBM工作原理与配置；第2讲TBM地质勘察与选线；第3讲TBM选型设计；第4讲TBM监造与拆机运输；第5讲TBM施工空间规划设计；第6讲TBM组装调试及步进；第7讲TBM掘进及姿态控制；第8讲TBM施工支护；第9讲TBM衬砌；第10讲TBM施工运输；第11讲TBM施工通风；第12讲TBM施工供电与通信；第13讲TBM施工供排水及污水处理；第14讲TBM工程测量；第15讲TBM超前地质预报与隧道监控量测；第16讲特殊地质地段TBM施工技术；第17讲TBM系统维护；第18讲TBM施工管理；第19讲TBM发展及展望。

本书可供从事TBM隧道设计、施工、建设管理的专业技术人员使用，也可作为相关高等院校师生的教学参考书。

图书在版编目(CIP)数据

敞开式岩石隧道掘进机(TBM)施工关键技术19讲／周烨等编著. — 北京：人民交通出版社股份有限公司，2023.9

ISBN 978-7-114-18772-8

Ⅰ.①敞… Ⅱ.①周… Ⅲ.①铁路隧道—掘进机械—隧道施工 Ⅳ.①U459.1

中国国家版本馆CIP数据核字(2023)第083721号

Changkaishi Yanshi Suidao Juejinji(TBM) Shigong Guanjian Jishu 19 Jiang

书 名：	敞开式岩石隧道掘进机(TBM)施工关键技术19讲
著 作 者：	周 烨 吕海明 李宏伟 等
责任编辑：	谢海龙
责任校对：	孙国靖 卢 弦
责任印制：	张 凯
出版发行：	人民交通出版社股份有限公司
地 址：	(100011)北京市朝阳区安定门外外馆斜街3号
网 址：	http://www.ccpcl.com.cn
销售电话：	(010)59757973
总 经 销：	人民交通出版社股份有限公司发行部
经 销：	各地新华书店
印 刷：	北京印匠彩色印刷有限公司
开 本：	787×1092 1/16
印 张：	18.5
字 数：	422千
版 次：	2023年9月 第1版
印 次：	2023年9月 第1次印刷
书 号：	ISBN 978-7-114-18772-8
定 价：	118.00元

(有印刷、装订质量问题的图书，由本公司负责调换)

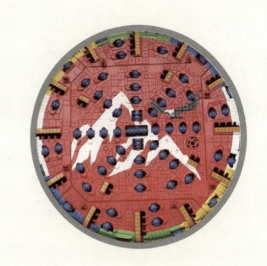

编审委员会

主 任 委 员：吕海明　王家海　李宏伟
副主任委员：周俊东　王良泉　李　鹏　王海龙　杜兆广
　　　　　　连　凯　邓　斌　赵永生　徐　建
主　　　编：周　烨　吕海明　李宏伟
副　主　编：余情园　程永丰　王文爽　韩开成
编　　　委：郭建民　许　建　刘士杰　鱼亮东　黄　欢
　　　　　　刘骁雨　邹吉峰　王彦军　边志远　何　伟
　　　　　　赵鹏飞　任　权　周　鹏　刘金辉　包广昌
　　　　　　蔡　龙　黄明星　贾　峰　郎文雨　张怀中
主　　　审：王家海　刘长伟　李立功

前言
Preface

岩石隧道掘进机(TBM)是新时代基础设施建设的重要利器,以其经济、安全、环保等施工特点,广泛应用于交通、水利水电、矿山等工程领域。伴随 TBM 隧道工程建设的持续快速发展,对各个层面的专业技术人员的业务能力提出了更高的要求,迫切需要不断总结 TBM 隧道施工的工程经验和技术方法,以促进行业整体技术水平的提升。

中铁十九局集团有限公司作为一支集铁路、公路、水利水电、轨道交通等于一体的大型专业化施工队伍,自 2008 年参与那邦水电站 TBM 工程伊始,成功修建了多座 TBM 隧道工程,并在穿越断层破碎带、河床、溶洞、软岩蚀变带、岩爆、高地温等特殊地质段施工方面积累了丰富的经验,具备了在特殊地层条件及复杂工况下的 TBM 施工技术能力。

基于上述工程实践经验,针对当前 TBM 隧道工程专业人员普遍面临的技术挑战,本书摒弃面面俱到、繁复的论述,以"讲"的形式,分门别类、提纲挈领地介绍了敞开式 TBM 隧道施工应遵循的基本原则、关键技术方法的要点与难点,具有较强的实用性和适用性。全书共分 19 讲,主要内容包括:对不同直径 TBM 平均掘进参数进行统计,分析了不同围岩级别下掘进参数的变化规律;对 TBM 洞外场地进行模块化规划设计,提出洞口区、生产区和办公生活区三个模块的参考规划方案;根据具体工程的地理环境,尤其是洞口情况,参照规划模块,进行分拆规划建设,为洞外空间合理布局提供参考依据;提出了综合精准超前地质预报和自动化检测方法,将监控量测、超前预报与施工工序紧密结合,纳入常规施工工序进行管理;提出了规避 TBM 地质灾害(塌方、突水涌泥、大变形等)发生的新思路和新方法,同时总结了多个不良地质段的成功施工实践经验,较为详细地介绍了近年来 TBM 通过特殊地质段的施工技术;介绍了陀螺仪定位新技术,提高了长大 TBM 隧道控制测量精度和贯通精度;提出了可靠的监测诊断技术,保障了 TBM 处于安全良好的掘进状态;提出了"强制维保、交叉作业"的维保理念,提高了刀具检查、维修效率;总结了 TBM 施工组织、施工管理、特殊地质地段施工等要求,完善了 TBM 施工管理体系。

　　本书由周烨、吕海明、王家海、李宏伟、余情园、程永丰、韩开成、许建等人撰写,书中引用参考了大量工程的设计施工方案、技术交底、施工组织设计和研究论文资料,凝聚了国内 TBM 专家及设计、施工等一线工程技术人员的辛劳与智慧,在此,谨向上述文献及技术资料的作者致以衷心感谢。

　　限于作者水平和能力,书中难免存在不足和疏漏之处,恳请专家和读者批评指正。

作　者

2022 年 12 月 1 日

目录

Contents

第 1 讲　敞开式 TBM 工作原理与配置 ··· 001
  1.1　敞开式 TBM 简述 ··· 001
    1.1.1　TBM 主机工作原理 ··· 001
    1.1.2　TBM 滚刀破岩机理 ··· 002
  1.2　敞开式 TBM 基本配置 ··· 003
    1.2.1　刀盘系统 ··· 003
    1.2.2　主驱动系统 ··· 006
    1.2.3　推进及支撑系统 ··· 008
    1.2.4　支护系统 ··· 009
    1.2.5　后配套系统 ··· 011
  1.3　敞开式 TBM 与护盾式 TBM 比较 ··· 016
  本讲参考文献 ··· 017

第 2 讲　TBM 地质勘察与选线 ··· 018
  2.1　地质勘察 ··· 018
    2.1.1　地质勘察工作 ··· 018
    2.1.2　地质勘察技术 ··· 020
    2.1.3　地质勘察技术流程 ··· 021
  2.2　TBM 法隧道工程选线 ··· 022
    2.2.1　选线目标 ··· 022
    2.2.2　选线技术路线 ··· 022
    2.2.3　地质选线应规避事项 ··· 023
  2.3　TBM 勘察选线与地质影响 ··· 024

2.3.1　TBM 勘察选线 024
2.3.2　影响 TBM 效率的地质参数 025
2.3.3　TBM 施工主要地质灾害类型 025
本讲参考文献 027

第3讲　TBM 选型设计 028
3.1　TBM 选型依据和原则 028
3.1.1　TBM 选型依据 028
3.1.2　TBM 选型原则 029
3.2　TBM 机型选择 029
3.2.1　TBM 适应性分析 029
3.2.2　不同类型 TBM 性能对比 030
3.3　TBM 主要设备配置 032
3.3.1　刀盘配置原则 032
3.3.2　主轴承配置原则 033
3.3.3　支撑推进系统配置原则 033
3.3.4　支护设备配置原则 034
3.3.5　渣土输送系统配置原则 034
3.3.6　后配套系统配置原则 035
3.4　TBM 智能建造设计 035
3.4.1　搭载数字超前地质预报系统 035
3.4.2　TBM 掘进参数智能控制系统 036
3.4.3　TBM 远程操作系统 036
3.4.4　TBM 智能控制平台 036
本讲参考文献 037

第4讲　TBM 监造与拆机运输 039
4.1　监造内容 039
4.1.1　监造范围 039
4.1.2　TBM 监造内容 039
4.1.3　监造控制意义 040
4.1.4　驻场监造人员配备及控制要点 040
4.1.5　监造工作方法 040

4.2 监造过程 ··· 041
4.2.1 监造流程 ··· 041
4.2.2 质量控制 ··· 041
4.2.3 进度控制 ··· 044
4.2.4 TBM 监造对接 ··· 045
4.3 TBM 拆机 ··· 046
4.3.1 拆机总体要求 ··· 046
4.3.2 电气设备拆机整体要求 ··· 046
4.3.3 液压流体设备拆机整体要求 ··· 047
4.3.4 机械设备拆机整体要求 ··· 047
4.3.5 放置、捆扎和包装的总体要求 ··· 048
4.3.6 清洁要求 ··· 048
4.3.7 防护要求 ··· 049
4.3.8 包装要求 ··· 049
4.3.9 标记要求 ··· 049
4.3.10 安全注意事项 ··· 049
4.4 运输 ··· 049
4.4.1 运输总体规划 ··· 049
4.4.2 技术保障 ··· 051
4.4.3 主要部件安全运输要求 ··· 051
4.4.4 运输对策 ··· 052
本讲参考文献 ··· 052

第 5 讲 TBM 施工空间规划设计 ··· 054
5.1 TBM 施工空间设计 ··· 054
5.1.1 TBM 施工通道设计 ··· 054
5.1.2 TBM 组装空间设计 ··· 055
5.1.3 TBM 步进洞室空间设计 ··· 057
5.1.4 TBM 始发洞室空间设计 ··· 058
5.1.5 TBM 检修洞室空间设计 ··· 059
5.1.6 TBM 拆卸洞室空间设计 ··· 059
5.2 "单线双机"TBM 施工空间设计 ··· 060

  5.2.1 "单线双机"洞室设计 ·· 060

  5.2.2 "单线双机"洞内搅拌站规划 ······································ 061

  5.2.3 "单线双机"运输系统设计 ·· 062

 5.3 TBM 施工正洞空间布置 ··· 063

  5.3.1 正洞布置内容 ··· 063

  5.3.2 正洞断面布置 ··· 064

  5.3.3 正洞错车段断面布置 ·· 064

 5.4 TBM 洞外场地模块化设计 ·· 064

  5.4.1 场地布置原则 ··· 064

  5.4.2 场地建设要求 ··· 065

  5.4.3 施工场地规划 ··· 065

本讲参考文献 ··· 067

第 6 讲 TBM 组装调试及步进 ··· 069

 6.1 TBM 组装 ··· 069

  6.1.1 现场准备工作 ··· 069

  6.1.2 组装技术要求 ··· 071

  6.1.3 常用组装方式 ··· 073

  6.1.4 组装操作要点 ··· 073

  6.1.5 组装安全注意事项 ·· 074

 6.2 TBM 调试 ··· 075

  6.2.1 调试前准备 ··· 075

  6.2.2 空载调试 ··· 075

  6.2.3 负载调试 ··· 076

 6.3 TBM 步进 ··· 077

  6.3.1 步进方式 ··· 077

  6.3.2 滑板式步进 ··· 078

本讲参考文献 ··· 079

第 7 讲 TBM 掘进及姿态控制 ··· 080

 7.1 TBM 掘进 ··· 080

  7.1.1 TBM 掘进工艺流程 ··· 080

  7.1.2 TBM 掘进操作 ·· 081

  7.1.3　TBM 围岩级别实时判断 ·· 083

  7.1.4　TBM 掘进参数选择 ·· 083

  7.1.5　不良地质 TBM 掘进控制 ·· 085

 7.2　TBM 姿态控制 ··· 085

  7.2.1　TBM 方向控制重要性 ·· 085

  7.2.2　TBM 姿态影响因素 ·· 085

  7.2.3　TBM 姿态调整 ·· 086

 本讲参考文献 ··· 088

第 8 讲　TBM 施工支护 ··· 089

 8.1　初期支护 ··· 089

  8.1.1　锚杆 ·· 089

  8.1.2　钢筋网 ·· 090

  8.1.3　钢筋排 ·· 090

  8.1.4　钢拱架 ·· 091

  8.1.5　喷射混凝土 ·· 092

 8.2　超前支护 ··· 092

  8.2.1　超前小导管 ·· 093

  8.2.2　超前管棚 ··· 093

  8.2.3　玻璃纤维锚杆 ·· 094

 8.3　支护类型 ··· 095

  8.3.1　支护的作用 ·· 095

  8.3.2　支护的类型 ·· 095

 本讲参考文献 ··· 096

第 9 讲　TBM 衬砌 ··· 097

 9.1　仰拱施工 ··· 097

  9.1.1　仰拱预制块施工 ··· 097

  9.1.2　现浇仰拱施工 ·· 099

 9.2　常规二次衬砌 ··· 100

  9.2.1　衬砌台车设计 ·· 101

  9.2.2　工艺流程及操作要点 ··· 101

 9.3　同步二次衬砌 ··· 103

　　9.3.1 同步衬砌台车设计 ··· 103
　　9.3.2 工艺流程及操作要点 ··· 105
本讲参考文献 ··· 106

第 10 讲　TBM 施工运输 ··· 107

10.1 TBM 施工有轨运输 ·· 107
　　10.1.1 有轨运输线路 ··· 107
　　10.1.2 机车选择 ··· 108
　　10.1.3 运输调度 ··· 108
　　10.1.4 有轨运输安全 ··· 110

10.2 TBM 施工皮带输送机出渣 ······································ 111
　　10.2.1 出渣系统 ··· 111
　　10.2.2 皮带输送机驱动方案 ·· 112
　　10.2.3 皮带输送机的组成 ··· 112
　　10.2.4 皮带硫化工艺 ··· 114

本讲参考文献 ··· 115

第 11 讲　TBM 施工通风 ··· 116

11.1 隧道施工环境卫生要求 ·· 116

11.2 通风方案 ··· 117
　　11.2.1 通风方案比选 ··· 117
　　11.2.2 TBM 法与钻爆法通风比较 ································· 118
　　11.2.3 TBM 法通风方案 ··· 119

11.3 通风方案计算与设计 ·· 120
　　11.3.1 通风计算参数 ··· 120
　　11.3.2 通风量计算 ·· 120
　　11.3.3 风压计算 ··· 122
　　11.3.4 功率计算 ··· 123

11.4 通风设备选择 ··· 123
　　11.4.1 风机选择原则 ··· 123
　　11.4.2 风筒选择原则 ··· 124

11.5 运行维护 ··· 124
　　11.5.1 通风系统监测 ··· 124

11.5.2 风机用电统计 ··· 125
11.5.3 风筒布置及延伸 ··· 125
11.5.4 风筒修补技术 ·· 125
11.5.5 通风智能化管控系统 ·· 126
11.6 一洞双机TBM隧道通风案例 ··· 126
11.6.1 工程概况 ·· 127
11.6.2 通风方式 ·· 127
11.6.3 通风管布置 ··· 127
11.6.4 通风风机选择 ·· 128
11.6.5 通风效果 ·· 128
本讲参考文献 ·· 128

第12讲 TBM施工供电与通信 ·· 129
12.1 TBM施工供电 ·· 129
12.1.1 供电系统设计 ·· 129
12.1.2 施工安全用电管理 ·· 130
12.1.3 用电负荷计算 ·· 131
12.1.4 变电站及变压器选型 ··· 133
12.1.5 发电机并机供电 ··· 133
12.1.6 临时施工用电 ·· 133
12.2 TBM施工通信 ·· 134
12.2.1 有线通信 ·· 134
12.2.2 无线通信 ·· 134
12.2.3 5G通信 ·· 135
本讲参考文献 ·· 136

第13讲 TBM施工供排水及污水处理 ··· 137
13.1 TBM施工供水 ·· 137
13.1.1 TBM供水系统布置 ··· 137
13.1.2 TBM主机用水 ··· 137
13.2 TBM反坡排水 ·· 138
13.2.1 反坡排水作用 ·· 138
13.2.2 反坡排水参数计算 ·· 138

13.2.3 反坡排水方案设计 ······ 140
13.2.4 反坡排水工程案例 ······ 141
13.3 TBM 施工污水处理 ······ 142
13.3.1 污水处理特点 ······ 143
13.3.2 污水处理工艺原理 ······ 143
13.3.3 污水处理的工艺流程 ······ 144
13.3.4 TBM 污水处理施工案例 ······ 144
本讲参考文献 ······ 147

第 14 讲 TBM 工程测量 ······ 148

14.1 TBM 隧道贯通误差设计 ······ 148
14.1.1 隧道贯通误差来源 ······ 148
14.1.2 隧道贯通误差值确定 ······ 148
14.1.3 隧道外控制网贯通误差设计 ······ 149
14.1.4 隧道内导线控制网贯通误差设计 ······ 150
14.1.5 竖井定向测量贯通误差设计 ······ 150
14.1.6 洞内外控制测量误差设计 ······ 150
14.1.7 地面和地下高程控制测量误差设计 ······ 150
14.2 TBM 隧道控制测量设计 ······ 151
14.2.1 控制网网形设计 ······ 151
14.2.2 控制测量技术要求 ······ 153
14.2.3 陀螺仪定向 ······ 153
14.3 TBM 施工测量 ······ 154
14.3.1 导向系统工作原理 ······ 155
14.3.2 导向系统硬件组成 ······ 155
14.4 TBM 引水隧道控制测量案例 ······ 157
14.4.1 工程概况 ······ 157
14.4.2 TBM 隧道洞外控制测量 ······ 158
14.4.3 TBM 隧道洞内控制测量 ······ 158
14.4.4 洞内外贯通误差计算 ······ 159
14.4.5 控制测量总结 ······ 160
本讲参考文献 ······ 160

第15讲　TBM超前地质预报与隧道监控量测 — 161

15.1　TBM超前地质预报 — 161
15.1.1　超前地质预报主要内容 — 161
15.1.2　超前地质预报分类 — 161
15.1.3　TBM搭载超前地质预报技术 — 163
15.1.4　TBM综合超前精准预报技术 — 165
15.1.5　TBM超前地质预报管理 — 165

15.2　TBM施工隧道监控量测 — 166
15.2.1　传统监控量测 — 166
15.2.2　自动化监测 — 169

本讲参考文献 — 172

第16讲　特殊地质地段TBM施工技术 — 173

16.1　注浆技术 — 173
16.1.1　注浆机理 — 173
16.1.2　浆液类型 — 174
16.1.3　常用注浆类型 — 175
16.1.4　注浆方案 — 177
16.1.5　注浆过程中特殊情况应对 — 177

16.2　TBM富水段落施工 — 178
16.2.1　突涌水危害 — 178
16.2.2　突涌水易发地段 — 180
16.2.3　涌水量预测 — 180
16.2.4　涌水量等级划分 — 181
16.2.5　富水地段技术方案 — 181

16.3　TBM断层破碎带施工 — 184
16.3.1　断层破碎带危害 — 184
16.3.2　断层破碎带应对措施 — 185
16.3.3　断层破碎带坍塌处理 — 185
16.3.4　断层破碎带涌泥卡机处理方案 — 189

16.4　TBM围岩大变形施工 — 190
16.4.1　大变形危害 — 190

16.4.2　大变形机理 ……………………………………………………… 191

　　16.4.3　大变形分级 ……………………………………………………… 191

　　16.4.4　大变形预测 ……………………………………………………… 192

　　16.4.5　大变形设计施工原则 ……………………………………………… 192

　　16.4.6　大变形应对措施 …………………………………………………… 193

16.5　TBM 岩爆段施工 ………………………………………………………… 195

　　16.5.1　岩爆危害 …………………………………………………………… 195

　　16.5.2　岩爆形成机理 ……………………………………………………… 196

　　16.5.3　岩爆特性 …………………………………………………………… 197

　　16.5.4　岩爆分级 …………………………………………………………… 197

　　16.5.5　岩爆预测 …………………………………………………………… 198

　　16.5.6　岩爆通常应对措施 ………………………………………………… 198

　　16.5.7　TBM 开挖过程中岩爆应对措施 …………………………………… 200

16.6　TBM 高地温地段施工 ……………………………………………………… 200

　　16.6.1　高地温危害 ………………………………………………………… 201

　　16.6.2　高地温形成机理 …………………………………………………… 202

　　16.6.3　高地温等级划分 …………………………………………………… 202

　　16.6.4　高地温应对措施 …………………………………………………… 202

　　16.6.5　高地温综合防治方案 ……………………………………………… 205

16.7　TBM 卡机脱困 …………………………………………………………… 205

　　16.7.1　TBM 卡机机理 ……………………………………………………… 205

　　16.7.2　TBM 卡机类型 ……………………………………………………… 206

　　16.7.3　卡机预防措施 ……………………………………………………… 206

　　16.7.4　TBM 卡机处理方案 ………………………………………………… 207

本讲参考文献 ……………………………………………………………………… 212

第 17 讲　TBM 系统维护 ……………………………………………………… 215

17.1　TBM 维护组织 …………………………………………………………… 215

　　17.1.1　组织机构 …………………………………………………………… 215

　　17.1.2　维护原则 …………………………………………………………… 216

　　17.1.3　维护制度 …………………………………………………………… 217

　　17.1.4　维护保养计划 ……………………………………………………… 218

17.1.5	维护中注意事项	218
17.1.6	配件管理	218
17.1.7	故障处理	219

17.2 TBM 状态监测 ... 219

17.2.1	监测目的	219
17.2.2	监测对象	220
17.2.3	监测项目	220
17.2.4	监测方法	220

17.3 机械系统维护 ... 221

17.3.1	刀盘系统维护	221
17.3.2	主驱动系统维护	225
17.3.3	护盾及推进支撑系统维护	226
17.3.4	拱架安装器	227
17.3.5	锚杆钻机系统维护	227
17.3.6	喷混系统维护	228
17.3.7	皮带输送机系统维护	229
17.3.8	后配套系统维护	230

17.4 液压流体系统维护 ... 232

17.4.1	液压系统维护	232
17.4.2	液压系统故障分析	233
17.4.3	主驱动润滑系统	234
17.4.4	油脂集中润滑系统	235

17.5 电气系统维护 ... 237

17.5.1	操作流程	237
17.5.2	系统维护	238
17.5.3	典型问题处理	239

本讲参考文献 ... 241

第 18 讲 TBM 施工管理 ... 242

18.1 TBM 施工生产管理 ... 242

18.1.1	TBM 施工生产管理体系	242
18.1.2	TBM 施工劳动组织	244

18.1.3 TBM 各工序间的关系 ················ 245
18.1.4 TBM 施工管理主要内容 ················ 248
18.2 TBM 施工安全管理 ················ 248
18.2.1 TBM 施工危险源辨识与风险评价 ················ 249
18.2.2 TBM 施工安全管理要点 ················ 250
18.2.3 TBM 施工安全管理措施 ················ 252
18.3 TBM 施工质量管理 ················ 253
18.3.1 TBM 组装质量控制 ················ 253
18.3.2 TBM 拆卸质量控制 ················ 254
18.3.3 TBM 掘进质量控制 ················ 254
18.3.4 TBM 支护质量控制 ················ 255
18.3.5 TBM 衬砌质量控制 ················ 255
18.4 TBM 施工进度管理 ················ 258
18.4.1 TBM 施工进度指标 ················ 259
18.4.2 TBM 施工工期保证措施 ················ 260
18.4.3 TBM 快速施工方法 ················ 262
18.5 TBM 施工成本管理 ················ 265
18.5.1 TBM 施工成本 ················ 265
18.5.2 其他间接成本 ················ 268
18.5.3 TBM 施工成本测算案例 ················ 269
本讲参考文献 ················ 270

第 19 讲　TBM 发展及展望 ················ 271
本讲参考文献 ················ 274

第1讲　敞开式TBM工作原理与配置

敞开式 TBM 是一种集掘进、支护、出渣和通风除尘等多功能于一体的大型高效隧道施工机械,是集成机、电、液、光、气的工厂化流水线隧道施工装备,其适用于地层相对较完整的硬质岩,掘进过程中,在刀盘自转滚刀公转的强大推力作用下进行破岩,形成光洁圆顺的岩面效果,能直观揭示围岩地质状况。其支护理念采用新奥法原理,能够充分发挥围岩的自承能力,掘进中撑靴撑紧岩壁,通过强大的支撑系统和主驱动系统为刀盘提供足够大的动力进行掘进。

1.1　敞开式 TBM 简述

1.1.1　TBM 主机工作原理

敞开式 TBM 掘进有两种控制模式,即自动控制模式和手动控制模式。其中,自动控制模式又分为推力控制模式和扭矩控制模式。岩石均匀性较好时采用自动控制模式,较硬的均匀岩石采用推力控制模式,软弱均匀岩石采用扭矩控制模式。各级围岩均可采用手动控制模式,采用不同的掘进参数以匹配不同围岩,以求达到安全、高效掘进。

TBM 掘进中需调整的参数包括推进行程、刀盘转速、推进速度(相应推进力、刀盘扭矩不同)和撑靴支撑力等,需要控制驱动电机电流不超过额定值或一定限值。在掘进作业时,TBM 刀盘沿隧道轴线的直线运动和绕轴线的单方向回转运动复合形成螺旋运动,被破碎的岩石从刀盘的铲斗落入皮带输送机从而运出洞外。敞开式 TBM 适用于自稳能力强并能承受巨大水平力的岩石地层,掘进时伸出水平支撑,撑紧洞壁,收起后支撑,启动皮带输送机,刀盘回转,开始掘进。掘进一个循环后,进行换步作业,再进行下一循环掘进,以此类推,如图 1-1 所示。

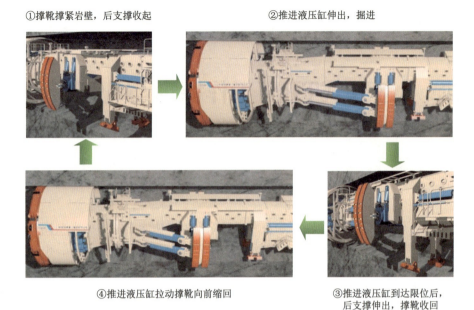

图1-1 敞开式TBM掘进循环步骤示意图

1.1.2 TBM滚刀破岩机理

滚刀根据形状分为盘形、球齿、楔形滚刀三种类型,其中盘形滚刀应用广泛,本节将主要围绕盘形滚刀进行介绍。盘形滚刀由刀圈、刀轴、刀体和端盖等部件组成,滚刀尺寸以17in❶和19in为主,其根据刀刃数量可分为单刃滚刀、双刃滚刀和三刃滚刀。刀圈根据刀尖角可分为宽形刀圈和窄形刀圈,宽形刀圈适应软岩,而窄形刀圈可提高对岩石的抗压能力,增大贯入度,故适用于硬岩。窄形刀圈又分为弧刃和平刃,且弧刃的强度更高。

一般而言,滚刀在转动切割破岩过程中,会受到岩石对其产生的三个方向的反作用力,分别为与刀圈同一平面的垂直力(F_v)、切向滚动力(F_r)和垂直于刀圈平面的侧向力(F_s),如图1-2所示。垂直力由刀盘的推进系统提供,滚动力由刀盘产生的扭矩提供,侧向力为滚刀边缘所受的力,由刀盘旋转的离心力和滚刀侵入岩石后岩石对滚刀两侧的挤压力提供。相比垂直力和滚动力,侧向力的值很小,一般不予考虑,需注意不平衡的侧向力会导致刀圈发生磨损。

在盘形滚刀滚压切割岩石的过程中,刀刃下方的岩石被压碎并挤压成岩粉,从而形成半球形的密实核。滚刀挤压密实核,并通过密实核将压力扩散至四周岩石,造成岩石微裂纹萌生,裂纹向刀刃两侧及岩体深部扩展,侧向裂纹延伸至自由面或与相邻侧向裂纹相交,将岩渣从岩体上剥落,而径向中间裂纹继续延伸造成岩体深部的损伤与破坏,如图1-3所示。由于受到相邻滚刀的挤压作用,裂纹向刀刃两侧及岩体深部扩展,滚刀间岩石的辐射状张拉裂纹延伸至自

---

❶ 1in≈0.025m。

由面或与相邻侧向裂纹相交,最终形成条状岩片发生剥落,从而实现滚刀的破岩,如图1-4所示。

图1-2 滚刀破岩受力示意图　　　　　图1-3 滚刀破岩机理示意图

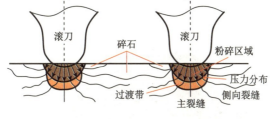

图1-4 相邻滚刀破岩机理示意图

1.2 敞开式TBM基本配置

根据敞开式TBM的原理和功能,其主要由主机、支撑推进、调向系统、连接桥部位、喷射混凝土操作桥、整体后配套等组成,组成如图1-5所示。因开挖和支护分开进行,使得TBM刀盘后方有充足的空间用来安装支护施工设备,如钢拱架安装器、锚杆钻机、超前钻机和喷射混凝土设备等。

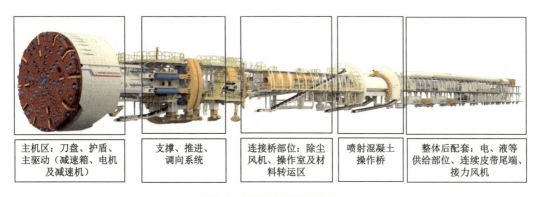

图1-5 敞开式TBM系统组成

1.2.1 刀盘系统

(1) 刀盘结构

刀盘结构(图 1-6)为焊接钢结构件。根据刀盘直径大小、运输及隧道内吊装等情况,将刀盘设计为两块或者多块,通过螺栓连接,并焊接成一个整体。刀盘上的滚刀为背装式,刀座为凹形,此结构的刀盘安装刀具非常方便,可使刀盘与掌子面的距离保持最小,可有效降低在断层及破碎地质条件下刀盘被卡的风险。按刀具的安装位置分为中心刀、正面刀、周边刀等规格。沿着刀盘圆周安装的刮刀和铲斗将切屑下来的石渣从底部运送至顶部,再通过渣槽落至输送机的渣斗中。铲斗与铲刀向刀盘中心延伸一定距离,使得大量的石渣在落至底部之前便进入刀盘里面,减少了石渣的二次挤压和铲斗与刮刀的额外磨损,而铲刀则使用螺栓连接的可更换耐磨刀片。

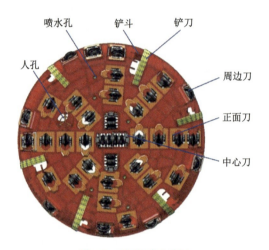

图 1-6 刀盘结构示意图

刀盘支撑在主轴承上,用液压膨胀螺栓与轴承的旋转杆件相连。在岩层变化时,刀盘不会下落和摆动,从而保证了刀盘不会发生异常磨损。刀盘配置有喷水系统,用于对滚刀的冷却,同时控制掌子面扬尘。刀盘布局除考虑布置刀具外,还需合理布置铲斗、喷水孔和人孔等。

刀盘在掘进过程中螺旋向前运动,盘形滚刀按照施工经验与破岩机理科学地布置在刀盘上,相邻两把滚刀之间存在一定的相位角与刀间距。滚刀在液压缸强大推动力的作用下,滚刀刀圈压碎与其接触的岩石并嵌入岩体内部,刀盘带动滚刀旋转,滚刀绕刀盘中心轴公转,如图 1-7 所示。滚刀在掌子面滚压破碎岩石,随着滚压破岩过程的不断进行,将岩石破碎成岩渣从掌子面剥落,并在隧道掌子面上形成一系列同心圆,完成掘进。TBM 掘进形成的同心圆沟槽如图 1-8 所示。

图1-7 滚刀绕刀盘中心轴公转　　　　　　图1-8 同心圆沟槽

TBM刀间距的设置直接关乎掘进效果,若相邻滚刀间距过小,掘进相同直径隧道需要的滚刀数量必然会增加,同时也使得滚刀之间的岩石过于破碎以致形成岩粉,导致掘进能量利用率降低。若相邻滚刀间距过大,会影响出渣效果,此外岩块过大也影响出渣,会造成滚刀之间岩石不发生破碎,出现掘不动现象,也使得盘形滚刀磨损严重,极易损坏刀具。因此,需要按照滚刀破岩机理与实际地质环境,在刀盘上科学地布置盘形滚刀,才能取得良好的掘进效果。

(2) 刀盘结构形式

刀盘基本框架结形式有适应软土及砂性地层的辐条式刀盘(刮刀+先行撕裂刀)、适应软土及砂卵石地层的辐条+面板式刀盘(刮刀+先行撕裂刀)、适应复杂岩石及复杂地层的辐条+面板式复合型刀盘(刮刀+滚刀)、适应坚硬岩石地层的面板式刀盘(滚刀+刮刀)。TBM刀盘按平面几何结构可分为四种结构,如图1-9所示。

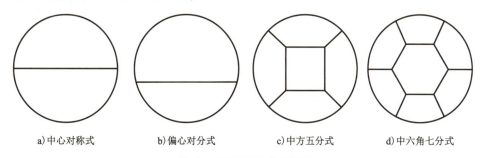

a) 中心对称式　　b) 偏心对分式　　c) 中方五分式　　d) 中六角七分式

图1-9 刀盘结构形式示意图

(3) 刀具

在掘进过程中,刀具做三维空间复合运动。刀具随刀盘轴线推进做直线运动;刀盘沿着大轴承中心线做公转运动;刀具靠刀圈和岩石的摩擦力绕刀具轴做自转运动。无论是直线、公转还是自转运动,其速度均是缓慢的。

在掘进过程中,刀具受到刀圈径向和侧向的复合压力以及刀圈和岩石的摩擦力影响。在均匀完整的岩石中，刀具受到的主要是径向压力，因刀具在绕大轴承公转破碎岩石的过程中，其外侧切割岩石量必然大于内侧，因此侧向力是指向公转轴心的。利用这个力学特性，刀具安装时应将刀体的凸缘安装在刀盘内侧，有利于刀圈与刀体结合。

由于掌子面围岩不均质，在掘进过程中经过换刀以及新、旧刀交替使用，各刀磨损量不一致，滚刀受力也不均匀。此外岩石破碎的突发性和间断性造成的冲击和振动会引起刀具产生受力的瞬时峰值。大量试验检测表明，一般该峰值是刀具额定受力的1.8~2倍。

刀具破碎岩石的过程伴随着机械能转换成热能。刀具与岩石摩擦产生大量热能，特别是刀圈直接压入岩石的局部高温将改变原刀圈热处理HRC58的硬度，从而降低了刀圈的使用寿命。因此需要随时进行水雾冷却，必要时利用泡沫剂进行降温处理。

刀具类型见表1-1。

刀具类型   表1-1

刀具类型	使用部位	主要功能	技术要求	图例
单刃滚刀	多用于正面滚刀和边缘滚刀	主要应用于刀盘破岩，产生的岩渣较为碎小。边缘滚刀可配合扩挖垫块进行扩挖工作	要求滚刀承载能力强、质量稳定性好，要求刀圈具备很好的冲击韧性、耐磨性和红硬性	
双刃滚刀	多用于中心滚刀	主要应用于刀盘破岩，双刃滚刀作用下产生的岩渣较为扁长。不可配合扩挖垫块进行扩挖工作		
铲刀	用于铲斗边缘	随着刀盘转动，将破碎的石渣铲起，倒入落渣斗	铲刀要求具备很好的冲击韧性、耐磨性和红硬性	

1.2.2 主驱动系统

主驱动系统位于刀盘和主梁之间，是为TBM掘进提供动力和变速的部件，在装备制造过程中，与护盾相连成为一个整体。刀盘、主驱动、护盾之间的位置关系如图1-10所示。主驱动系统主要包括驱动电机、减速机、主轴承(花键、小齿轮、大齿圈、耐磨环、内外密封、隔离环、压紧环和迷宫环)。主驱动电机功率、最大扭矩或脱困扭矩、转速等参数需根据围岩状态设定，也有部分设备采用液压驱动来增加最大扭矩，完成脱困。主驱动带动刀盘运转的步骤如图1-11所示。

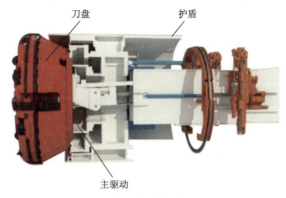

图 1-10　主驱动位置关系示意图

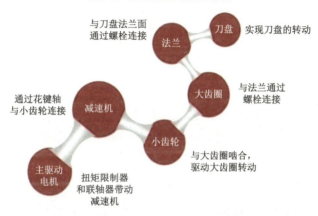

图 1-11　刀盘运转步骤示意图

TBM 主驱动装置主要由机头架、电动机、减速器、小齿轮、大齿圈主轴承、轴承座套、内密封、外密封等部件构成,如图 1-12 所示。其中,机头架内部有减速箱、小齿轮、大齿圈、主轴承、内密封、外密封、轴承座套等。驱动路线为电动机通过其尾部的限扭离合器和传动轴驱动二级行星齿轮减速器,从而带动减速器外的小齿轮,小齿轮驱动大齿圈。由于大齿圈与轴承座套用螺栓连接,而刀盘、主轴承内圈与轴承座套间也用另外一组螺栓连接,因此大齿圈、轴承座套、主轴承内圈和刀盘将一起转动。主轴承采取三轴滚子轴承(两排轴向滚子,一排径向滚子),安装在轴承座套上的内圈是转动件,而外圈安装在机头架的座孔内,是不转动的。

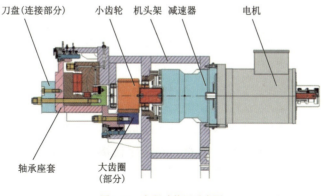

图 1-12　主驱动装置示意图

主驱动的主轴承和小齿轮、大齿圈采用强制循环润滑油,润滑泵站一般安装在固定于下支撑后面的支架上,经过过滤和冷却进行循环润滑。内、外密封则采取三道或四道唇形密封结构,外部两道唇形密封需要不断注入润滑脂,防止灰尘进入,内侧一道唇形密封防止润滑油溢出。行星齿轮减速器则在齿轮箱内装有一定油位的润滑油,采取飞溅润滑方式。此外,主驱动电动机和行星齿轮减速箱均使用循环冷却水进行冷却,润滑油的油温和流量、减速器和电动机温度润滑脂注入压力和注入量均采用传感器进行监控。

1.2.3 推进及支撑系统

推进及支撑系统主要由主梁、鞍架、撑靴、推进液压缸、撑靴液压缸、扭矩液压缸、后支撑系统及护盾组成,其主要功能是通过推进液压缸给刀盘掘进提供所需的推力,并且由撑靴液压缸将撑靴撑紧以便在洞壁上能承受掘进时的支撑力。推进及支撑系统如图1-13所示。

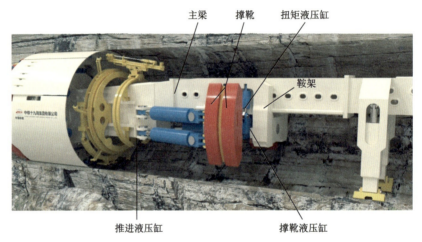

图1-13 推进及支撑系统示意图

(1)主梁

主梁包括两段,相互之间用高强度螺栓连接,其主要作用是传递刀盘推力和反扭矩。刀盘旋转时,产生的扭矩通过机头架传递到主梁,主梁传递到鞍架,鞍架通过扭矩液压缸传递到撑靴装置,最终传递到开挖好的岩壁上。主机推力由安装在主梁上的推进液压缸提供,推进液压缸前端安装在主梁前端,后端与撑靴装置连接。推进反力由与岩壁撑紧的撑靴装置提供。当主机推进时,撑靴紧贴在岩壁表面,推进液压缸伸出,带动主梁、机头架和刀盘沿鞍架的滑轨向前移动。

(2)鞍架

鞍架安装在主梁上,是连接撑靴液压缸和主梁的部件。鞍架两侧通过铜套与主梁的滑轨连接。鞍架上部安装十字铰接装置,并且鞍架与十字铰接装置之间使用调节板调整。十字铰接装置是鞍架系统的重要部件,在主机水平调向的过程中发挥着重要作用。鞍架上下均安装缓冲弹簧及托板,并且托板始终与撑靴液压缸两侧特制的平面贴合。鞍架的铜套外侧安装防尘密封，在鞍架沿主梁滑轨前后移动过程中，需清除滑轨表面的杂物和渣粒，而防尘密封拆卸方便，在磨损到一定程度后可进行更换。

(3) 撑靴

撑靴为焊接钢构件，较大的撑靴面积可在软弱围岩中获得合适的接地比压。撑靴的外弧面开槽，能够跨过钢拱架而不致压坏。为获得较大的摩擦力，在撑靴表面安装若干防滑钉。撑靴与撑靴液压缸端部采用球面副接触，并用螺栓连接，外球面套用螺栓固定在撑靴液压缸活塞杆的端部，撑靴的内侧凸球面与球面套的凹球面相接触，与外球面套配合的法兰将撑靴用螺栓连接固定。该球面副结构允许撑靴在360°方向有一定的摆角，以满足TBM姿态和洞壁不规则的需要。为防止摆动过大以及便于调整撑靴位置，在撑靴内部设置液压缸稳压后，稳定液压缸顶住球面套，以保证撑靴在换步过程中保持稳定和牢固。

(4) 撑靴液压缸、扭矩液压缸和推进液压缸

撑靴液压缸是一个经过特殊设计的液压缸，共有4个，其缸筒端通过一个大小合适的连接架连接，并使其保持在同一轴线，活塞杆端与撑靴装置连接，且均朝向岩壁面。扭矩液压缸一端与鞍架连接，一端与撑靴液压缸缸筒上焊接的耳座连接，其主要作用是传递主机开挖所产生的反扭矩，并为主机的垂直调向提供动力。扭矩液压缸分为两组，每组两个，在主梁的两侧安装。而推进液压缸提供了主机开挖所需的推进力。推进液压缸为双作用缸，并配有行程传感器。推进液压缸前端与主梁上焊接的耳座连接，后端与撑靴装置连接，此举使得推进力能够直接通过撑靴装置传递到岩壁上，以降低撑靴液压缸受到侧向力影响的风险。

(5) 后支撑系统

主梁尾部安装有后支撑系统。在TBM换步时，后支撑液压缸伸出，撑靴与洞壁紧密接触，与底护盾一起承受主机的重力。在TBM掘进时，后支撑液压缸缩回，并在推进液压缸的作用下随主梁一起向前移动，完成掘进循环。

(6) 护盾

护盾包括顶护盾、侧顶护盾、侧护盾和下支撑，起到防尘密封作用，掘进过程中可适当伸出或缩回，进行缓冲，有效减小振动，从而保护刀盘、驱动组件等设备。

1.2.4 支护系统

支护系统主要由锚杆钻机、钢拱架安装器和喷射混凝土装置等组成，其中锚杆钻机和钢拱架安装器位于主梁上，对护盾后裸露围岩及时进行支撑加固，支护系统如图1-14所示。

(1) 锚杆钻机

一般在主梁左右两侧各设置一台锚杆钻机，其能实现轴向旋转和纵向移动。轴向旋转可通过液压缸组成的杆件机构来实现，也可通过布置在主梁环形架上的液压马达的驱动来实现。大直径隧道可实现270°以上圆周范围的钻孔，小直径隧道一般钻孔范围小于180°。锚杆钻机纵向移动距离应大于TBM掘进行程，通过纵向拖拉液压缸和主梁上的导轨来实现，其具有旋转、推进、冲击、反转和回收等运动要求。由于钻机布置在主梁两侧，受作业空间的限制，锚杆安装不能径向通过隧道中心。锚杆钻机如图1-15所示。

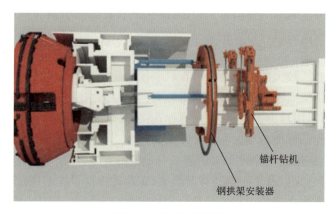

图 1-14　支护系统示意图

（2）钢拱架安装器

钢拱架安装器如图 1-16 所示，其布置在主梁前部顶护盾下，以便在顶护盾的保护下及时支立钢拱架。钢拱架由型钢制作的多段钢拱拼装而成，安装器需要完成旋转拼接、顶部和侧向撑紧、底部开口张紧封闭等动作，同时应具有以下功能：

①各段钢拱架在安装器滑道内旋转，完成逐节拼接，一般采用齿轮齿圈驱动方案。

②能将钢拱架垂直于洞轴线，通过顶升液压缸和侧撑紧液压缸，使顶部和侧面稳固地撑紧在洞壁上。

③能沿纵向一定距离内移动，可通过在主梁上部或侧面布置拖拉液压缸及行走轮和轨道实现。

④各段钢拱片拼接撑紧在洞壁上后，底部应预留一段开口，将开口张紧后用一节连接板将开口封闭。张紧装置可采用单独的张紧液压缸、螺旋张紧器或手动千斤顶。

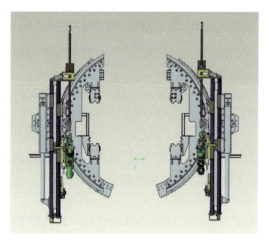

图 1-15　锚杆钻机

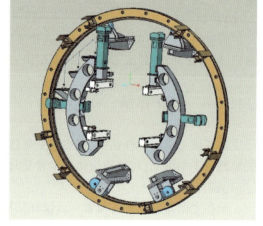

图 1-16　钢拱架安装器

（3）混凝土喷射装置

混凝土喷射装置主要由喷射泵、机械手、罐体吊机、高压风机和速凝剂泵等组成，敞开式 TBM 混凝土喷射装置如图 1-17 所示。

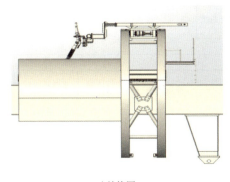 

a) 结构图　　　　　　　　　　　　b) 实物图

图 1-17　混凝土喷射装置

（4）超前钻机

超前钻机安装在主梁上，用于超前地质预报和超前注浆作业。由于前方护盾和刀盘的存在，超前钻机必须与洞轴线倾斜一个角度进行钻孔，一般为 7°左右，环向钻孔范围在 120°以上，钻孔距离可达掌子面前方 30m。TBM 搭载超前钻机如图 1-18 所示。

图 1-18　TBM 搭载超前钻机

1.2.5　后配套系统

后配套系统组成如图 1-19 所示，各设备间布局应紧凑合理，为物料进出提供最大的便利。后配套钢结构应有足够的强度和刚度。后配套拖车长度应满足现场组装和施工的条件，并留有足够的内部空间，便于列车进出。设备桥的设计应便于安装相关的辅助设备、设施，并设有便于人员行走的带护栏的平台，以便工作人员从任何区域均能较容易到达安全地带。后配套设备布置预留导向视窗，保障导向系统的全站仪正常工作而不受阻碍。

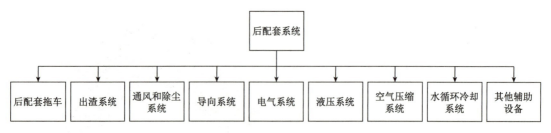

图1-19 后配套系统组成

设备桥内配有升降平台,用于装载及卸载物料。混凝土喷射系统主要由两套喷射机械手、两套混凝土喷射泵及两套罐体吊机组成。后配套拖车内主要有液压泵站、罐体吊机系统、水循环泵站、应急发电系统、空气压缩系统和高压电缆系统,并且配有修理间、库房、休息室、卫生间和医疗间等,设备布置应人性化。

(1)后配套拖车

后配套拖车是TBM重要的组成部分,其作为钢结构焊接件,是动力设备、辅助设备、后配套皮带输送机、通风设备及电缆卷筒的载体。拖车在隧道内铺设的轨道上滚动行走,且拖车之间通过铰接的连接轴连接。每节拖车都设置有人行通道和防护围栏以确保人员安全。拖车和后配套结构上安装有斜梯、爬梯和工作平台,便于人工操作。后配套拖车如图1-20所示。

a)正视图　　　　　　　　　　　　b)侧视图

图1-20 后配套拖车

(2)出渣系统

TBM出渣绝大部分是通过皮带输送机,如图1-21所示。TBM掘进产生的石渣通过刀盘渣斗依次进入主机皮带输送机、桥架皮带输送机和连续皮带输送机,由连续皮带输送机将石渣运送到洞外或转运部位(正洞开挖有斜通道时)。

(3)通风和除尘系统

TBM法隧道施工通风系统主要由洞外一次风机、风管储存筒、TBM尾部二次风机和风管组成。风管储存筒布置在后配套系统尾部上层,随着TBM掘进逐渐释放风筒,二次风机紧接分罐储存筒装置,并通过硬风管将经过二次风机的风送到TBM主机外。此外,设备桥上设有除尘系统,经过除尘系统过滤的风通过硬管送至TBM尾部,确保设备内有充足的新鲜风。在拖车的末尾处配有更换风管存储器的提升装置,随着TBM向前掘进,风管不断释放新鲜风,释放完毕后再更换另一个风管储存筒。

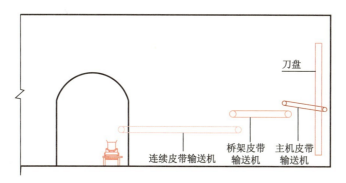

图1-21 皮带输送机出渣示意图

除尘系统主要由除尘器、金属风管和除尘风机等设备组成。除尘器分为湿式和干式除尘器,其主要作用是清除掘进过程中产生的灰尘。一般除尘器和除尘风机布置在设备桥的中间或尾部的合适位置,可安放在后配套系统的上层或下层,除尘器向后邻近的位置布置除尘风机,通过金属风管连接除尘器和除尘风机。通风和除尘系统布置如图1-22所示。

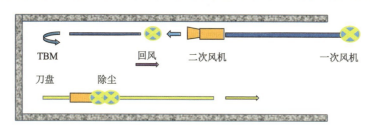

图1-22 通风和除尘系统布置示意图

(4)导向系统

导向系统是综合运用测绘技术、激光传感技术、计算机技术和机械电子等技术指导TBM施工的控制系统。在TBM始发前,测定其前端、中端、后端与激光靶、特征点的相对空间位置关系,为推进的测量与计算提供零位坐标转换参数。TBM始发后,全站仪自动测量激光靶的空间坐标及其之间距离,其测量数据通过无线网络传输到工业计算机进行计算,从而确定TBM的平面位置、竖向高程及其掘进里程,并实时获取倾斜仪数据,确定TBM相对于零位测量数据产生的滚动角和俯仰角,从而明确TBM实时掘进姿态。

(5)电气系统

TBM电气设计充分考虑了地下施工环境对设备的防护要求。电气设备外壳防护等级应满足下列要求:电气箱柜防护等级为IP55,电力变压器柜防护等级为IP55,刀盘电机防护等级为IP67,置于现场的器件采取防护措施,其防护等级需达到IP67。根据《施工现场临时用电安全技术规范》(JGJ 46—2005)第1.0.3条,建筑施工现场临时用电工程专用电源中性点直接接地的220/380V三相四线制低压电力系统必须符合下列规定:采用三级配电系统;采用TN-S接零保护系统;采用二级漏电保护系统。三级配电箱应每个开关箱只控制一台设备,即"一机一闸一箱一漏"。

①高压配电系统:高压供电由电缆卷筒、高压电缆、高压端子箱和箱式变压器等部件组成。引自地面的10/20kV高压电缆经过电缆卷筒后接至高压电缆分接箱,利用高压端子箱一分为

二,分别接至两台独立的箱式变压器。补偿方式为减小线路传输的无功功率,降低损耗,采用变压器低压侧配置电容补偿柜,使用自动投切,分组并联接入三相电容器组的方式,集中进行无功功率的补偿,使功率因数不低于0.9。

②低压配电系统:低压配电的保护级数为三级,采用 TN-S 接地系统和二级漏电保护措施。配电线路的上下级保护电器,其动作具有选择性,各级之间协调配合。配电系统的保护功能具有漏电保护、短路保护、过载保护、失相(相序)保护和欠电压保护等功能,用于切断供电电源或发出报警信号,具有开关检测报警功能;独立配电柜或控制箱的电源进线均设置电源总开关。变压器低压侧出线端设置总断路器,且配有急停按钮及合闸、断闸、急停、相序指示或报警;30kW 及以上功率电机采用软启动器或者星-三角启动方式;照明、二次通风、控制、排污及混凝土泵等系统断电后将对工作人员的安全及顺利撤离造成影响,或断电会造成较大的经济损失与不可恢复的设备损坏,归类为二级负荷,采用市电与快速自启动的发电机组自动切换的双电源方式进行供电。

③应急供电:动力电源采用应急发电机组供电,发电机组采用节能低耗的柴油发电机组,满足全负载 8h 运行,其具有手动、自动启动切换功能,钥匙强制启停功能,满足预加热功能低温环境下的启动要求,附加的尾气过滤装置以最大限度减少隧道空气污染;供电负载为照明、二次通风、控制、排污、混凝土泵、主机区域、后配套的插座箱,污水泵插座,后配套中部和尾部的插座箱等。

④供电电缆:TBM 使用的所有导线,均为《电缆的导体》(GB/T 3956—2008)(等同于 IEC 60228)规定的 5 类导体。用于通信的电缆采用超 5 类导体(ISO/IEC 11801:Class E)。柜外电缆选用具有抗拉、耐油、耐磨损、良好阻燃性等相应特性的软电缆。柜内导线满足低烟无卤的要求,所有电线、电缆均为阻燃电缆。地线(PE 线)使用黄-绿色双色线,PE 线最小截面应为相线的 1/2~2/3,相线小于或等于 $16mm^2$ 时,PE 线应与相线截面积相同。当 PE 线截面积大于 $16mm^2$ 时,允许在电缆两端使用黄-绿双色套管的方式标示,其他用途的电缆,一律不允许使用黄-绿色双色线进行标示。

(6)液压系统

液压系统由动力部分、控制部分、执行部分和辅助部分组成。液压系统分类及内容介绍见表 1-2。

液压系统分类及内容介绍　　　　表 1-2

液压系统	内 容 介 绍
动力部分	指液压泵,其作用是将电动机或内燃机产生的机械能转变成液体的压力势能
控制部分	包括压力、流量和方向控制阀等,保证执行机构得到所要求的运动方向、速度、转速、力和力矩
执行部分	指液压缸和液压马达等。它是将液压势能转换成机械能,输往工作机构
辅助部分	包括油箱、管路、管接头、蓄能器、滤清器、冷却器和各种控制仪表等。液压系统按照液流循环方式不同,分成开式和闭式系统

(7)空气压缩系统

空气压缩机系统主要由空气压缩机(简称空压机)、储气罐和管路构成,主要作用是用于混凝土喷射系统,通常一台空压机对应一台混凝土喷射系统,且两台空压机可以交互使用,其他台空压机则为气动工具以及其他一些设备(如风动扭矩扳手、气动排水泵、干式除尘器用高压气、润滑脂气动泵、水管卷筒制动系统等)提供气动动力等,在主机内和后配套台车上都布置有压缩空气预留口。空气经过压缩机压缩后进入储气罐,由于进气口采集的空气与做功后出气口喷射出压缩空气存在温度差,必然析出大部分冷凝水同时含少量的油及杂质,储气罐设置排污口,冷凝水同时含少量的油及杂质经沉降后由排污口排出,储气罐出口应设两级过滤,具有汽水分离、油水分离功能,保证用气质量。空气压缩系统如图1-23所示。

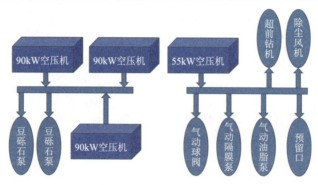

图1-23　空气压缩系统示意图

(8)水循环冷却系统

设备上配置的水循环冷却系统分为内循环冷却系统和外循环冷却系统。隧道供水与TBM内软硬管连接输入一级冷水箱,中间连接启动球阀实现自动补水,一级冷水箱与循环水泵连接,冷水经过散热器,实现与二级循环水热交换,起到冷却循环水的作用。经过散热器交换的温水一部分补充进刀盘除尘水箱,用于刀盘喷水、灭尘和皮带输送机灭尘等,另一部分用于TBM内设备清洗和锚杆钻机用水等。若遇到系统整体水温较高,不满足降温要求时,则需将热水经污水箱排出,补充冷水,以满足降温需求。

外循环冷却应具备自动给水、排水(热水)功能,以节约用水。根据不同设备、安装位置和设备种类合理配置冷却系统,保证最优的冷却方案。清水必须经过滤后方可进入水箱,进水压力$P=0.5\sim0.8$MPa,温度不高于25℃,进水流量需保证不低于每小时最大耗水量,系统具备高低液位、温度和流量传感器,可实现给水、排水、报警、停机等自动控制。外循环冷却系统如图1-24所示。

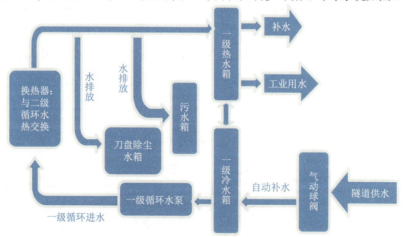

图1-24　外循环冷却系统示意图

内循环水系统是独立的封闭式循环冷却系统，用于保障设备良好的冷却效果，其主要冷却主驱动电机、减速机、齿轮油、液压泵站、喷浆机械手泵站、变频器和变压器等设备。内循环水系统要求采用蒸馏水或者防冻液，目的是防止设备生成水垢，以保证所冷却设备的长期稳定运行。系统具备高低液位、温度和流量传感器，可实现报警、停机等自动控制，能有效防止出现冷却不及时损伤设备的情况。内循环冷却系统如图1-25所示。

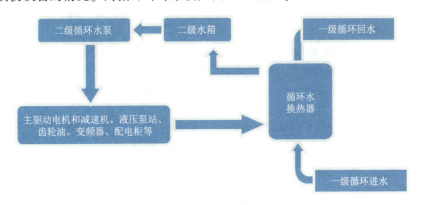

图1-25　内循环冷却系统示意图

（9）其他辅助设备

其他辅助设备主要包括管路、物料存放平台、支护所需的设备（如混凝土输送泵、砂浆泵和豆砾石系统等）和人员活动空间以及材料吊装辅助设备等。

1.3　敞开式TBM与护盾式TBM比较

敞开式TBM只有一套推进系统，由支撑在围岩上的撑靴来提供推进力和扭矩。单护盾TBM也只有一套推进系统，由推进液压缸顶推管片提供推进力。双护盾TBM有两套推进系统，一套由支撑在围岩上的撑靴来提供，一套由管片来提供。敞开式TBM和单护盾TBM管片安装时不能掘进，而双护盾TBM可在围岩好的情况下进行安装管片和同步掘进。上述3种类型的TBM后配套均需要根据相关的施工工艺配以配套设备。敞开式TBM与护盾式TBM比较见表1-3。

敞开式TBM与护盾式TBM比较　　　　　　　　　　　　　表1-3

项目	敞开式TBM	护盾式TBM	
		单护盾TBM	双护盾TBM
适用地层	适用于岩石整体较完整或完整，有较好自稳性的硬岩地层（50～300MPa）	适用于有一定自稳性的软岩（5～60MPa）	适用于较完整，有一定自稳性的软岩—硬岩地层（30～90MPa）
主机差异	护盾、主梁、鞍架、撑靴和主推进液压缸	前护盾、中护盾、盾尾和辅助推进液压缸	前护盾、伸缩盾、后护盾、盾尾、主推进液压缸、水平支撑和辅助推进液压缸

续上表

项目	敞开式 TBM	护 盾 式	
		单护盾 TBM	双护盾 TBM
支护设备	钢拱架安装器、锚杆钻机、喷混机械手	喂片机、管片拼装机、壁后回填设备	同单护盾支护设备
推力来源	撑靴支撑在岩壁上的摩擦力提供推进力和扭矩	推进液压缸顶推管片来提供推进力	围岩好时:撑靴支撑在岩壁上的摩擦力提供推进力;围岩差时:辅推液压缸撑紧管片来提供推进力
掘进方式	掘进→支护后撑靴收回换步→再支撑→再掘进	掘进→推进液压缸收回→安装管片→推进液压缸再伸出→再掘进	围岩好时:掘进与安装管片同时→撑靴收回换步→支护→再掘进与安装管片;围岩差时:掘进→推进液压缸收回→安装管片→推进液压缸再伸出→再掘进
后配套	后配套拖车、风水电液压等动力系统、皮带输送机、混凝土吊机和输送泵等	后配套拖车、风水电液压等动力系统、皮带输送机、豆砾石回填和注浆设备等	同单护盾后配套

本讲参考文献

[1] 李世民,王晓莉,温培金,等.大型敞开式TBM设备买方工作实践[J].云南水力发电,2019,35(S2):184,186,190.

[2] 曹正卯,杨其新,郭春.敞开式TBM掘进工作面通风环境研究[J].铁道建筑,2014,487(09):47-51.

[3] 窦一喜.TBM试验台电液控制系统设计与实验研究[D].天津:天津大学,2017.

[4] 田省强.胡家河矿用敞开式TBM技术设计[J].科学技术创新,2021(31):179-181.

[5] 杨垒.开敞式TBM主梁有限元分析及撑靴结构的改进设计[D].大连:大连理工大学,2017.

[6] 万奇才,姚学峰,刘夏艳.浅析双护盾TBM的结构形式与工作原理[J].科技创新与应用,2014,78(02):76.

[7] 张铸.TBM工作原理及设备选型[J].科技情报开发与经济,2007,150(09):264-265.

[8] 周厚贵,夏云,陈必振.敞开式TBM同步衬砌方法及装置:108316946A[P].2018-07-24.

[9] 王飞.城市轨道交通敞开式TBM过站方案及关键技术[J].重庆交通大学学报:自然科学版,2012,31(02):228-235.

[10] 李子洲,丁彭彪,孙晋永,等.浅谈敞开式TBM混凝土喷射系统组成及日常维保[J].建筑机械,2021(S1):17-20.

第2讲 TBM地质勘察与选线

地质勘察提出局部线路比选的工程地质意见,为设计提供工程地质资料。地质条件是隧道建设重要的影响因素,也是 TBM 设备选型的基础。地质勘察成果直接影响着隧道施工工法的选择以及 TBM 选型,并影响工程总体筹划,也是控制隧道建设技术水平的关键因素。

2.1 地质勘察

隧道施工时,工程地质条件往往决定着施工的难易程度、工期长短,是关于工程投资的关键因素,其不仅决定隧道工程能否采用 TBM 施工作业,同样决定 TBM 选型、施工组织设计、支护衬砌设计、不良地质条件的处理及运营安全等作业。因此,详细的地质资料是进行隧道顺利施工的关键,TBM 施工前和施工过程中均需科学、详细地进行工程地质勘察。

2.1.1 地质勘察工作

(1) 地质勘察内容

地质勘察工作通过查明工程地质条件,分析存在的地质问题,对建筑区域做出工程地质评价,为工程的规划、设计、施工和运营提供可靠的地质依据,以保证工程建筑物的安全稳定、经济合理和正常使用。勘察项目及主要内容见表 2-1。

勘察项目及主要内容 表 2-1

序号	勘察项目	勘察主要内容
1	地形地貌	查明隧道沿线的地形地貌条件和物理地质现象,及过沟地段、傍山浅埋段和进出口边坡的稳定条件
2	地层岩性	查明隧道沿线的地层岩性,特别是松散、软弱、膨胀、易溶和喀斯特化岩层的分布
3	产状断层	查明隧道沿线岩层产状、主要断层、破碎带和节理裂隙密集带的位置、规模、形状及其组合关系。当隧道穿过活断层时应进行专门研究

续上表

序号	勘察项目	勘察主要内容
4	地下水	查明隧道沿线地下水水位、水温及其化学成分,特别要查明含水层、汇水构造、强透水带以及与地表溪沟连通的断层、破碎带、节理裂隙密集带和喀斯特通道,预测突水(泥)的可能性,估算最大涌水量,并提出处理建议
5	边坡稳定性评价	查明隧道进出口边坡的地质结构、岩体风化、卸荷特征,评价边坡的稳定性,提出开挖处理建议
6	地质分类	得出各类岩体的物理力学参数,结合工程地质条件进行地质分类
7	浅埋稳定性分析	查明浅埋隧道上覆岩土层的类型、厚度及工程特性,岩土体的含水特性和渗透性,评价围岩的稳定性
8	软弱结构面稳定性分析	对于大跨隧道尚应查明主要软弱结构面的分布和组合情况,并结合岩体应力评价顶拱、边墙和洞室交叉段岩体的稳定性
9	高压水的影响	查明压力管道地段上覆岩体厚度和岩体应力状态,高水头压力管道地段尚应查明上覆山体的稳定性、侧向边坡的稳定性、岩体的地质结构特征和高压水渗透特性
10	有害气体或放射性元素调查	查明岩层中有害气体或放射性元素的赋存情况

(2)岩土试验

岩土试验是从根本上保证岩土工程设计的精确性、代表性以及经济合理性的重要手段,其试验项目包括土工试验、化学分析以及演示试验。岩土试验项目从最初的仅限于水、土、砂、石4大类126项,发展到现在的300多项,其测试结果应满足设计要求。深埋隧道受多场耦合环境影响,工程岩体力学响应复杂多变,应探究水—热—力三场耦合环境下岩石、结构面的力学特性,考虑多场耦合复杂环境对岩石与结构面参数影响权重和力学参数修正方法。岩土试验的设备和测试技术,随着隧道建设也取得了突破和创新。

(3)工程地质调绘

为了全面地评价项目所在区域(地壳)稳定性,项目内的特殊性岩土和不良地质的规模、分布规律、形成机理及其影响,并相应地评价地形地貌对工程的影响,为项目的选线提供客观、翔实的地质基础和理论依据,则需进行工程地质调绘。

工程地质调绘是隧道勘察的基础和重点,除采用传统的野外地质调绘方法外,在高寒缺氧、地形陡峻、人员不能到达地段,结合高分辨率无人机测绘、三维激光扫描等新技术进行地质调绘,保证了地质调绘质量,提高了工作效率。

(4)勘察资料分析

勘察资料分析是指将地质调绘、遥感图像地质解译及各类物探、钻探、原位测试、岩土试验、超前地质预报成果资料进行分类汇总,采用定性和定量相结合的综合分析方法。岩土的物理力学指标按同类地质条件或同层位进行数理统计,岩土参数根据隧道特点、参数类型、设计要求综合确定,并评价其可靠性和适用性。

2.1.2 地质勘察技术

21世纪以来,隧道地质勘察技术得到快速发展,在充分利用航空、航天遥感图像资料和区域地质资料进行地面地质调查测绘的基础上,合理使用钻探、物探、原位测试等各种勘察手段,针对隧道不同地形、地质条件和不同的工程地质问题及勘察阶段技术要求,以最佳的勘察方法组合模式实现一体化综合勘察,以下是目前常见的地质勘察技术:

(1)遥感技术

遥感技术是20世纪60年代兴起的一种探测技术,是根据电磁波理论,应用各种传感仪器对远距离目标所辐射和反射的电磁波信息,进行收集、处理,并成像,从而实现对地面各种景物进行探测和识别的一种综合技术,具有实时性高、覆盖范围广、信息丰富客观等优点。

随着对地观测能力的长足进步,以及高精度遥感数据市场化程度提高,以卫星和飞机为平台的地质遥感在深埋长隧道工程勘察设计中的应用日趋广泛。在遥感影像上,勘察区域地形地貌特征、河流、泉水、滑坡、泥石流、冰川和线状构造等地质现象均有清晰的呈现,通过遥感判译,可对勘察区地质情况形成形象清晰的宏观认识。即使受覆盖或视野局限的影响,在地面看不到的一些构造,也可利用遥感影像分析出来。利用遥感技术还可制作勘察区三维立体影像,进行地层划分,了解褶皱特征,甚至可计算出地层产状。地质遥感和地面地质调查相结合,改变了传统的地面地质工作,极大提高了工作效率。除此之外,遥感在勘察方案设计、隧道选线、环境评价以及汇报演示等方面也有广泛的应用。

(2)物探技术

物探是工程地球物理勘探的简称,它是以地下岩土层(或地质体)的物性差异为基础,通过仪器观测自然或人工物理场的变化,确定地下地质体的空间展布范围(大小、形状、埋深等)并可测定岩土体的物理参数,以达到解决地质问题的一种物理勘探方法。

现用于隧道地质勘探的物探方法几乎是目前工程物探所有常用方法总和,如重力法、电法、磁法、地震法、地温法和放射性法等。随着物探设备和解译技术的发展,其已成为隧道勘察的重要组成部分。每种物探方法特点各异,在一定的环境条件下,可解决特定的地质问题。针对特殊或复杂地质问题,往往采用2种或2种以上的物探技术进行综合分析,如在高寒缺氧、地形陡峻、人员难以到达的线位进行地面物探的隧道,利用航空电磁法在探测断层、主要岩性界线、破碎软弱或富水岩体的埋深和规模、线路方案比选等方面发挥了不可替代的作用,了较好的勘探效果。

(3)钻探技术

钻探是地质勘探工作中的一项重要技术手段。利用钻机从地表向下钻进,在地层中形成圆柱形钻孔,从钻孔中不同深度处取得岩芯、矿样、土样进行分析研究,用以测定岩石和土层的物理、力学性质和指标。

钻探技术大致经历了常规钻探→绳索取芯钻探→定向绳索取芯钻探的发展过程。近年来,钻探设备除采用常规的立轴式钻机外,还引进了动力头式钻机,随着钻探设备的不断更新,钻探工艺水平也不断提高,孔深超过1500m的定向钻探设备和技术已开始应用,从而适应隧道勘察中各种地质条件下的钻探工作,破解了勘探技术难题。

(4)原位测试技术

原位测试是在岩土原来所处的位置上,或基本保持天然结构、天然含水率以及天然应力状态条件下对岩土性质进行的测试,包括静力触探、动力触探、标准贯入试验、十字板剪切、旁压试验、静载试验、扁铲侧胀试验、应力铲试验、现场直剪试验、岩体应力试验、岩土波速测试、综合测井试验、地应力试验、有害气体测试以及水文地质试验等。

原位测试可测定难以取得不扰动土样的有关工程力学性质,可减小取样过程中应力释放的影响,其应用范围广,代表性强,可获得隧道洞身围岩的物理力学指标、水文地质、波速、放射性、水温、地应力、有害气体参数等信息,随着隧道勘察钻探技术的发展和创新,小孔径、定向钻孔内开展原位测试的技术和设备也得到升级,可更加全面且准确地为地质勘测结果提供较为可靠的参考依据。

(5)空、天、地一体化综合勘察技术

空、天、地一体化综合勘察是利用北斗卫星定位、卫星遥感、低空无人机航测、干涉雷达测量(InSAR)、三维激光扫描等多项勘察技术,从多个空间维度对复杂艰险山区工点、路段地形、地表形变、地质灾害、地热异常、地层岩性进行立体化综合勘察。该技术解决了传统的地面测量和实地调研工作模式的勘察效率低、人力物力消耗大、勘察精细度差等问题,实现了多元技术的理论体系及技术应用创新,为隧道勘察提供了强有力的技术手段。

空、天、地一体化综合勘察技术有效提高了勘察效率及效果,为施工、运行、维护等阶段提供了监测、分析、诊断、预警、治理的技术支持,以节约大量的投资、运行、维护成本,产生较大的经济效益,是隧道综合地质勘察技术体系的成功运用。该技术主要应用在高海拔、多地形的复杂艰险山区,且施工难度大、前期勘察难度更大的项目,例如川藏铁路、成兰铁路、渝昆高铁等工程。

2.1.3 地质勘察技术流程

为适应我国复杂的自然条件和不断提高的技术标准,打破传统的以地面调绘和钻探为主的勘察技术模式,充分利用航天、航空遥感技术进行地质测绘,综合应用物探、钻探、挖探、测试和室内试验等多种勘探手段,针对不同地形、地质条件、工程设计、勘察阶段的技术要求,以最佳的勘探方法组合模式和工作程序,将取得的地质资料进行相互验证、取长补短,并在地质资料整理过程中采用综合分析方法,使获得的地质资料更加全面、准确,从而以最小的勘察工作量达到最佳的勘察效果,从整体上提高隧道地质勘察的质量和效率。隧道综合地质勘察技术流程如图2-1所示。此外,综合勘察技术已成为隧道工程地质勘察的原则和发展方向。

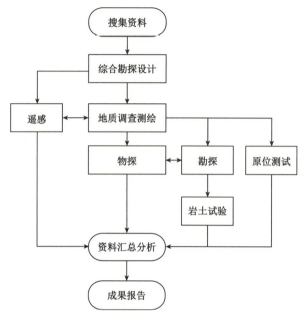

图 2-1　隧道综合地质勘察技术流程图

2.2　TBM 法隧道工程选线

由于工程线路呈线状分布,沿线路纵向方向不可避免地将穿越众多的地形地质单元,而不同的横向地质条件为线路走向提供了选择的余地,因而工程选线尤为重要,其是工程研究的核心内容。历史经验表明,只有在充分查明地质条件的基础上,通过地质选线技术才可避免产生一些重大不良地质现象,做到投资合理、技术条件可行、建设和运营风险可控。

2.2.1　选线目标

工程选线是降低工程修建风险、节约投资和保证工期的最主要的工程对策,需综合考虑区域气象、水文、地貌、岩性及构造等环境特征,采用先进的勘察手段探明本地区高烈度地震、活动断裂、高地温、高地应力和地震次生等地质灾害的空间分布特征和评判地质灾害对工程的影响程度,进而确定适合本地区的地质选线原则。通过确定的地质选线原则,选取合理可靠、风险可控的线路,进而可达到节省工程投资、确保工程建设和运营安全的目标,同时可为类似工程地质条件下的工程建设提供参考和指导。

2.2.2　选线技术路线

通过收集资料或勘察手段取得基础地质数据,并利用内综合分析掌握主要工程地质问题的发育和分布特征,经过工程类比、理论研究得出具体的地质选线原则。在此基础上,逐一比较各方案的可控地质问题,最终结合其他因素选出安全、经济和适用的线路。具体选线研究技术路线如图 2-2 所示。

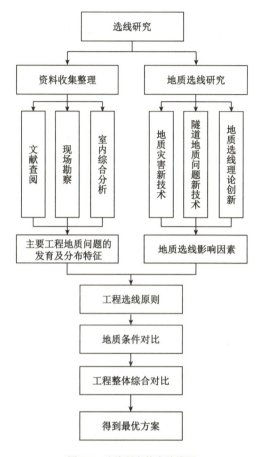

图 2-2　选线研究技术路线图

2.2.3　地质选线应规避事项

根据线路的性质、任务、等级和标准,结合地形、地质、地物及其他沿线条件,综合平、纵、横三方面因素,在实地或图纸上选定线路位置。地质选线应规避以下情况:

(1)活动性断裂及其他深大断层

线路应尽量绕避活动断裂及深大断裂。必须跨越时,应选择稳定性相对较好地段或者岩质较硬区域通过。线路不宜在断层上盘迂回展线,工程尽可能设于下盘,选择以简单路基、桥梁形式通过,降低修复难度。特殊结构、高墩、大跨桥梁不宜跨越活动性断裂。

(2)高地应力条件下的岩爆及大变形

在高地应力区,应通过展线拔高线位或通过傍山隧道降低隧道埋深,线路走向尽可能与区域最大主应力方向平行或呈小角度,以减小隧道洞室开挖后的切向应力,同时隧道应优先考虑走行于硬质岩地区,在软质岩地区应选择构造不发育或发育较弱、地下水不发育的地段通过,沿深切河谷隧道不宜走行于驼峰应力增高区域,应尽可能走行在应力降低区或原岩应力区。

(3)高地温和高温热水

线路应绕避可能大范围出现高温水热、地热、高温蒸汽的地热异常区域,选择在地温相对较低地带通过;线路宜以桥梁或路基形式通过高温地区;若以隧道形式通过,宜采用傍山隧道并尽可能减小隧道埋深;无法绕避时,应选择高温热害段落最短、温度相对较低的分水岭、补给区通过,尽可能拔高线路高程,以大角度穿过水热活动构造。

(4)高烈度地震及其次生灾害

沿线若存在危岩落石、滑坡、崩塌、错落、岩堆等重力不良地质发育情况,尤其是在峡谷和陡坡地段,则不宜采用路基和桥梁傍山明线通过,宜采用隧道通过。隧道进出口应尽可能规避超高位危岩落石发育段,绕避滑坡、错落、崩塌、岩堆等地质灾害。在宽缓的河谷地带,铁路选线时以规避河谷两侧地震次生灾害风险为主,避免线路在边坡坡脚通过。工程选择以简单易修复的路基、简单桥梁为主。

2.3　TBM 勘察选线与地质影响

2.3.1　TBM 勘察选线

(1)线路方案比选

隧道线路应尽可能采用直线,不可回避采用曲线时,曲线半径应尽可能大。隧道内应尽可能设置为单面坡,且 TBM 掘进方向线路应为上坡,以利于在施工时出渣并利用中心水沟自然排水。

(2)地层岩性

隧道线路方向应与岩层产状呈大角度相交通过,以避免施工中出现岩体层状剥落、坍塌现象。岩性最好为硬质岩,单轴抗压强度应介于 30～150MPa 之间。单轴抗压强度<30MPa,则岩质较软,岩石强度低,难以提供必要的撑靴反力,TBM 无法获得足够的向前推力;单轴抗压强度>150MPa,则岩质极硬,TBM 刀具磨损严重,维修保养时间变长,降低掘进效率。

(3)地质构造

①褶皱

隧道线路方向应尽可能与褶皱轴部呈大角度相交。向斜轴部、背斜翼部岩体较破碎,且地下水发育,易发生大的坍塌和涌水,隧道应尽可能避免通过该区域。

②断裂

区域性大断裂破碎带宽,影响范围广,且次生构造发育,隧道选线时应远离。勘察过程中应详细查明断层性质、破碎带宽度、影响带范围等。正断层影响范围大,地下水发育,易产生较大规模的坍塌;逆断层影响范围相对较小,但断层填充物破碎,拱顶围岩难以自稳,坍塌高度大,处理困难。隧道线路应尽可能避免穿过活动性断层。软弱结构面是影响洞室稳定的关键因素,其按形成原因可分为压性结构面、张性结构面和压扭性结构面。张性结构面岩体破碎、多含软弱夹层、富水,对隧道围岩稳定影响较大。

③节理

在勘测阶段应详细查明主要发育节理组数,以及每组节理的产状、延伸长度、张开宽度、粗糙程度、蚀变等情况。

④地下水

地下水的存在与作用,与隧道或其他地下洞室的工程建设有着密切的联系。TBM施工实践表明,水是造成施工坍塌,使洞室围岩丧失稳定性的重要原因之一。

2.3.2 影响TBM效率的地质参数

地质条件是影响TBM设计和施工的关键因素。能否充分发挥TBM效率,很大程度上取决于掘进对象——围岩工程地质条件的好坏。影响TBM效率的围岩地质因素可用以下参数进行衡量:

(1)岩石硬度

岩石的硬度可用可钻性表示,它是岩石坚固性在钻孔方面的表现,是岩石与钻具相互作用下的综合特性,可用钎刃磨钝宽b表示。当$b<0.2$时,属弱磨蚀性;$b=0.2\sim0.7$时,为中等磨蚀性;当$b>0.7$时,属强磨蚀性。

(2)岩石抗压强度R_C

岩石抗压强度是岩石在向受力时抵抗外界压力的性质,是岩石工程地质特性和岩体质量评价中不可缺少的重要力学指标。岩石抗压强度一般分为三个级别:当$R_C \geq 150$MPa时,岩质极坚硬,对TBM的滚刀刀圈、刀具和轴承损耗严重,TBM掘进效率很低;当$30\text{MPa} \leq R_C < 150$MPa时,岩质属中等坚硬—坚硬,TBM掘进速度快、效率高;当$R_C<30$MPa时,大多位于断层破碎带内,岩石强度低,难以提供必要的撑靴反力,且易发生坍塌,不利于TBM掘进速度的提高。

(3)岩石耐磨性指数A_b

岩石耐磨性指数可用于岩石耐磨性评价。当$A_b<3$时,属极低耐磨性;当$A_b=3\sim4$时,属低耐磨性;当$A_b=4\sim5$时,属中耐磨性;当$A_b=5\sim6$时,属强耐磨性;当$A_b>6$时,属特强耐磨性。

(4)岩体完整性系数K_V

岩体的完整性系数反映了岩体的结构面发育程度,K_V值越高,岩体完整性越好,反之则岩体越破碎。可将K_V值的大小分为三个级次:当$K_V \geq 0.75$时,岩体极完整,若相应地段岩体的$R_C>200$MPa时,则TBM掘进效率很低;当$0.35 \leq K_V<0.75$时,TBM掘进效率最好;当$K_V<0.3$时,岩体很破碎,易发生围岩失稳,TBM掘进效率极低。

2.3.3 TBM施工主要地质灾害类型

(1)坍塌

围岩的坍塌和破坏是造成TBM掘进停工的主要原因,岩体产生坍塌的原因主要有断层影响带及其次生小断层的影响;软弱结构面、宽大节理及节理密集带发育的影响;TBM撑靴挤压而发生的坍塌。坍塌按规模可分为以下三类：

①岩块的滑移和坠落。在片理、节理和软弱结构面发育地段，岩体多呈块状镶嵌结构，围岩稳定性较差，在TBM施工持续振动、地下水、应力释放、重力等综合作用下，隧道上半断面的结构体发生滑移和坠落。其坍塌规模虽然较小，但对隧道掘进速度、施工人员的安全有一定的影响。

②构造破碎带岩体的坍塌。岩体因受较大的地质构造（如区域性断裂、次生小断层、挤压软弱结构面等）影响较严重，岩体破碎，多呈碎石状镶嵌结构。岩性为碎裂石英片岩、糜棱岩及断层泥砾等，岩体的自稳能力很差，在TBM掘进时，常在护盾上方或刀盘前方发生大规模坍塌。此类坍塌具有塌方深度高、塌方量大、持续时间长、难以处理等特点，对TBM施工安全、工期影响很大。

③TBM依靠撑靴对隧道的反力而获得向前的推力，在软弱结构面、节理发育地带，岩体破碎，受撑靴挤压而发生滑塌。此类坍塌规模虽小，一般只有1~2m³，但必须对坍塌的撑靴部位进行换填、喷锚注浆等加固处理，此过程对敞开式TBM施工速度影响较大。

TBM对地质条件要求较高，适用于硬质岩，岩体较完整，构造不发育的情况，且需满足线路曲线半径不能过小等条件。在地质条件较为复杂的情况下，TBM超前支护（如打超前锚杆、超前预注浆等）能力弱的缺点就暴露出来，明知工作面或护盾上方的围岩已经坍塌，却毫无办法，只能等塌腔露出护盾后，再人工进行处理，施工非常被动。

（2）围岩变形

隧道开挖前，岩体中的初始应力处于相对平衡状态，而当隧道开挖后，岩体中初始应力状态必然发生变化，影响到隧道围岩的受力状态。应力重分布是引起围岩收敛变形的主要原因。在TBM隧道设计中，围岩收敛变形量与施工量测误差之和在10cm范围之内是正常的，若大于10cm，则会造成初期支护困难，TBM操作室及后备套难以通过；若围岩变形量太大，将侵入衬砌空间，则洞室断面净空大为缩小，影响隧道的二次衬砌。而造成隧道围岩变形破坏的主要原因是岩性和地下水。由软弱岩石构成的围岩强度低，整体稳定性较差，特别是软弱岩石中含有炭质、绢云母、绿泥石等易风化和软化的矿物成分较多时，受地下水的浸泡软化、溶蚀和水化等作用，抗压强度会降低，围岩的稳定性会大大降低。TBM掘进时，撑靴压入岩体中，造成撑靴反力不足；TBM刀盘通过后，围岩发生很大的塑性变形，一般地段隧道拱顶下沉12~15cm，最大下沉量可达20cm，初期支护困难，钢拱架在拱角处受挤压变形呈"S"状，使得TBM操作室及后配套难以通过。

（3）涌水涌泥

TBM有许多高电压、强电磁的设备，某些部位需要防水，因此隧道涌水涌泥会影响TBM的安全，也会对施工作业带来影响。仰拱块底部注浆、隧道洞壁的喷锚支护等环节受地下水影响较大。若遇到较大的涌水涌泥，造成TBM淹机，从而导致施工设备破坏失效，将会危及施工人员的人身安全，也可能引起围岩失稳坍塌。

（4）岩爆

岩爆是发生在埋深大、硬质脆性围岩，储藏在岩体内的应变能突然释放发生的一种围岩破裂现象。在TBM开挖过程中，因开挖卸荷会引起洞室周边围岩产生强烈的应力分异作用，储存于硬脆性围岩中的弹性应变能可能会突然释放且产生爆裂脱落、剥离、弹射，甚至抛掷等，即岩爆。它直接威胁施工人员、设备的安全，影响工程进度。

本讲参考文献

[1] 杜宇本,蒋良文,陈明浩,等.中国铁路隧道勘察技术的发展与展望[J].隧道建设(中英文),2021,41(11):1943-1952.

[2] 李清波,杨继华,齐三红,等.TBM施工隧洞地质适宜性研究及工程应用[C]//第2届全国岩石隧道掘进机工程技术研讨会.中国水利水电出版社,2018.

[3] 毛拥政.采用TBM施工的隧道地质勘探应注意的问题[J].陕西水利水电技术,2004(01):49-53.

[4] 袁宏利,程向民.关于隧道TBM施工地质条件适宜性的探讨[J].资源环境与工程,2022(01):1-10.

[5] 张忠进.浅谈路基的工程地质勘察[J].华东科技(学术版),2013(02):155.

[6] 罗成模.试论铁路地质工作的综合勘察[J].铁道工程学报,1993(01):53-56.

[7] 车晓明.TBM施工中主要地质灾害及相关勘察工作的认识[J].铁道勘察,2009(03):38-40.

[8] 罗继勇.乐滩水库引水灌区窑瓦—六浪隧道TBM施工段工程地质勘察与研究[J].广西水利水电,2012(02):11-16,25.

第3讲 TBM选型设计

TBM选型包括选择设备类型、关键系统和设备参数等内容。设备选型主要根据拟建隧道工程条件,选择采用敞开式、单护盾、双护盾或双模式机型;关键系统选择主要根据设备参数选择刀盘系统、主驱动系统、支撑推进系统等关键系统的布置方式和核心零部件,还需选择配置主机附属设备和后配套辅助设备;设备参数选择主要针对选定的机型,通过理论计算和工程类比,确定推力、扭矩、开挖直径、驱动功率和刀盘转速等参数。

3.1 TBM选型依据和原则

3.1.1 TBM选型依据

隧道施工前,应对TBM进行选型,做到配套合理,充分发挥施工机械的综合效率,提高机械化施工水平,TBM选型依据如下:

(1) 建设项目整体战略意义和投资规划。

(2) 隧道工程地质、水文地质条件,包括地层岩性、岩石强度、完整性、节理发育程度、石英含量、抗压强度、地下水发育程度、地下水位、隧道涌水量及不良地质等多项参数。

(3) 隧道断面的形状、几何尺寸、隧道长度、坡度、转弯半径、埋深等设计参数。

(4) 线路周边环境条件、进场道路、沿线场地条件、周边管线、建筑物及地下洞室的结构特性、基础形式、现状条件及可能承受的变形。

(5) 隧道进出口是否有足够的组装场地,是否具有大件运输、吊装的条件,施工场地气候条件、水电供应、交通情况等地理位置环境因素。

(6) TBM一次连续掘进隧道的长度以及单个区间的最大长度。

(7) 隧道施工总工期、准备工期和开挖工期等施工进度要求。

(8) TBM制造商的业绩与技术服务能力。

(9) 施工队伍的专业技术水平、管理水平和灵活处理不良地质的能力等。

3.1.2 TBM 选型原则

TBM 的性能及其对地质条件和工程施工特点的适应性是隧道成功施工的关键,同时选用技术先进、质量可靠的设备和经验丰富、服务专业的制造商也是 TBM 工程成功的关键。TBM 选型主要遵循下列原则:

(1) 安全性、先进性、经济性相统一

TBM 选型应首先遵循安全性、可靠性原则,并兼顾技术先进性和经济性原则。所选 TBM 技术水平应先进可靠,并适当超前,符合工程特性、满足隧道用途,做到安全性、先进性、经济性相统一。

(2) 满足环境条件

TBM 设备选型应满足隧道直径、长度、埋深、地质条件、沿线地形以及洞口条件等环境条件,并根据隧道施工环境综合分析,尤其工程地质与水文地质条件是影响 TBM 施工的重要因素,也是 TBM 设备选型的重要依据,因此要求地质勘察资料要全面、真实和准确。

(3) 满足安全、质量、工期及造价要求

TBM 设备的配置应尽可能做到合理化、标准化,并依据工程项目的大小、难易程度、安全性、质量、工期、造价、环保以及文明施工等要求,在充分调研的基础上进行选型。其中工程施工对 TBM 的工期要求包括前期招标采购、设计、制造、运输、场地、安装、调试、步进、掘进、衬砌、拆卸、转场等全过程。开挖总工期应满足设计隧道开挖所需工期要求。

3.2 TBM 机型选择

3.2.1 TBM 适应性分析

(1) 隧道围岩分级

TBM 主要用于岩石隧道,按《铁路工程地质勘察规范》(TB 10012—2019),将隧道围岩分成六个级别,见表 3-1。

隧道围岩分级　　　　　　　　表 3-1

围岩级别	岩体基本质量的定性特征	围岩纵波速度(km/s)
Ⅰ	极硬岩,岩体完整	>4.5
Ⅱ	极硬岩,岩体较完整硬岩,岩体完整	3.5~4.5
Ⅲ	极硬岩,岩体较破碎硬岩或软硬岩互层,岩体较完整较软岩,岩体完整	2.5~4.0
Ⅳ	岩体破碎硬岩;破碎较软岩或软硬岩互层,且以软岩为主;岩体较完整或较破碎软岩;岩体完整或较完整	1.5~3.0

续上表

围岩级别	岩体基本质量的定性特征	围岩纵波速度（km/s）
V	软岩,岩体破碎至极破碎;全部极软岩及全部极破碎岩,包括受构造影响严重的破碎带	1.0～2.0
VI	受构造影响很严重呈碎石、角砾及粉末状,泥土状断层带	<1.0

（2）TBM 工作条件分级

岩石的单轴饱和抗压强度、岩体的完整程度（裂隙化程度）、岩石的耐磨性和岩石凿碎比功是影响 TBM 工作效率的主要地质参数指标,将 TBM 工作条件由好到差分成 A（工作条件好）,B（工作条件一般）,C（工作条件差）三级,见表3-2。

TBM 工作条件分级　　　　　　　　　　　　　表3-2

围岩级别	分级评判主要因素				TBM 工作条件等级
	岩石单轴抗压强度 R_C（MPa）	岩体完整性系数 K_V	岩石耐磨性 A_b（1/10mm）	岩石凿碎比功 a（kg·cm³）	
I	80～150	>0.85	<6	<70	B级
	80～150	0.85～0.75	>6	≥70	C级
	≥150	>0.75	—	—	
II	80～150	0.75～0.65	<5	<60	A级
			5～6	60～70	B级
			≥6	≥70	C级
	≥150		—	—	
III	60～120	0.65～0.45	<5	<60	A级
			5～6	60～70	B级
			≥6	≥70	C级
	≥80	<0.45	—	—	
IV	30～60	0.30～0.45	<6	<70	B级
	15～60	0.25～0.30	—	—	C级
IV/V	<15	<0.25	—	—	不宜使用

3.2.2　不同类型 TBM 性能对比

TBM 设备一次性投资大,设计制造周期长（设计制造周期一般需9个月,运输和现场组装调试周期约需3个月,故从制造到开始试掘进约需12个月）,对地质敏感性强,使得 TBM 机型的选择尤为重要,下面分别针对不同类型 TBM 性能对比（表3-3）分析不同类型 TBM 的施工特性及性能,帮助其合理选型,TBM 适用范围可参考表3-4。

不同类型 TBM 性能对比 表 3-3

TBM 类型	敞开式 TBM	双护盾 TBM	单护盾 TBM	双模式 TBM	
				敞开式 + 单护盾	土压平衡 + 单护盾
适用范围	硬岩较完整的软岩	硬岩、软岩破碎岩层	中硬岩、软岩破碎岩层	硬岩、软岩全岩层适应	软土、软岩
掘进速度	掘进速度快，400~800m/月，围岩破碎时较慢	600~800m/月，相对敞开式适应性更强	400~600m/月	400~600m/月，适应性最强	掘进速度一般，400~500m/月
支护方式	拱架 + 锚杆 + 喷混 需要二次衬砌	管片 + 豆砾石 + 注浆	管片 + 豆砾石 + 注浆	拱架/钢管片 + 锚杆 + 喷混 + 二次衬砌（最灵活）	管片 + 注浆
施工安全	较安全	安全	安全	安全	安全
开挖直径	小	大	中	较小	较大
衬砌方式	根据情况，可进行二次衬砌	采用管片支护，视情况可以不进行二次衬砌	采用管片支护，视情况可不进行二次衬砌	根据情况，可选择性地进行二次衬砌	采用管片支护，视情况可不进行二次衬砌
管片预制	无	必须	必须	必须	必须
设备成本	高	较高	中	介于单护盾和敞开式 TBM 之间，价格较低	低
施工成本	最低	较高	中	较低	高

各类型 TBM 适用范围 表 3-4

TBM 类型	适用范围	图例
敞开式 TBM	主要适用于岩石整体较完整—完整，有较好自稳性的硬岩地层(50~300MPa)	
双护盾 TBM	主要适用于较完整，有一定自稳性的软岩—硬岩地层(30~90MPa)	
单护盾 TBM	主要适用于有一定自稳性的软岩(5~60MPa)	

续上表

TBM 类型		适用范围	图 例
双模式 TBM	敞开式 + 单护盾	主要适用于岩石整体较完整—完整,夹带软岩较多地层(5~300MPa)	
	土压平衡 + 单护盾	主要适用于有一定自稳性的软岩(60MPa以下)	

3.3 TBM 主要设备配置

3.3.1 刀盘配置原则

刀盘是 TBM 的主要工作部件,其作用是切削掌子面、破碎岩石。岩石被刀具破碎后,由刀盘的铲斗铲起,落入胶带输送机的溜渣槽从而向机后排出破碎岩石。刀盘系统配置要针对项目特点做以下针对性设计:

(1)刀盘分块一般为"1 + 1""4 + 1"或者"$n + 1$"。根据刀盘直径大小,合理规划刀间距,按一定顺序排列焊在刀盘上用以安装刀具的刀座;刀盘正面焊有耐磨材料,以免刀盘长时间在岩石中运转磨损,刀盘背面必须有与大轴承回转件相连接的精加工部分及其螺孔位。

(2)符合刀盘背面换刀工艺。刀具背面除要有刀具序号外,还应在相关位置设有便于吊装刀具的吊耳,大直径刀盘必须有人工检查的踩脚点和把手点。

(3)刀盘四周布置有相应数量的铲斗。铲斗唇口上装有可更换的铲齿或铲渣板,必要时在刀盘正面适当位置焊有导渣板,引导岩渣导入铲斗。

(4)刀盘正面布置有喷水孔。必要时喷水孔上装配有防护罩,以保护喷嘴不被粉尘堵塞或不被岩渣砸坏,便于清洗,从而保证喷水雾的连续性。刀盘背面有安装水管的位置,该位置应不易被岩渣撞击。

(5)刀盘上配置有人孔通道。在掘进时,人孔通道用盖板封盖,停机时,封盖可向刀盘后面开启,便于人员和物品通过。

3.3.2 主轴承配置原则

主轴承是 TBM 最关键的部件,它的特性在于制造周期长,更换困难,而且需要适当的技术、装备和环境,因此也把主轴承的寿命等同于 TBM 的寿命。主轴承配置原则如下:

(1) 主轴承的工作寿命一般要求 ≥30000h。

(2) 主轴承的直径应和 TBM 直径相匹配,合适的比率非常重要,否则偏心荷载会减少主轴承寿命,且工作参数(如工作扭矩和脱困扭矩等)满足施工要求。

(3) 采用合适的冷却降温方式,一般采用水冷降温。

(4) 保证齿轮啮合过程中的润滑。在润滑油回油回路中设置磁性过滤器,将运行中产生的金属磨粒,被回油回路中设置的强磁场牢牢地吸附在环状或柱状磁铁上。通过定期拆解磁性过滤器,观察分析收集的磨粒,可判断设备磨损速率。

(5) 保证主轴承和变速箱不进水、灰尘及其他污粒,同时防止轴承和齿轮润滑油流失。一般设有内、外两套唇形密封,且有 2 号的极压抗磨润滑脂(EP2 润滑脂)持续不断地供给内外密封腔,增强密封的效果,以延长唇形密封使用寿命。主驱动系统常用密封结构如图 3-1 所示。

a) 整体密封　　　　　　b) 密封内部结构

图 3-1　主驱动系统常用密封结构

3.3.3 支撑推进系统配置原则

(1) TBM 头部机构。

TBM 在掘进作业时,因地质的不均质性,常引起头部的激烈振动。TBM 头部刀盘支承的四周需连接护盾装置,该装置起着保护机头、稳定机头的作用,必要时辅以调向的作用。必要时侧护盾缸可辅助 TBM 的左右调向,下支承缸可辅助 TBM 的抬头式或低头式作业。

(2) TBM 水平支撑机构。

需要有足够的强度并具备防扭功能,可把主梁所受的回转力矩或推进力矩通过水平支撑传递到洞壁上,同时需要满足调向功能。

(3) TBM 后支撑机构。

需要有足够的支撑承载力,能在换步过程中承担主机的重量;有足够的位移和活动空间,以满足调向和提高通过不良地段的灵活性要求。

(4) 调向纠偏机构能满足上下左右调向功能。

3.3.4 支护设备配置原则

(1)敞开式 TBM 支护设备配置

敞开式 TBM 一般采用"拱架+锚杆配合钢筋排和网片"进行支护,配置钢拱架安装器和喷锚等辅助设备,以适应地质的变化,当采取有效支护手段后,也可应用于软弱隧道。敞开式 TBM 虽适用于岩石整体较完整、有较好自稳性的硬岩,但当遇有局部不稳定的围岩时,可通过辅助设备打锚杆、加钢筋网混凝土、加圈梁等方法加固,以保持洞壁稳定。当遇到局部地段软弱围岩及破碎带,TBM 可由所附带的超前钻机及灌浆设备,预先固结隧道前方上部周边围岩,待围岩达到自稳后,再进行安全掘进。敞开式 TBM 掘进过程中可直接观测到洞壁岩性变化,便于地质描绘,故当掌握的水文地质资料不充分时,选用敞开式 TBM,可充分运用新奥法理论及时进行支护。此外小直径敞开式 TBM 可配合钻爆法进行双线(大断面)隧道的先行掘进。永久性的衬砌一般待全线贯通后集中进行,敞开式 TBM 支护见图 3-2。

(2)护盾式 TBM 支护设备配置

护盾式 TBM 主要采用管片支护加壁后回填的方式进行支护,需根据设计的回填方式配套相应的设备,且回填速度要大于正常掘进最大速度。支护需配备管片拼装机及喂片机等设备,若设计上要求豆砾石回填,则需配备豆砾石罐、豆砾石罐吊机、挡边皮带输送机、豆砾石料斗、豆砾石泵及输送管路等,且需要配备单液注浆泵或双液注浆泵进行一次注浆和二次补浆;若设计上要求砂浆回填,还需要配备砂浆泵、砂浆罐和砂浆罐体吊机,以及配套的管路及辅件,护盾式 TBM 管片支护见图 3-3。

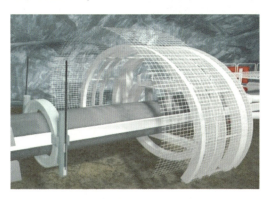
图 3-2　敞开式 TBM 支护示意图

图 3-3　护盾式 TBM 管片支护示意图

3.3.5 渣土输送系统配置原则

敞开式 TBM 渣土输送系统主要由主机皮带输送机、后配套皮带输送机、连续皮带输送机组成,并配套相应的随动部分。在掘进状态下,主机皮带输送机尾部在位于盾体内部的接渣斗下方接渣,将渣土输送至主机皮带输送机头部后,通过卸料斗卸渣至后配套皮带输送机尾部,最后由连续皮带输送机和转渣皮带输送机完成出渣。后配套设备与主机配套,满足生产能力与主机掘进速度相匹配,工作状态相适应,且满足能耗小、效率高的原则,同时应具有施工安全、结构简单、布置合理和易于维护保养的优点。进入隧道的机械,其动力宜优先选择电力机械,配套应合理,其生产能力应满足施工组织设计所要求的工期,确保实现进度目标。

3.3.6 后配套系统配置原则

要发挥TBM快速高效的优点,就离不开为其服务的后配套系统。应根据工程地质条件、工程性能要求及其他的外界条件,合理地进行后配套系统的设计选型及配置,其配置原则如下:

(1)要求后配套设备作业能力与主机生产能力相匹配,能够有效地满足完成连续出渣和物料运输的要求。

(2)遵循可靠性理论满足可靠性要求,在设计寿命内能安全可靠地发挥其功能。

(3)结构简单,体积小,造价相对较低。

(4)布置合理、尽可能减少施工干扰;留有合适的维护检查空间,易于维修保养;后配套全长均应设安全通道,方便作业人员安全进入及在紧急情况下的撤离;相关设备应有安全监控、安全保护、安全连锁设施。

(5)适应地质要求,满足隧道临时支护、超前支护的要求。

(6)满足胶带输送机转载卸渣方式要求,满足冷却设备降温范围及方式要求。

(7)满足通风管、水管、电缆等的存储延伸需要。

(8)提供满足进餐和休息条件的空调房间、洗手间和医疗间,以满足全天作业,附加其他隧道施工作业机具及机修平台以满足相关的作业。

(9)要便于连接、安装、运输,且方便拆卸。

3.4 TBM智能建造设计

随着新兴技术的蓬勃发展,TBM配置逐渐升级,在建造过程中开始应用建筑信息模型(BIM)、物联网、大数据、人工智能、移动通信、云计算及虚拟现实等信息技术,通过人机交互、感知、决策、执行和反馈,保障了TBM施工的安全并提高了效率,TBM建造设计向着更加便利和安全的智能化方向发展,以下介绍几种目前较为先进的智能建造设计系统。

3.4.1 搭载数字超前地质预报系统

超前地质预报的作用在于可以有效地提供掌子面前方的不良地质情况,提前根据预报采取有效的解决方案来达到保障隧道及地下工程安全高效施工的效果。传统的超前地质预报需要人员及设备到达现场后,进行数据采集,再进行分析,地质预报结果出来有较长的时间延迟,不具备实时性更新。搭载数字超前地质预报本着"长短结合、物探先行"的原则,在精准钻探的验证下,能够对围岩进行精准判识。地质预报分析数据快,结果实时变化,对于TBM开挖过程中的参数控制可起到极大的参考作用,但目前存在的问题需要在 TBM 施工中进一步验证,以提高预报的准确性。搭载数字超前地质预报系统原理见图 3-4。

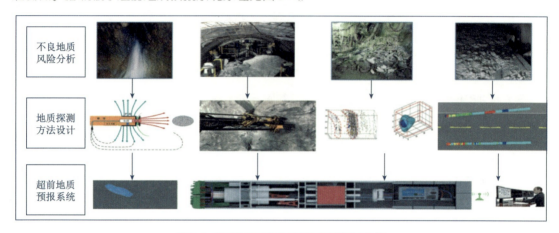

图 3-4　搭载数字超前地质预报系统原理示意图

3.4.2　TBM 掘进参数智能控制系统

目前 TBM 智能化作业水平较低,无法实现岩体信息实时感知以及掘进参数的智能决策,从而影响 TBM 掘进效率,且卡机、涌水、突泥等安全事故也时有发生。为解决上述问题,目前正在研发的 TBM 掘进参数智能控制系统,可通过分析岩体状态参数与 TBM 掘进参数的相关关系,采用数据挖掘的方法建立岩机信息感知互馈模型,在此基础上构建智能决策控制体系,实现掘进参数的预测以及掘进状态评价。对于特殊地层、不良地质段落,通过手动或自动控制模式对 TBM 掘进参数进行优化调整,使 TBM 保持安全高效的掘进状态。

3.4.3　TBM 远程操作系统

远程操作系统是 TBM 研究发展方向,尤其是在大埋深或煤矿等掘进环境恶劣、危及人员安全的高危作业空间,且人员安全得不到有效保障的条件下,通过物联网或 5G 技术,可构建 TBM 远程操作系统,实现在地面控制 TBM 掘进。TBM 远程操作系统界面见图 3-5。

3.4.4　TBM 智能控制平台

"大数据 + 云平台"下的 TBM 的优化,需结合多个 TBM 项目,从主推推力、刀盘转速、护盾压力等一系列设备参数和岩石岩性等,构建数据库,进而优化掘进系统,对掘进参数进行引导式的建议,降低 TBM 的操作难度,保证掘进效率。同时,设备并入云平台,除现场操作人员外,也方便其他人员随时了解设备状态,并及时做出相应的决策等,同时也方便了 TBM 设备施工的管理。TBM 智能控制平台原理见图 3-6。

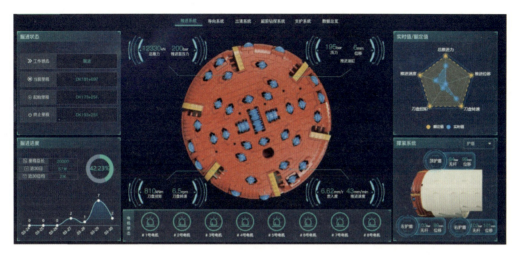

图 3-5 TBM 远程操作系统界面

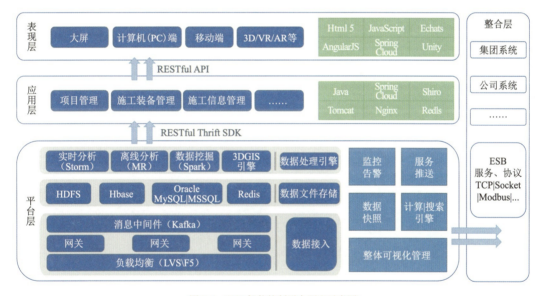

图 3-6 TBM 智能控制平台原理示意图

本讲参考文献

[1] 罗小刚.双护盾 TBM 选型设计与施工[J].四川建材,2018,44(12):213-214,216.
[2] 蒋先和.长大煤矿斜井 TBM 选型设计分析[J].城市建筑,2016(15):347-348.
[3] 王梦恕.不同地层条件下的盾构与 TBM 选型[J].隧道建设,2006(06):1-3,8.
[4] 唐与,黄柏洪.支撑式 TBM 与双护盾式 TBM 在设计选型中的比较[J].现代隧道技术,2009(02):68-72,111.
[5] 毛拥政,张民仙,宋永军.引红济石工程长隧道 TBM 选型探讨[J].水利与建筑工程学报,2009,7(01):65-67.
[6] 齐祥.深部复合地层 TBM 选型与掘进适应性分析及评价软件开发[D].北京:北京交通大

学,2017.

[7] 肖飞.梧桐山隧道双护盾TBM选型及针对性设计分析[J].中国高新科技,2017,1(10):35-39.

[8] 周路军,汤印,卓彬,等.川藏铁路隧道TBM选型及改进研究[J].铁道标准设计,2021,65(04):117-121.

[9] 陈馈,杨延栋.高黎贡山隧道高适应性TBM设计探讨[J].隧道建设,2016,36(12):1523-1530.

第4讲　TBM监造与拆机运输

为了对采购 TBM 制造组装调试的质量、工期、供货范围、技术性能进行有效的控制,制造过程中的监造环节必不可少,以保证设备制造符合合同约定的技术标准。必要的监造保障了 TBM 设备的制造与工厂预组装质量,规范了 TBM 在拆机包装过程中的作业行为,防止拆机运输过程中出现零部件的损坏和错发漏发,保证设备顺利抵达现场,使得设备可以顺利安装、调试、试掘进和掘进。

4.1　监造内容

4.1.1　监造范围

根据采购企业与设备供应商签订的设备采购合同,委派具有相应监造资质的设备监造人员进行监造。监造依据是双方的采购合同以及国家相关的法律法规、规章和技术标准,设备制造单位企业标准及设备监造的法律法规、规定。监造范围与 TBM 设备采购合同供货范围一致,包括 TBM 主机、连接桥和后配套等设备。

4.1.2　TBM 监造内容

(1)监造内容包括质量监造和进度监造两个方面,需要审核 TBM 制造商的质量管理体系文件和质量管理体系执行情况。

(2)参与 TBM 设备制造过程的试验与检验,对原材料进厂、外购件及委外件进厂、制造过程和产品出厂等方面进行检验。

(3)审核 TBM 工厂提交的组装调试方案和验收大纲,并监督整改 TBM 第三方验收存在的问题,监督 TBM 工厂拆机与包装。

4.1.3 监造控制意义

监造控制的意义是保证 TBM 整机及主要部件的性能要满足设计要求,主要部件包括刀盘、主轴承、主驱动系统、关键液压缸;护盾、主梁、鞍架、撑靴、后支撑;初期支护、皮带输送机、润滑系统、液压系统、冷却系统、电气系统、控制系统、导向系统、物料运输系统,保证关键部件及重大受力部件的原材料质量、焊接质量、连接件质量,运动部件的加工精度与配合精度。

4.1.4 驻场监造人员配备及控制要点

作为设备的购买方和使用方派驻场监造工作小组,监造小组指定 1 名专业人员作为监造组长负责监造总协调,并配备电气、机械、液压专业人员各 1 人,监造人员作为各相关专业的技术人员,应是 TBM 工地现场组装和设备运行的后期管理人员,在对整个监造过程进行监管的同时,也应为后期正式组装做好充分准备。驻场监造控制要点见表 4-1。

驻场监造控制要点　　　　表 4-1

项　目	控 制 要 点
生产过程	在设备生产全过程中实现同步监管,并做好监造日志,对参与的工作详细记录,在生产过程中发现的问题立即向监造组长汇报,并向本单位的项目负责人反馈相关信息
人员分工	根据专业负责做好监造工作记录,对在设备生产过程中发现的问题及时向监造组长和制造商沟通和协商,提出改进措施,监督制造商质量管理人员严把质量关
资料收集	依据设备制造商提供的相关技术资料,进一步收集和归纳整理,了解 TBM 设备性能参数,并掌握 TBM 设备的生产及厂内组装相关细节,特别是液压及电气元件、管线等的安装位置和布设方式,以指导工地现场组装
阶段报告	各专业监造人员相互配合,根据 TBM 设备制造或组装进度,按期或阶段形成监造周、月度总结报告

4.1.5 监造工作方法

对于监造人员,要按合同中要求的技术、商务条款对设备质量和交货进度等方面进行严格的监督和控制,驻场监造主要采用文件见证、现场旁站见证和停工待检等方法进行监管。

(1)采用文件见证的方式。对现有纸质原始记录进行检查,对制造商提供的技术文件、检测报告、原始记录等文件的完整性、准确性、客观性进行检查,见证与合同、图纸、工艺文件和检验与试验计划是否一致,文件是否闭合,是否满足相关标准。

（2）采用现场旁站见证方式。重点监督关键或隐蔽工序的技术指标是否满足设计要求、结构件及电气元件等性能是否匹配，检测试验的仪器及方法是否满足试验或检验规程等。在 TBM 设备厂内组装阶段现场旁站采集图片、视频等形式见证（记录）组装过程，并对组装工器具、组装工况、组装工序及工艺等进行详细记录，细化到各设备功能单元拼装，使其连接后能正常启动和运行。厂内验收后，还需见证 TBM 设备拆卸、包装打码等工作，直至设备起运。

（3）停工待检主要监督和验收关键工序节点、隐蔽工程试验验收点。刀盘、主驱动、主梁等结构件在于加工和检测过程的监督和验收，并注重供排水、电气和液压等外购部件的性能调试结果，严格做好工序验收工作。此外，在日常工作开展过程中实行巡检制度，了解现场生产及加工状况，做好抽查记录。

4.2 监造过程

4.2.1 监造流程

鉴于国内各单位的实际监造情况，TBM 监造主要指"三控制"，即设备制造、调试阶段的质量控制，进度控制和投资控制。其中质量控制是最主要的，而质量控制的关键是设备制造、调试的过程控制。TBM 设备监造工作流程如图 4-1 所示。

监造人员需要熟知合同，了解合同各项条款及附件中的规定，参与设计联络，了解制造有关技术说明和标准，熟知设计意图和设备制造相关工艺规定，深层次掌握设计图纸。监造小组成员应记录每天的监造日志，系统记录过程中的各种事件、事实，收集相应的照片和资料，以便对整体过程进行备忘和复查，并利于对各项工作进行全面地过滤，防止遗漏和延期。在监造日志的基础上进行概括性整理，做出监造周报和月报。

4.2.2 质量控制

1）设计变更

监造工作在设计联络后进行，监造阶段发生的设计变更很少，主要由以下原因引起：设计联络会尚未确认的技术问题；由于采购不能实现引起的零部件和材料变更；由于制造工艺难以实现引起的变更；由于双方中的任一方发现原设计缺陷引起的变更。采购工作制度规定：在设备制造过程中如需要对设备的原设计进行变更，TBM 监造小组应审核设计变更，并审查因变更引起的费用增减和制造工期的变化，当发生设计变更时，监造小组应及时将变更资料报上级部门等。

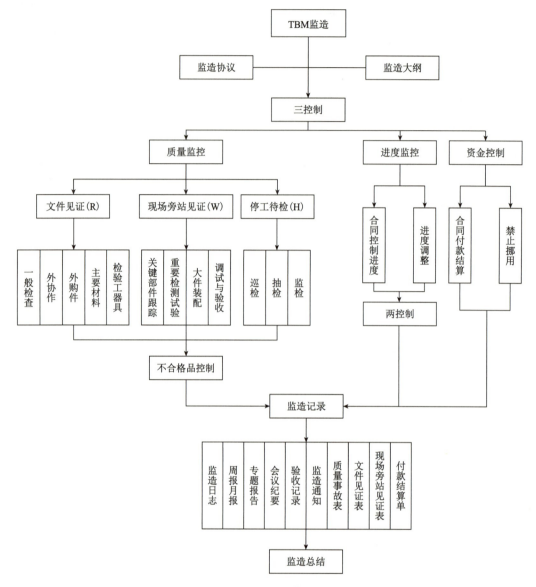

图 4-1　TBM 监造工作流程图

2）资质审查

（1）分包单位

采购工作制度规定：TBM 监造小组应审核设备制造分包单位的资质情况、实际生产能力和质量保证体系，符合要求后予以确认。监造小组要求供应商提供其分包项目和分包商清单；提供分包商的相关资质证书；审核分包项目是否和分包商的资质相适应，禁止分包项目内容超出分包商的资质范围；到分包商的所在地进行考察，核实分包商的资质与实际情况是否吻合；审查情况在监造周报中汇报并提供有关资料报表。

（2）制造厂家

采购工作制度规定：TBM 监造小组应审查制造主要、关键零部件的生产工艺设备、操作规程和相关生产人员的上岗资格,并对设备制造和装配场所的环境进行检查。监造小组对用于 TBM 制造的上述实况进行审查,审查情况在监造周报中汇报。

3)质量失控和事故的处理及报告

TBM 监造小组应审查设备制造的检验计划和要求,确认各阶段的检验时间、内容、方法、标准以及检测手段、设备和仪器。采购工作制度规定:TBM 监造小组应督促设备制造单位按照批准的检验计划和要求进行设备制造过程的检验工作,做好检验记录。认为不符合质量要求时,应责成设备制造单位进行整改、返修或返工。当发生质量失控或重大质量事故时,必须下达暂停制造指令,提出处理意见,并及时上报质量失控和质量事故报告。监造小组对检验计划、手段进行审查,审查情况在监造周报中汇报并提供有关资料报表。

4)质量审查签认

采购工作制度规定:TBM 监造小组应审查设备制造的原材料、外购配套件、元器件、标准件以及坯料的质量证明文件和检验报告,对外购器件、外协作加工件和材料的质量验收进行监督检查,审查设备制造单位提交的报验资料,符合规定后予以签认。监造小组对该条内容进行审查签认,在设备运往现场前,TBM 监造小组应检查设备制造单位对待运设备所采取的防护和包装措施,并检查是否符合运输、装卸、储存、安装的要求,以及检查相关的随机技术文件、装箱单和附件是否齐全。监造小组对 TBM 运输前的防护、包装应与运输单位共同进行检查,听取运输单位的意见和建议,并分析确认。对不符合要求的防护和包装要求制造厂家改进,必要时将检查情况每天进行汇报。

5)供货范围控制

监造小组根据合同规定的国内外供货范围,详细复核到达制造现场的货物规格型号种类和数量,发现问题应向制造厂家指出并督促制造厂家查明原因再采取补救措施。

6)监造质量宏观控制要点

(1)对制造厂家的质量控制体系检查

质量管理的发展经历了检验质量管理、统计质量管理和全面质量管理三个方面。一是检验质量管理即事后检验,对于 TBM 机这类单件生产的产品,事后检验仍为主要的质量控制方法;二是统计质量管理即对质量形成条件的控制,通过统计经常发生的质量问题从而对产生的原因进行分析和改进,对于 TBM 质量控制,需要经过一定数量的生产才会发生作用;三是全面质量管理,以技术标准为标准,依靠完整的体系来控制质量,以自检为主,全员参与。

(2)质量问题及缺陷处理

熟悉制造厂家的生产管理组织机构,检查质量控制职能遗漏环节。对驻场监造过程中出现的不符合设备采购合同规定和已经确认的技术标准、技术文件要求的项目均视为质量问题,应及时查明原因,督促落实整改措施;对不合格件或产品达不到设计要求的,处理方法是返修后让步接受,要求设备制造商返工,以达到合同约定的质量要求。

(3)结合监造图纸不定期抽检

监造人员应进行图纸审查。根据需要,监造人员应以 TBM 制造厂家提供的监造图纸为依据,不定期到现场车间进行检查。检查内容包括设备实现的功能、设备制造工艺、设备尺寸误差等。发现问题及时要求厂家进行整改,监造过程中发现的质量问题应及时记录归档。

(4) 材料来源审查

驻厂监造人员应不定期地进行关键结构和部件材料来源进行审查,材料必须有厂家出厂合格证明,关键材料还应有类似设备现场应用的实例。

(5) 监造方质量检查人员

监造方的质量检查人员应参加制造厂家进行的工序质量检查和部件完工质量检查,并就检查结果进行监督跟踪。

(6) 参加 TBM 出厂检验

根据厂家提供的 TBM 出厂检查内容,监造人员依据合同要求和设计联络规定,提出合理的增减或者修改意见,形成出厂检验报告内容,报三级机构进行审查。监造人员参与合同双方进行的设备出厂检验,依据 TBM 出厂检验报告内容,逐项进行结构检查、功能测试、指标符合情况。对于不达标准的项目做好记录,并和厂家进行沟通,要求厂家给出解决的办法,并全程进行跟踪。

4.2.3 进度控制

1) 进度控制方法

监造人员进行 TBM 制造进度控制,主要依据合同总工期和双方认可的节点生产工期。一般工期管理方法如下:

(1) 节点工期对比法

根据 TBM 生产实际进度,对比节点工期,进行关键部件(例如主驱动、护盾、主梁、刀盘)的把握,以工作联系单方式和 TBM 厂家进行沟通,根据节点工期对比情况。

(2) 倒排工期法

倒排工期法主要适用于 TBM 组装期间的工期安排,因项目监造人员对于 TBM 组装比较熟悉,可根据工期细化,倒排工期,审查 TBM 主要部件及配套设施的到位情况。

(3) 合理制订监造管理机制

把握 TBM 制造特点,结合厂家实际,从结构铆焊加工、外购件的购置、部件试装配、总机装配、调试等方面制订 TBM 监造管理机制。

(4) 严格控制遗漏环节

监造小组成员应熟悉 TBM 厂家的生产组织机构,分析 TBM 生产过程中可能产生的遗漏环节,防止一些部件或者零件未及时生产或者未按时采购而影响 TBM 生产总工期。

2) 进度计划及审查

召开设计联络会议后,制造厂家应在规定的时间内提供最终的制造进度计划,包括国内部件的制造进度及交货计划、进口部件的分船交货计划、工厂组装调试和现场组装调试计划等。监造小组应督促制造厂家及时提付进度计划并审核相关内容:计划的时间安排是否满足合同工期要求;计划的阶段工期在安排上是否合理或有矛盾;计划的项目是否有重复和遗漏;计划的阶段工期是否具备实现的可能性和现实性。若发现进度计划存在问题,监造小组应及时向制造厂家指出、交涉、更正,属于制造厂家安排有误、考虑不周的要求并督促制造厂家限期更正;属于制造厂家资源不足问题,根据合同要求,督促制造厂家重新安排配置资源,若不能满足应及时报告,寻求解决方案。

3) 进度计划保证措施及审查

制造厂家在提交制造进度计划的同时应一并提交实现进度计划的保证措施。监造小组应审核制造厂家提交的保证措施,保证措施应有资源保证(设备材料资源、人力资源、资金、场地与设施等)、技术与工艺保证(设备的加工精度和能力、人员的技术等级和水平、工艺工序的合理性和成熟程度、自然环境影响及应对措施等)、行政与技术管理保证(过程中发生未预见的事件或突发事件时、计划因策划计算失误而导致阶段工期延误时、分包商工期延误时等,制造厂家的应急处理预案),监造小组应综合考察和复核制造厂家的保证措施,发现问题应提出、交涉、更正。在监造周报中汇报其审核情况。

4) 进度报告及审查

制造厂家应每两周为监造小组提供即时的制造进度报告。监造小组核对报告以下内容:报告的内容是否与实际情况吻合;报告提供的完成情况是否与制造计划预定的工期吻合;若发现问题,应向制造厂家指出并督促制造厂家查明原因,采取措施补救。

5) 实际制造进度考察和报告

监造小组根据制造厂家提供的,经过审查确认的上述制造计划,采用现场旁站见证来确认制造厂家实际的制造进度,发现问题应向制造厂家指出并督促制造厂家查明原因再采取措施补救。在监造周报中汇报其实际的制造进度。

6) 到货进度的考察和报告

监造小组根据合同规定的国外供货范围和到货时间,在相应的日期内要求制造厂家提供装船日期、清单、离港到港时间、报关及到达制造现场时间的相关文件或复印件并进行日期审查复核,发现问题应向制造厂家指出并督促制造厂家查明原因采取措施补救。

监造小组根据合同规定的国内供货范围和到货时间,根据制造厂家提供的制造计划,在相应的日期内复核制造和采购分包商提供的货物到货清单、装车到货日期,复核实际到货情况,发现问题应向制造厂家指出并督促制造厂家查明原因采取措施补救。

4.2.4 TBM 监造对接

1) 现场交接

设备全部运到现场后,TBM 监造小组应参加合同规定的由设备制造单位进行的交接工作,开箱进行清点、检查、验收、移交。

2) 供货范围的控制

供货范围应细化,监造小组应及时要求制造厂家提供更新的供货范围明细表,包括订货厂家、联系电话、到货时间。对于进口部件,必须细化到订货厂家、订货时间、分船计划(或空运计划)。依据合同供货范围,对比实际供货计划,如有不符,特别注意遗漏环节,应及时与制造厂家进行沟通。在 TBM 零部件分批到货过程中,应要求制造厂家及时上报到货零部件合格证明,并进行审核,如有不符,应及时与制造厂家进行沟通。

3) 付款结算资料审查及报告

TBM 监造小组应按照设备制造合同的规定,审核设备制造单位提交的进度付款单以及报送的设备制造结算文件,并提出审核意见。

4) 工作例会制度

监造小组每周应会同制造厂家召开一次工作例会,提出制造过程中有关质量、进度及存在的其他问题,听取制造厂家的说明,表明甲方的要求。例会应作会议纪要,双方应在会议纪要上签字。

5) 安全审查及报告

监造小组应要求制造厂家提供制造过程中以安全生产责任制为核心的有关安全生产规章制度和规定并进行审查。在制造过程中督促制造厂家安全生产。监造小组在监造过程中应遵守制造厂家有关的安全规程,确保自身安全。

4.3 TBM 拆机

TBM 体型庞大,进场运输前必须进行适当拆解。一方面拆解后的大型部件如刀盘、主轴承、主梁、主驱动等仍属于超限件,对运输方式、道路、桥梁、隧道的通行能力都有相应要求。另一方面,TBM 法隧道施工现场大多处于山岭地区,进场运输的问题显得尤为重要。进场运输涉及设备拆解、运输方式、运输组织协调等内容。运输组织和实施过程需要由卖方、买方、承运单位共同研究确定,且应符合我国铁路、公路和航运的有关规定和管理办法。

4.3.1 拆机总体要求

TBM 拆卸前须确认已完成厂内验收,并签署厂内验收证书,完成验收整改事项,且各部件、系统是已安装完成且运行正常的。断电拆机之前需按照 TBM 大件尺寸吊装图将所有运动部件调整至设计要求的位置并固定,明确运输的重心和运输尺寸;在拆卸前,要仔细核查各配电柜、变频柜、控制盒、接线盒、外部电缆等元件的标识清楚牢固,便于工地装配,要保证变压器柜、配电柜、变频柜、电缆接头等设备的干燥;对拆机零部件分类、分部件整理并进行装箱,并按照要求统一标识,装箱零散件应随所属大件一起发货。

4.3.2 电气设备拆机整体要求

电缆拆装要求有专业电工现场指导,确保接线柱及接头的完好,电缆线号标记须完整,并对电缆接头进行包裹和防潮处理,电气设备拆机前必须断开电源。电缆拆卸应尽可能遵循方便快捷的原则,在两端连接处拆卸,不得破坏性拆卸,在同一台车上不影响拆机的连接电缆不用拆卸;不在同一台车上的电缆一般需要两端拆卸,并单独打包。控制室与配电柜之间的电缆、主驱动变频电机与变压器之间的电缆、配电柜与变压器之间的电缆、配电柜与液压站的电缆,需要两端拆卸,并单独打包。所有电气设备元件应包裹捆扎好,做好防潮、防碰撞处理,电器柜、变频柜等包装前,柜内必须放置适量的干燥剂。放置于台车顶部的元件,高度不应超过

100mm,其左右不能超出台车钢结构范围,元件前后必须有钢结构保护。电缆打包装车如图 4-2 所示。

单端拆线需要从电缆拆线端拆线后把电缆整齐打包到另一端,动力电缆用打包带捆绑并用塑料膜包裹好,用尼龙绳系好固定在车架上,防止滑落或碰撞。两端拆线则需要从电缆两端拆线后把电缆在地面上盘好,动力电缆用打包带捆绑并用塑料膜包裹好,多芯(≥12 芯)控制电缆同理,其他较细的电缆可用扎带捆扎。

4.3.3 液压流体设备拆机整体要求

所有液压元器件在拆卸前需恢复至初始位置。液压设备断开时须做相应的标识,断开的液压管路必须进行防护,防止被污染,并对高压管路、蓄能器等有压部件进行泄压,关闭所有液压泵出口球阀。

液压管路拆卸前必须将液压油箱及液压管路内的液压油、流体管路内的水及油脂等介质清理干净。特别是流体管路内的水要排放干净,再用风吹干,管路内不得有水残留。若拆机发货时间在 9 月份以后,且运输途经寒冷地区,拆机前需向内循环系统加注 100% 防冻液(-45℃),并循环运行 30min。

水气管路拆卸前则需要将台车上所有备用水气管路球阀打开,循环系统所有单向阀、流量计和散热器要提前拆开放水,再用气吹干。为保护元器件,对管路进行吹气干燥时,气压不得高于 5bar[1]。在对各管路进行放水、吹气干燥确认后,方可对各管路和元件进行包装。液压流体设备打包装车如图 4-3 所示。

图 4-2 电缆打包装车

图 4-3 液压流体设备打包装车

4.3.4 机械设备拆机整体要求

根据下发的 TBM 拆机、吊装、大件尺寸重量图纸,检查各零部件是否完备良好,定位尺寸是否无误;查看所有部件油漆和防锈质量是否合格(所有外露的非贴合机加面均需要涂刷 2 ~

---

[1] 1bar = 0.1MPa。

3次硬膜防锈油);逐条核对所有设计更改单、部门联系函,确保所有更改完成;零部件及相对运动的零部件已提前支撑并进行固定;吊点最大承载重量满足设备起吊要求且吊装设备满足起吊条件,方可进行各部件或各系统的拆卸。

机械设备拆机后须对机械加载部位做好相应的防护;主驱动齿轮箱、减速箱内的齿轮油要排放干净;后配套行走机构、连接附件、楼梯平台、风管等按照同一节台车配车发货,保证齐全配套,特别注意软风管均需进行两端拆卸单独打包随车发货;设备所需灭火器需装箱单独发货;装卸螺栓时注意不能损坏螺纹,螺栓、垫圈、螺母应记录拆卸清单数量,单独打包,随车发货,每节台车配发1个小木箱,专门打包发货本节台车的螺栓;销轴、机加工小件等若需拆卸,必须做防锈、防碰撞包装,并随大部件配车发货;各部分零部件装箱运输的,箱内箱外各放置一份装箱清单,做好防潮防水措施,严禁在装箱清单中罗列数量不明确的货物。机械栏杆打包如图4-4所示。

图4-4 机械栏杆打包

4.3.5 放置、捆扎和包装的总体要求

在放置拆卸电缆时,所有的电缆不得受压、受拉,以免对电缆造成损坏,影响使用。拆卸的电缆必须单独打包,避免在运输过程中对电缆造成磨损、擦伤或发生破损。若拆卸的电缆过长,须将其卷成电缆卷盘或布置在线槽内或支架上进行折返,并捆绑固定,电缆在转弯处用扎带绑扎。拆卸电缆在放置时要平行布置,不得与其他电缆绞合、缠绕。拆卸过程中先拆小线,后拆大线。对于变压器柜与配电柜及补偿柜之间的电缆,根据拆线原则,应将变压器柜处的电缆拆卸,并将接头用塑料进行包装防水,用防水塑料布捆绑包装;对于液压站与配电柜之间的电缆,应将配电柜处的电缆拆卸,并将接头用塑料进行包装防水,用防水塑料布捆绑包装;与控制室相连的不在同一单元上的其他设备,应将控制室处的电缆进行拆卸,并将接头用塑料进行包装防水,并将其捆绑固定在适当位置;与配电柜及补偿柜相连接的不在同一单元上的其他设备,应将配电柜及补偿柜处的电缆进行拆卸,并将接头用塑料进行包装防水,将其折返回该设备所在单元,并将其捆绑固定在适当位置,包装材料使用聚氯乙烯(PVC)覆膜材料。

液压管路拆卸部位必须用塑料或堵头进行捆扎防护,液压管路折弯半径不得小于管路的最小折弯半径,拆卸必须明确标识,对管路的固定必须牢固可靠,包装材料使用PVC覆膜材料。

机械加工部位必须涂抹黄油并用PVC覆膜材料覆盖。所有捆扎部位应注意防护,不得损坏捆扎部位的零部件。

4.3.6 清洁要求

所有污染的表面均需清理、清洁;对锈蚀的表面需进行除锈作业;对油漆脱落的表面需进行补漆作业。所有油管均需按序标号,油管油口使用堵头封堵。

4.3.7 防护要求

对所拆卸零部件上所有外露机加工表面涂防锈油进行防护处理;对设备上固定不牢的零部件进行加强固定处理;对螺纹孔攻丝后进行封堵处理,防止螺纹孔内进入杂物;对所有拆卸的管路进行封堵处理,防止杂物进入。

4.3.8 包装要求

考虑到运输时间长,在运输过程中包装膜可能发生破裂等情况,在使用薄膜覆盖后,再使用防雨布进行加强包装处理,设备装车后,整体使用篷布进行覆盖处理。

4.3.9 标记要求

粘贴标识前,必须将粘贴位置的油污擦拭干净。粘贴要遵循整齐、美观且易于观看的原则,标识平整无凸起、无气泡夹杂,且所粘贴的标签要耐油、以防水、抗高温,同时黏附力强,以防止在潮湿振动环境中脱落。

设备装车称重后,在合适位置喷涂名称标识、规格大小,喷涂的字体均为黑体字,字体颜色为红色,字号统一,将部件质量喷涂在名称下方以便现场吊装参考。

4.3.10 安全注意事项

设备拆卸前必须恢复至初始位置,要确保TBM处于断电状态,即将高压线及所有外接电源线进行断电卸载;必须对高压管路、蓄能器等存在压力的零部件进行提前泄压;对要拆卸后存在安全隐患的零部件提前进行支撑固定;对相对运动的零部件进行固定;拆卸人员须遵守安全操作规程,戴安全帽,穿工作服、劳保鞋,登高作业时系安全带;确保起吊设备正常可靠运行,拆卸前中须确认吊点承载能力是否达到承载要求。

4.4 运 输

4.4.1 运输总体规划

TBM设备型号各异、体积庞大、转场非常困难,特别是主机,不可拆解部件远超出公路运输的许可范围,但其为TBM的关键部件,若运输过程发生事故,损失将非常大。再则大件运输涉及环节较多,针对不同的部件及道路条件运输方案差异很大,如何经济、安全、完好无损地进行各种道路的大件运输,是运输业较难解决的一个问题。

1)运输前资料的准备

(1)理货报告:明确运输大件部件的质量、尺寸、重心捆扎要求、防护要求等。

(2)验道报告:沿途运输障碍、桥梁、路面现状及承载力、弯道、纵、坡横坡等道路参数运输路线等。

(3)计算说明书:货物装车后的稳定性、承载力、弯道通过能力、捆扎等计算,牵引车配重与牵引力的计算。

(4)运输方案:配备的运输车型,确定的组织机构及运输计划,装车、运输、卸车方案,各项车辆整备与运输技术、质量标准。作为整个运输的指导性文件,应经过审核并取得上一级领导的批准。

(5)安全及预防措施:运输各检查点的位置、检验标准与检查方法,检出安全隐患后的补救措施。

(6)运输车辆检查报告:车辆各部技术状况、液压、制动、机械连接的可靠程度、捆扎工具情况。

2)大件运输实施过程安全检查

根据安全及预防措施所列项目和运输方案所制订的措施,由安全负责人适时对运输过程实施安全检查。设备装车运输见图4-5。

a)

b)

图4-5 设备装车运输

(1)装车检查。检查货物是否装在挂车指定位置;货物的重心是否与挂车的纵向中心对正;挂车液压悬挂支撑回路间的压力是否平衡;垫木与车体间的连接是否合理;捆扎工具、捆扎方式是否符合技术要求且牢固可靠;重要部位的防护措施是否有效,信号指示措施是否得当等。

(2)运行中检查。行驶一段距离后是否对货物的移位情况进行检查;对捆扎情况的检查;每日运行前操作人员是否对车辆进行检查;是否按指定的路线运行;运行途中是否按照运输方案的要求操作(如上下坡、车速等);通过桥梁时的措施是否可行等。

(3)卸车检查。车辆停放的位置应符合卸车要求,捆扎工具应已全部解除,卸车过程应符合方案要求等。

4.4.2 技术保障

（1）装车

装车时货物重心与挂车纵向中心对正，横向重心与挂车悬挂组成的三角支撑对正。货物在挂车上就位后，液压控制的三个压力表读数值差10%，则能保证稳定性；货物装车后，未加固不准移动挂车，运输总则参照技术说明书运输规范章节施行。

（2）封车

要求货物装车后，使之足以承受车组在起步、制动、运行中所产生的各种力的作用。确保货物在运输过程中不发生移动。封车材料、工具为工业胶板、手拉葫芦、钢丝绳。封车方法一般采用45°八字形和大捆方式封车。

（3）车辆运行技术要求

运行速度：重驶15km/h；通过困难路段（空中路障、桥涵等）应事先采取技术措施，措施包括调整左右液压悬挂行程、降低挂车高度、改变三角支撑、改用手动控制转向，降低车速等；车辆起步、停车要慢，严禁急刹车，运输途中需要均速运行；上下坡路时，应预先选择挡位，减慢车速，一般采用≤5km/h。通过道路、桥涵有控制线时，一律按指示行驶，无控制线时，一律沿中间道路行驶；大型车组通过桥梁时，只能单车行驶通过，禁止桥上会车、换挡、刹车、加速，须匀速居中通行；参运人员必须及时与前来护送的公路和交警等部门进行沟通。

4.4.3 主要部件安全运输要求

大件运输存在的困难，TBM设备庞大，部件众多，仅TBM刀盘和主驱动组件重量就有80~200t，长宽尺寸超过4.5m甚至更大，部分连接桥皮带输送机长度在25m左右，主梁连带鞍架装车后高度部分超过4.5m。拆卸后装车的众多部件从长度、宽度、高度和重量上均严重超出常规公路运输规定，属于超级、超限运输，将出现诸多困难情况。

（1）通行宽度限制

我国目前大部分道路通行宽度保持在7m，但部分路线包括等级较差的乡间道路、工厂道路路面宽度不达标。狭窄的路面会影响过往车辆的通过。

（2）通行荷载要求

除较差的乡间道路、工厂道路、年代久远的桥梁以及有限定荷载要求的公路和桥梁以外，大部分道路及桥梁的通行荷载为汽车20级、挂车100级。运输过程中往往经由山体冲积沟汇集处设有的简易桥梁或下部穿行覆土很浅的混凝土结构箱涵（管），其通行能力往往不符合基础承压要求，限重均在20t以内。TBM运输途中遇到的薄弱窄小石桥及箱涵，该小石桥未标注限重吨位，但粗略估计其承载能力较差，不满足运输要求。

（3）收费站障碍

除部分路线及条件较差的老收费站以外，大部分收费站保持5m净高，4m通道宽度，则会对TBM运输造成困扰。

(4) 高压线触碰

除部分较差道路以外,大部分道路通行高度保持在4.5m。公路沿线经常有横向穿越的低压线和高压线,大型结构件途经时很容易发生触碰短路,导致损毁。

(5) 雨季影响

若TBM工程项目所在部分工地雨水丰沛,则必须考虑到雨季对道路的冲刷和损毁情况和因雨水造成的道路泥泞情况。

4.4.4 运输对策

(1) 克服狭窄路面、实施交通管制

大件运输之前,提前通报当地路政部门,协调沟通,掌握道路基本情况,明确提出针对性处理预案,且临出发前应专程踏勘道路,以防出现新的变化。个别狭窄地段,跟随装载机进行临时铺垫或修整,拓宽局部路中。对诸如收费站区间临时拆除障碍物,移除收费亭、顶盖、栏杆和坐墩,过后复原。由路管部门通知相关单位,根据路况,指定封闭区间,采取临时封道措施,大件运输车队经过时,只允许单向行车,指挥车靠前指挥,提前疏通道路,让开大道,过后恢复正常秩序。

(2) 应对高度有限制区域

提前做好技术处理,对有可能超高的构件寻找低矮特型车,单独考虑整车装车后高度,使其不高于限界规定,遇到高压线横穿情况,可找地方部门协调处理。

(3) 超重部件运输

使用牵引力合适的车辆,按照轴重不超过20t计算将荷载分摊,尽可能寻找多轮轴车辆。该种车辆每个轮轴两侧带有液压控制的悬挂液压缸,遇到路面不平整之处,可通过液压缸的伸缩,使各轮胎受力均匀,并保持车厢底板水平位置,防止侧倾情况发生。

(4) 连续大坡牵引

用装载机对大坡度坡点处进行修整和铺垫,避免底盘触底。一般荷载超过80t的车辆,牵引功率应大于313kW,坡度一般不超过9%。超限时可采用前拖后拽,用推土机和载重车前部牵引,后部用装载机顶推,协调配合。

(5) 超长构件运输

尽可能跟厂家协商,在设计、制造阶段考虑到运输需要,可将构件分为几节拼装,严格控制装车长度。实地转弯时,车辆缓慢行走,车速不得高于5km/h,遇到问题须及时处理。

(6) 应对雨水季节

潮湿、多雨季节,还要考虑雨水、山洪冲刷对道路运输的影响,需事先踏勘,并及时加固补救。必要时,随车携带大量枕木铺垫,谨慎通过危险路段。

本讲参考文献

[1] 黄平华.盾构及TBM设备监造的实践与探索[J].隧道建设,2007(06):94-97.

[2] 余文昌,李奋霞.引红济石工程建设方对TBM设备监造的实践与探索[J].陕西水利,2009(06):62-63.
[3] 张雄伟,郝彭彭.TBM设备的工厂监造与验收[J].国防交通工程与技术,2012(S1):169-171,161.
[4] 苑广会,娄永超,李世民,等.敞开式TBM驻场监造实践[J].云南水力发电,2017,33(02):10-11,39.

第5讲　TBM施工空间规划设计

　　TBM施工空间规划设计主要指辅助洞室、施工通道以及施工场地的建设。辅助洞室和施工通道是TBM施工及其配套设备组装、步进、始发、检修、拆卸等工序的作业空间以及运输、出渣、供排水、通风、供电、通信、人员通行的通道。为保证TBM顺利施工,需结合具体工程建设规模、建设条件、现场环境与施工需求等因素,因地制宜规划TBM施工空间。本节结合"单线双机"TBM的施工形式,进行空间规划设计,同时对TBM施工洞外场地进行模块化设计,充分利用有限空间做好TBM施工生产建设。

5.1　TBM施工空间设计

5.1.1　TBM施工通道设计

　　辅助洞室是TBM掘进前装配、始发及掘进完成后进行接收、拆卸等工序的重要工作空间。合理的辅助洞室设计能规避施工过程中所需空间不足及洞室尺寸过大所引起的施工成本增加情况。不同的隧道建设条件,根据施工通道(支洞或者正洞)与TBM掘进隧道的位置关系决定了不同的TBM施工辅助通道设计布置,常见TBM施工通道设计类型见表5-1。

常见 TBM 施工通道设计类型　　　　　　　表5-1

设计形式	工程名称	设计简图
"I"形布置	朱溪水库引水隧道	TBM ← 步进洞
"Y"形布置	高黎贡山隧道	平导 ← / TBM ← / 正洞 ←

续上表

设计形式	工程名称	设计简图
"干"形布置	西秦岭隧道	(斜井,TBM←→TBM)
"开"形布置	川藏铁路某隧道	(TBM←)
"T"形布置	新疆某引水隧道	(支洞,TBM←→TBM)

辅助洞室依据不同功能可分为组装洞室、步进洞室、始发洞室、检修洞室、拆卸洞室等,下面对各种洞室设计尺寸进行说明。

5.1.2 TBM组装空间设计

TBM设备十分复杂,因此,TBM须在工厂进行预组装、调试运行等性能测试,而后拆卸运输到工地再进行施工组装。根据隧道主干线等设计的不同,TBM的组装分为洞外组装和洞内组装。TBM洞内外组装优缺点比较见表5-2。

TBM洞内、洞外组装优缺点比较 表5-2

对比项目	洞内组装	洞外组装
安装空间	小	大
组装条件	差	好
气候影响	小	大
组装费用	高	低
运输要求	高	较高

(1)TBM洞外组装场地设计

TBM洞外组装场地应满足TBM主机、连接桥及后配套的长度要求并有一定安全距离。在组装场地充裕的情况下,场地长度可用公式(5-1)计算。

$$L \geqslant L_1 + L_2 + L_3 + e \tag{5-1}$$

式中:L——场地总长度(m);

L_1——TBM主机长度(m);

L_2——连接桥和后配套拖车总长(m);

L_3——刀盘至洞口之间的直线距离(m),L_3 根据现场环境灵活设置,也存在小转弯步进等形式;

e——安全距离(m),一般取 5m 以上。

场地最大宽度应综合考虑车辆通行或者吊装设备操作空间和大件及其 TBM 配套设备摆放,取其中的最大值,此外也可是行走行车的移动宽度,TBM 洞外组装施工见图 5-1。

a)

b)

图 5-1 TBM 洞外组装施工

TBM 各系统部(构、配)件种类繁多,超长、超大、超重件较多,组装设施占地面积大,理想状态下期望有足够面积的组装场地,能满足具体工程 TBM 整机的尺寸空间要求,且有冗余。但现场条件总是有其局限性,则需要根据 TBM 部(构)件特点,遵循摆放布置的基本原则或做好预期规划。此外,需要考虑掘进机组装时支承和步进移动时对基础承载力的要求,一般组装场内应铺设钢筋混凝土,并达到所要求的平整度。

当组装场地由于地形条件等的限制,安装方向总长度容纳不了整台 TBM,此时应采用边步进、边组装的形式。主机主要部件组装完成后,开始组装连接桥(或者步进一段距离后,开始组装连接桥),待 TBM 步进一段距离后,开始组装后配套台车,并逐节顺次与连接桥连接。组装场地的空间设计可用公式(5-2)计算。

$$L \geqslant L_1 + L_4 + e \tag{5-2}$$

式中:L——场地总长度(m);

L_1——TBM 主机长度(m);

L_4——连接桥总长(m);

e——安全距离(m),一般取 5m 以上。

(2)TBM 洞内组装洞室设计

TBM 洞内组装洞断面设计 TBM 主机拟采用桥机安装,组装洞设计应根据地质条件和吊装设备、TBM 刀盘直径及组件尺寸等确定。

①组装洞室净宽度

根据最大安装件尺寸,主机组装洞净宽度 B 按下式计算:

$$B = B_1 + B_2 + D \tag{5-3}$$

式中:B——台车轨道以上净宽度(m);

B_1——刀盘安装时与洞壁最小安全距离(m),取1.5m;
B_2——刀盘安装时一侧吊装场地宽(m),取3.0m;
D——TBM刀盘直径(m)。

②组装洞室航吊区域净宽度

根据最大安装件尺寸,主机组装洞航吊区域净宽度 B 按下式计算:

$$B = B_3 + 2 \times B_4 \tag{5-4}$$

式中:B——台车轨道以上净宽度(m);

B_3——起重机大梁长度(m);

B_4——安装间两侧边墙与台车行走大梁两端头间的安全距离为0.25m。

③组装洞最小净高度

主机组装洞最小净高度 H 按下式计算:

$$H = R_1 + H_1 + H_2 + H_3 + H_4 + D \tag{5-5}$$

式中:H——组装洞最小净高度(m);

R_1——起吊机械安装时起重机吊钩至拱顶顶部间最大距离(m);

H_1——桥式起重机工作高度(m),暂定4.0m;

H_2——起吊设备轨道至吊钩间垂直距离(m),由起吊设备型号决定;

H_3——航吊高度(m),由起吊设备型号决定;

H_4——刀盘底部至底板距离(m);

D——TBM刀盘直径(m)。

组装洞室的空间设计,还应考虑连续皮带输送机的安装位置及尺寸,洞内是否布置搅拌站位置和尺寸等。因此,在实际的施工过程中需要综合考虑各影响因素,进行安装洞室的尺寸设计。对于一洞多机掘进的情况下,还应考虑设计后配套台车组装洞室。

某隧道采用开挖直径7.0m的敞开式TBM,TBM组装洞室设计案例见图5-2。

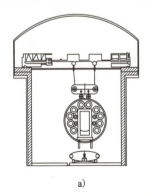
a)

b)

图5-2 TBM组装洞室设计案例

5.1.3 TBM步进洞室空间设计

TBM主机和后配套在同一个洞室组装时,TBM主机组装完成需要前移为后配套组装提供场地,为此需要在组装洞室前方设计一个步进洞室。步进洞室长度取决于主机和后配套的组装方案,即主机前移为后配套组装移出空间的长度,其直径须大于刀盘直径和人行道宽度之和。在 TBM 主机和后配套分别设计有组装场地的情况下可不设计步进洞室,TBM 组装调试完成直接步进至始发洞室进入始发状态。步进洞室主要尺寸计算如下:

①步进洞长度(L)

$$L = L_1 + L_2 \tag{5-6}$$

式中:L_1——主机前移为后配套组装移出的空间长度(m);

L_2——组装空间余量(m)。

②步进洞宽度(B)

$$B = D + 2D_1 \tag{5-7}$$

式中:D——TBM 刀盘直径(m);

D_1——人行道宽度(m)。

③步进洞的高度(H)

$$H = D + H_1 + H_2 \tag{5-8}$$

式中:D——TBM 刀盘直径(m);

H_1——刀盘起吊最大高度(m);

H_2——H_1 余量(m),为保证 TBM 步进正常通行,一般取余量 0.3~0.45m。

某隧道采用开挖直径 7.0m 的敞开式 TBM,TBM 步进洞室设计案例见图 5-3。

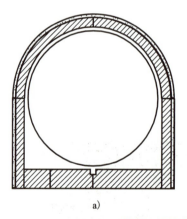

图 5-3　TBM 步进洞室设计案例

5.1.4　TBM 始发洞室空间设计

始发洞室是 TBM 步进完成后开始实现出渣掘进的空间,其规划设计重点在洞室长度、断面尺寸、地板形式、地面高程、轴线和 TBM 掘进隧道保持一致性以及坡度的因素。

(1)长度:刀盘接触掌面时,撑靴撑紧洞壁,且保证洞壁结构稳固,撑靴后端到始发洞起点的距离不小于 5m。

(2)断面:始发洞断面应略大于 TBM 开挖直径,通常始发洞半径大于 TBM 刀盘半径 10~20mm 为宜。

(3)底板形式:要适应 TBM 步进方式与步进机构,与步进洞保持相同的形式。

(4)高程:TBM 始发时,步进机构将留在始发洞内,因而始发洞的底面高程应略低于 TBM 开挖隧道,高差为步进机构的底部厚度。

(5)轴线和 TBM 掘进隧道保持一致。

(6)坡度:需要和 TBM 初始掘进段保持一致。

某隧道采用开挖直径 7.0m 的敞开式 TBM,其始发洞洞室设计案例如图 5-4 所示。

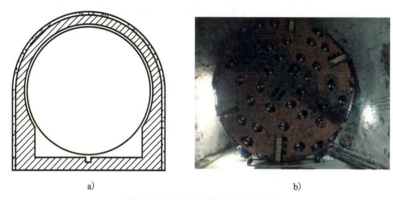

图 5-4 TBM 始发洞洞室设计案例

5.1.5 TBM 检修洞室空间设计

目前 TBM 连续独头掘进最长距离已达 17.568km,且未设检修洞室。此外,目前 TBM 在设有检修洞室的情况下,已有独头掘进 24.42km 的典型工程。因此,对于超特长隧道 TBM 法施工,TBM 检修作为 TBM 施工的关键工序,决定着 TBM 再次掘进性能,影响着工期长短。TBM 检修洞室与 TBM 组装步进洞室设计类似,由步进洞室、检修洞室(和组装洞大小相同)、始发洞室、交叉洞连接部分洞室组成,其长度和大小设计参考第 5.1 节。

某隧道采用开挖直径 7.0m 的敞开式 TBM,其检修洞洞室布置见图 5-5。

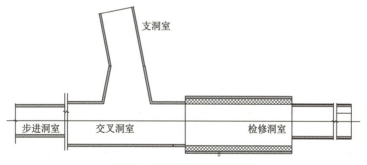

图 5-5 检修洞洞室布置示意图

5.1.6 TBM 拆卸洞室空间设计

当 TBM 掘进完成后,需要对 TBM 进行拆卸作业。根据不同工程的施工组织,TBM 拆卸分为洞外拆卸和洞内拆卸。洞外拆卸场地布置和 TBM 洞外组装场地类似,洞内拆卸场地需要在贯通面附近选择围岩条件较好的地段设置拆卸洞，在洞内安装布置吊装和运输设备，进而将TBM拆卸解体分批运出洞外。关于TBM洞内拆机技术，同已有主机安装洞室设计、步进洞室等设计方面进行技术参考。

5.2 "单线双机"TBM施工空间设计

本节以直径7m的敞开式TBM引水隧道为例，介绍TBM"单线双机"，即两台TBM均通过一个支洞在正洞进行组装、调试后，背向掘进施工。在该模式下，对空间设计、配套设备位置布置提出了更高要求。

5.2.1 "单线双机"洞室设计

"单线双机"模式需要高度重视交叉口部位辅助洞室的规划设计，明确辅助洞室是为TBM施工服务的，其功能务必得到保障，前期满足TBM组装调试，在施工阶段满足物料运输、反坡排水等需求。对于大断面洞室需特殊设计和专项组织施工，来保障使用过程中辅助洞室的安全。

(1)"单线双机"组装洞

主支洞呈"T"形布置时，为减小大断面洞室施工工程量，2台TBM可共用组装洞，依次安装，也可通过施工主机组装洞室和后配套组装洞室，同一台TBM相互配合平行安装。"单线双机"TBM组装洞室设计及规划见图5-6。工程实践表明，为保证安装效率，因后配套组装洞室吊机起吊重量较小，采用钢支撑进行桁吊的行走钢结构支撑。主机组装洞横断面、后配套组装洞截面设计见图5-7。

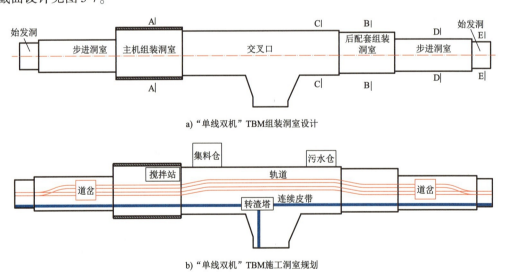

a) "单线双机"TBM组装洞室设计

b) "单线双机"TBM施工洞室规划

图5-6 "单线双机"TBM组装洞室设计及施工洞室规划示意图(尺寸单位：m)

注："单线双机"TBM组装洞室设计是TBM组装、步进、始发的辅助洞室，是掘进之前阶段的设计内容；"单线双机"TBM施工洞室规划是为TBM掘进进行其他辅助设施、场地规划布置，旨在在有限空间内，实现TBM施工的必要功能。

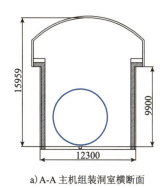
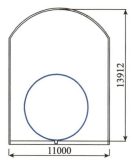

a) A-A 主机组装洞室横断面　　　b) B-B 后配套组装洞室横断面

图 5-7　组装洞室截面示意图(尺寸单位:mm)

TBM 掘进后主机组装部分区域及后配套组装洞部分区域设置洞内材料存放区,用于存放 TBM 施工相关的备品备件、支护材料、皮带、电缆、水管、轨道等材料。

(2)"单线双机"连接洞室

主支洞开挖洞室比安装洞室的宽度和高度小,是为了过渡至安装洞室设计开挖的洞室,同时满足施工需求,保证后续 TBM 连续皮带输送机系统、砂石集料仓等的安装空间。主支洞交叉洞截面见图 5-8。

(3)"单线双机"步进洞室

因上下游开挖洞室大小相同,TBM 直径相等,故上下游步进洞室、始发洞室设计大小相同。因设备组装相互对称,双向 TBM 出渣方向应在同一侧布置。步进洞室截面布置见图 5-9。

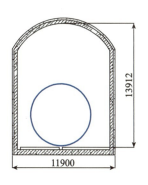
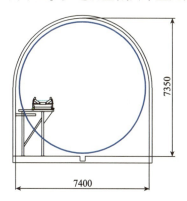

图 5-8　C-C 主支洞交叉洞截面示意图　　　图 5-9　D-D 步进洞室截面布置示意图
　　　　(尺寸单位:mm)　　　　　　　　　　　　　(尺寸单位:mm)

5.2.2　"单线双机"洞内搅拌站规划

TBM 隧道施工应根据自身的工程特点进行搅拌站选址和布置。平导隧道(隧道正洞的平行导洞)或支洞较短的 TBM 隧道施工,通常将搅拌站布置在隧道洞口合适区域,平导隧道施工,要和洞内运输轨道进行搭接,保证混凝土的连续输送;当支洞(斜井)距离较长时,应考虑将搅拌站设于洞内,以保证混凝土的及时运输。

(1) 搅拌站主机

洞内搅拌站布置一般选择在安装区域,是在 TBM 组装、步进完成后进行设备安装,或利用主机安装洞室搅拌站安装。搅拌站下设双线通道,用于混凝土罐车错车以及接入混凝土。洞内搅拌站平面布置见图5-10。

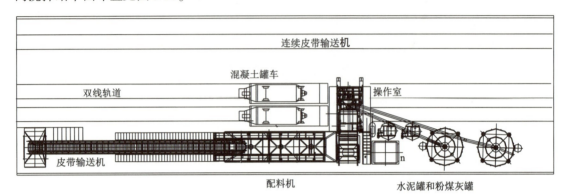

图5-10 洞内搅拌站平面布置示意图

(2) 集料仓

集料仓应于搅拌站附近设置,为使集料仓有足够的可存放空间,应紧临搅拌站上料井或者一定范围的同侧施工集料仓洞室。集料仓平面及截面布置见图5-11。

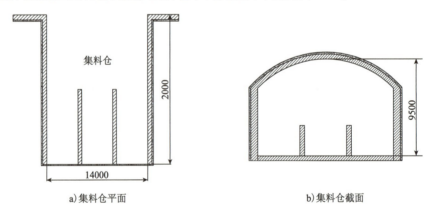

图5-11 集料仓平面及截面布置示意图(尺寸单位:mm)

5.2.3 "单线双机"运输系统设计

(1) 轨道运输系统

洞内线路设置编制车站一处,用于洞内列车编组集中调派。连接洞、安装洞、后配组装洞及步进洞均设置双线轨道,于步进洞尾部采用单开道岔并至单线运行,并于步进洞1、2分别设置交叉渡线各一处,运输轨道均采用43kg/m线密度,且转弯半径30m。

(2) 皮带出渣系统

TBM 施工主洞采取连续皮带输送机、支洞采取固定皮带输送机的出渣方案,TBM 掘进石渣经 TBM 主机皮带输送机转料至后配套皮带输送机,后配套皮带输送机转渣至主洞连续皮带输送机,在主、支洞交叉口直接转至支洞固定皮带输送机,交叉口区域应设置一大型的转渣系统。

5.3　TBM 施工正洞空间布置

　　TBM 开挖过程伴随着掘进与延伸作业的同步进行,包括通风、轨道运输、施工用电及洞壁照明系统、供排水、连续带式输送机等系统的延伸,从而使合理地布置 TBM 施工空间,避免发生后续工序(如衬砌等)的干涉,保证 TBM 掘进各个工序有序衔接,最大限度地提高空间利用率,其为 TBM 隧道施工的重点。

5.3.1　正洞布置内容

(1)通风系统

通风系统是为隧道内作业人员提供足够的新鲜空气,加快施工速度的重要辅助系统。通风系统的布置直接影响隧道断面布置。隧道施工通风在方案设计、设备配置等方面难度较大,需根据隧道长度、施工洞径大小以及风量要求等,选配大直径通风软管或两条小直径通风软管,以满足洞内通风需求。其布置方式是在 TBM 后方不断延伸风筒,悬挂至拱顶正下方。

(2)轨道运输系统

轨道系统的作用是通过机车为 TBM 提供物料供给,以保障 TBM 连续掘进,是随着 TBM 掘进在设备内不断延伸的一个工序。根据洞径大小与运输强度,确定轨道布置方案以及道岔、会车平台结构形式及间距。一般洞内行车线路铺设单线、四轨双线或四轨三线,每隔 2~4 km 安装一组道岔,用于洞内列车编组错车。道岔、会车平台间距应根据运输距离、运输强度、列车编组运行速度等因素综合确定。

(3)施工用电及洞壁照明系统布置

洞壁照明系统采用 380/220V 三相五线制,TBM 电源由洞外变压器供给。尾随 TBM 后配套工作平台架设,采用防水与绝缘性能良好的优质绝缘导线整齐排列,照明灯具平均布置三相电源线,确保三相负载平衡。

(4)供排水系统

合理规划供排水系统,才能保证设备人员安全及正常施工。供排水系统一般在 TBM 尾部停机时进行续接,根据排水量的大小布置排水管路的数量。连续长距离施工及反坡供排水,单泵供排水不能满足施工需求,需根据距离、坡度、水量等布置增加接力泵站,布设大直径管路。

(5)连续带式输送机

连续带式输送机安装方式通常分为吊链式和支架式(三脚架)两种,可根据不同断面需求选择不同的布设形式。

5.3.2 正洞断面布置

正洞断面布置见图 5-12。

5.3.3 正洞错车段断面布置

会车平台典型断面布置如图 5-13 所示。

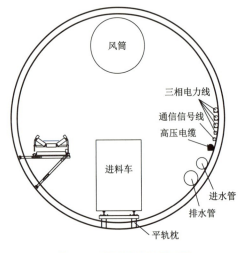

图 5-12　正洞断面布置示意图

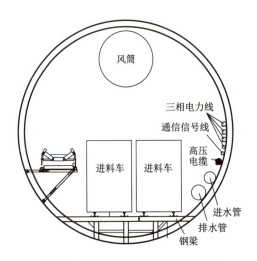

图 5-13　会车平台典型断面布置示意图

5.4　TBM 洞外场地模块化设计

TBM 施工是多环节紧密相连的作业系统，自身能够完成破岩、出渣、支护、电力供应及一些辅助功能，为确保这一作业系统正常协调连续作业，除 TBM 自身，还有许多辅助工作和辅助系统作为支撑，以实现其能够连续作业。TBM 风水电的供应、TBM 材料供应系统等是典型的辅助系统。与此类系统相匹配的 TBM 洞外场地之外还有混凝土搅拌系统、仰拱预制厂、修理车间、各种配件、材料科、出渣、倒渣系统、装卸、调运系统、进场道路、组装场地等。根据 TBM 不同阶段的施工需求和现场实际情况，科学合理地统筹布置，是充分发挥 TBM 性能，确保顺利施工的前提。

5.4.1　场地布置原则

（1）洞外施工场地一般集中布置在洞口附近位置，洞口周边场地不足时，可分区布置。多工点共用的搅拌站、加工厂、预制构件厂等辅助工程应结合运输条件、场地条件合理布置。

（2）采用有轨运输时，供料应确定洞外备料线、编组线和其他作业线的布置，出渣应确定洞外出渣线、翻渣设施的位置及存渣场地。

（3）采用连续皮带输送机出渣时，应确定洞外分渣设施的位置及存渣场地。

（4）施工场地应尽可能采用混凝土硬化，场地内功能区域划分明确，并考虑行车道路布置，方便场地内运输调度。

（5）场地施工前将场地内各构筑物、管线位置及结构进行合理设计，绘制详细的场地布置图，统筹规划洞外施工场地。已有施工图的应提前进行图纸会审，若不满足施工要求应提前进行变更。

5.4.2 场地建设要求

（1）场地建设应因地制宜，面积应满足施工生产需要。

（2）场地地基应具有一定的地基承载力，满足在其上修建结构物的承重要求，不满足要求时要进行地基处理。施工场地内应设置截、排水设施，防止场地内发生积水。

（3）场地内特殊结构厂房应根据结构功能进行单独设计，按照设计进行基础及房屋结构施工。有特殊要求的应对场地地基基础进行加固处理，如门式起重机走行基础、TBM 洞外组装区基础等。

（4）若场地内有桥涵工程，应根据施工组织确定墩台施工时间。场地与墩台有冲突时，应制订墩台防护措施，并应进行验算。

（5）场地范围的供电、供水管路尽可能采用直埋方式埋置于场地下，并按一定距离设置检查维修井，做好防冻措施。有条件的应设置管沟，将供水、供电线路布设于管沟内，方便检查与维修。

5.4.3 施工场地规划

单台 TBM 施工场地规模应根据施工现场洞口地形条件、工程工期要求及造价、设备尺寸及工作条件等因素综合确定。TBM 施工从场地大小、分区功能、施工的缓急轻重分为三个区，即洞口区、生产区和办公生活区。三个区域从辅助工程、参考规模、是否设置厂房方面进行详细介绍，为 TBM 标准化现场施工模块化场地规模提出建议，见表 5-3。

单台 TBM 施工场地占地面积参照　　　　表 5-3

序号	分区	辅助工程	占地面积（m²）	是否设置厂房	备注
1	洞口区	门禁室	20	是	根据情况靠近洞口
2		调度室	20	是	根据情况靠近洞口
3		监控室	40	是	TBM 远程监控
4		洞口会议室	40	是	包括安全宣讲台
5		应急物资仓库	100	是	根据情况靠近洞口
6		变配电站	1000	是	远离人员工作区域

续上表

序号	分区	辅助工程	占地面积(m²)	是否设置厂房	备注
7	洞口区	机车检修间	300	是	—
8		刀具车间	400	是	—
9		临时存料区	300	视情况	敞开式TBM无仰拱块支护
			500		敞开式(仰拱块)/护盾式(管片)
10		污水处理站	1000	是	有设备区域设置厂房
11		高位水池	500	否	—
12		搅拌站	3000	是	储料仓
13		转渣场	1000/2400	否	皮带输送机/有轨编组出渣
14		洞外组装场地	2.5倍设备宽度×长度	否	整体组装,适用于场地较为开阔
			2.5倍设备宽度×100m	否	分体组装,适用于狭小场地
15		有轨运输线路	根据现场大小确定	否	二次规划洞外场地,与序号14有重合区域
16	生产区	锅炉房	200	是	—
17		试验室	200	是	工地试验室
18		综合库房	1000	是	TBM以外的其他配件
19		维修车间	500	是	施工用车辆
20		TBM配件库房	600	是	包括TBM重要设备检修
21		油库	200	是	尽可能靠近生产区临边建设
22		钢材加工场	1500	是	包括原材料存放
23		仰拱预制厂	18000	是	敞开式TBM
24		构件存放区	5000	否	敞开式TBM
25		办公生活区	10000	是	
		面积合计	44620		序号14洞外组装场地面积及闲置空间不计入

注:辅助工程设置厂房为建筑面积,未设置厂房为占地面积。

洞口区、生产区是为TBM提供能源、物料等供应必备的工程建设。因此,在场地布置时,应因地制宜,主要综合考虑洞口场地大小,可将生产区主要辅助工程设置于洞口区域。

(1)洞口区

洞口区是TBM施工必备生产空间。TBM施工工程洞口区主要由调度室、门禁室、洞口会议室、监控室、应急物资仓库、高位水池、污水处理站、搅拌站、转渣场地和洞外组装场地组成。洞外组装场地在TBM组装、步进及始发掘进后进行轨道等生产场地的再次规划。TBM施工洞口区模块设计示意见图5-14。

(2)生产区

TBM施工生产区根据工程环境可离洞口区有一定的距离,当洞口场地开阔,可以将洞口区工程和生产区进行合并,或将生产区部分工序放于洞口区之内。TBM施工生产区模块化设计见图5-15。

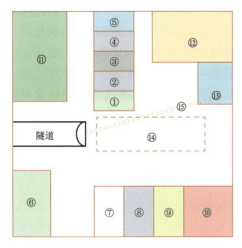

图5-14 TBM施工洞口区模块设计示意图
注：编号对应辅助工程名称见表5-3。

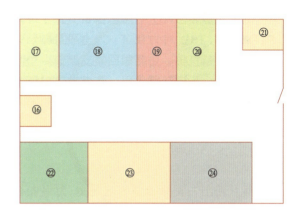

图5-15 TBM施工生产区模块化设计示意图
注：编号对应辅助工程名称见表5-3。

生产区的主要内容有锅炉房、试验室、综合库房、维修车间、TBM配件库房、油库、钢材加工场、管片预制厂及构件存放区等。不同类型的TBM支护施工材料不同，生产区的分区设计也会发生变化。敞开式TBM支护材料有钢筋排、锚杆、钢筋网片、钢拱架，有无仰拱预制块情况以及槽钢加强支护的其他材料。护盾式TBM支护材料包括管片、管片垫块等。因此，生产区的布置需要考虑TBM机型支护材料等的选择进行模块化布置。

钢材加工场见表5-3序号22。敞开式TBM钢材加工厂主要内容有钢筋排、锚杆、钢筋网片、拱架、轨枕等加强支护材料加工制作，用于半成品和成品的加工及零时性存放。护盾式TBM钢材加工厂为方便施工及场地规划，宜直接规划于管片预制厂内。

（3）办公生活区

项目部规划布置尽可能遵循"办公与生活分离、集中办公"原则。办公区通常设会议室、接待室、经理办公室、副经理办公室、总工办公室、集中及单独办公室、建设单位办公室和监理办公室等。此外，财务室和档案室应单独布设。新购TBM需要结合现场技术服务需求，合理预留外来技术服务人员的办公与生活用房。

办公及生活区应与生产区、变电站以及其他危险源和噪声较大区域保持合理间距，并根据临建占地测算。宜采用防水阻燃彩钢及砖砌结构搭建办公楼、住宿楼以及食堂、洗浴室、卫生间等配套房屋。办公及生活区场地清理、平整碾压后硬化处理，并在周边布置排水沟，满足安全管理要求。项目部庭院式封闭管理，围墙采用钢结构或者砖砌结构，并在出入口设置值班室。道路及场地硬化宜采用水泥混凝土路面，并进行适当植草绿化，环境优美整洁。

本讲参考文献

[1] 王建伟.引汉济渭岭北TBM组装洞室设计研究与施工[J].铁道建筑技术，2020(09)：75-79.

[2] 袁亮.TBM地下组装洞室的设计与施工[J].水电站设计，2012，28(S1)：48-50，57.

[3] 邓勇.大断面TBM组装洞室设计与施工[J].现代隧道技术，2010，47(01)：66-71.

[4] 张修高,苏首吉,熊杨东.论TBM洞内组装洞室设计参数的确定[C]//地基基础工程与锚固注浆技术:2009年地基基础工程与锚固注浆技术研讨会论文集.2009:501-505.

[5] 刘绍宝.TBM洞内组装洞室及其辅助系统设计[J].建设机械技术与管理,2007(11):97-101.

[6] 李继平,高先银,孟文林,等.配合TBM组装及施工生产的临时工程设计[J].铁道标准设计,1998(05):19-20.

第6讲　TBM组装调试及步进

TBM组装调试及步进是正式掘进前最重要的准备工作,包括TBM设备运抵工地、现场组装、全面调试和步进至掌子面等。科学的组装调试方案可保证设备的操作性能,降低设备的故障频率,延长设备的使用寿命,为TBM快速掘进奠定基础。合理的步进方式能够显著提高设备步进效率、检验调试成果、降低运行成本,使TBM稳定高效抵达掌子面始发掘进。

6.1　TBM组装

本讲主要介绍TBM洞内组装工况,其中TBM组装主要包括现场准备工作和组装作业工作。在TBM运抵工地前,根据TBM主机和后配套设备等大小件尺寸,并结合洞外和洞内组装洞室条件,合理布置大件进场顺序、摆放位置和组装顺序。在保证装机资源配置充足的条件下,按照机、电、液等组装相关标准,完成组装任务。

6.1.1　现场准备工作

1)大件摆放与进场顺序

需要结合场地条件和组装计划制订场地存放规划,场地布置分为洞外和洞内两部分,需要明确洞外洞内存放设备明细和位置。TBM组装各大件由刀盘、底护盾、主驱动、主梁、后支腿、顶侧护盾、撑靴、鞍架、拱架安装器、钻机、电机和液压缸等组成,大件需要一次运输到洞内,并摆放至安装位置。小件可结合洞内摆放位置,先在洞外暂时存储。洞内场地存放规划原则是大件运输顺序、摆放顺序与组装顺序基本同步,留足作业空间,避免场地发生堵塞造成交通不便而影响组装进度。

2)组装资源配置

TBM组装大件部件众多,组装工具繁杂,材料要求严格,特种专用设备种类较多,对现场管理人员、专业工程师和特种设备作业人员的技术水平、专业能力和配合协调能力要求较高。对TBM组装所需人员、设备、工具和材料进行总结,TBM组装人员配置见表6-1,TBM组装设备配置见表 6-2。常用的工具有卸扣、钢丝绳、吊带、手拉葫芦、手扳葫芦、安全带、机械顶升液压缸和红外测温枪等。常用的小型材料主要有焊条、碳棒、油脂、汽油、清洗剂、擦机布、棉纱、混合气、石棉布、焊接面罩、焊接手套和防护眼罩等。

组装人员配置　　　　　　　　　　　　　　　　表 6-1

序号	工种	岗位	数量(人)	职责
1	专业工程师	刀具工程师	1	负责刀盘组装
2		主机机械工程师	1	负责机械结构组装
3		电气工程师	1	负责电气系统组装
4		液压工程师	1	负责液压系统、流体系统组装
5		连续皮带输送机工程师	1	负责连续皮带输送机的安装
6		后配套组装机械工程师	1	负责后配套的安装
7	技术工人	班长	1	总体负责现场组装工作和人员调配
8		调度主任	1	协助班长进行现场协调
9		调度员	1	协助调度主任进行现场组装状况监测
10		桥式起重机司机	2	桥式起重机操作
11		信号工	2	桥式起重机吊装指挥
12		刀具工	6	刀具修理
13		钳工	10	机械组装、紧螺栓和设备到场清点
14		普工	6	倒运物料装、卸车
15		液压工	3	管路、阀块安装
16		电工	4	电气安装
17		工具管理员	1	工具发放、回收
18		叉车司机	1	开叉车转运小型机具

组装设备配置　　　　　　　　　　　　　　　　表 6-2

序号	名称	单位	数量	设备功能
1	桥式起重机	台	1	部件吊装
2	叉车	台	1	小型机具、材料倒运
3	汽车起重机	台	1	辅助运输、吊装
4	直流电焊机	台	5	机械结构件焊接
5	螺栓拉伸器	台	1	预紧螺栓的装配(随机工具)
6	液压扭矩扳手	台	1	扭矩螺栓的装配(随机工具有一型/三型各一台)
7	液压管扣压机	台	1	液压管扣压装配(随机工具型号为 NS-32D)
8	手拉葫芦	台	2	配合大件吊装调整
9	手扳葫芦	台	2	配合大件吊装调整
10	气动注油器	台	1	TBM 各润滑点加注油脂(随机工具)
11	加油机	台	2	加液压油、齿轮油各一台(随机工具)

6.1.3 常用组装方式

常用的组装方式主要有洞内单机组装、洞外单机组装和一洞双机组装三种方式。由于洞外组装受场地和组装顺序的限制因素较小,组装较为方便,本节将着重介绍洞内单机组装。

(1)现场大型部件存放和组装布置

根据 TBM 组装区域的范围,按掘进方向将刀盘、底护盾、主驱动(机头架、主轴承和大齿圈整体)、主梁、后支腿、底护盾、顶侧护盾、撑靴、鞍架、架安装器、钻机、电机和液压缸等按顺序安放在两侧,留出一定的人行通道,具体视工程现场情况而定。

(2)TBM 现场大件进场顺序

单机洞内组装一般遵循先 TBM 前部到后部再辅助配置的顺序进场,TBM 洞内单机设备组装大件进场顺序见表 6-5。

TBM 洞内单机设备组装大件进场顺序　　　表 6-5

进场顺序	进场部件及顺序
1	设备桥及组件、主控室→L1 区锚杆钻机及其旋转和行走机构、钻机平台及相关附件→拱架安装器、平台、运输小车及附件→主机及组件(护盾、主驱动及附件、主梁、撑靴组件和鞍架等)→步进机构及组件→刀盘及组件
2	喷浆桥→后配套拖车(1～2 节)
3	后配套拖车(3～7 节)→线缆、管路
4	后配套拖车(8～11 节)→主机皮带输送机架→随机工具、附属设备→主机皮带、硫化机和硫化材料

(3)洞内单机设备组装流程

设备组装本着先整体后局部,由前往后,由下往上的原则组装。一般洞内组装的顺序是步进装置→底护盾和主驱动→左右侧护盾、钢拱架拼装环→主梁 1→主梁 2→后支撑→整体刀盘→推进液压缸及钢拱架、L1 区锚杆钻机→主机附件→连接桥→连接桥附件→喷混桥→喷混桥附件→后配套拖车,某工程洞内单机设备组装流程如图 6-1 所示。

6.1.4 组装操作要点

(1)装配时,应检查零件与装配有关的形状和尺寸精度是否合格,检查有无变形或损坏等,同时注意零件上各种标记,防止错装。

(2)固定连接的零部件,不允许有间隙。活动的零件,能在正常的间隙下,灵活均匀地按规定方向运动,不应有跳动。

(3)各运动部件或零件的接触表面,必须保证有足够的润滑,若有油路,必须畅通。

(4)各种管道和密封部位,装配后不得有渗漏现象。

(5)调试前,应检查各部件连接的可靠性和运动的灵活性,检查各操作手柄是否灵活和手柄位置是否在合适的位置。

(6)试运行时,从低速到高速逐步进行。

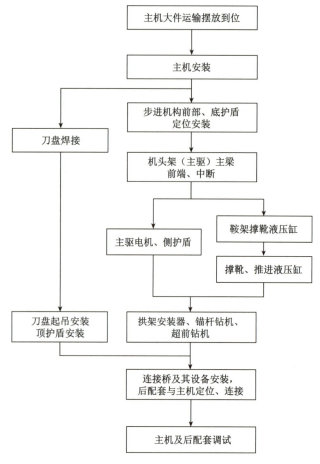

图 6-1　某工程洞内单机设备组装流程图

6.1.5　组装安全注意事项

（1）制订详细的组装技术方案，对参与组装的所有人员，在组装前，进行安全技术交底和相关设备的安全操作规程交底，确保人员在作业过程中的安全。

（2）特种作业人员必须持证上岗，严禁无证操作。

（3）准备充足的物资、工具和动力设备，同时要备有备用品应急。

（4）材料和设备物资的运输在夜间作业时，应遵守交通规则，确保安全运输。

（5）根据工地的情况，布置安全防护设施和统一的安全标志。

（6）组装场地保持整洁，人员站立的表面油污必须及时清理并擦干，以免人员滑倒损伤。

（7）在 TBM 零部件卸车后，设专职安全员负责安全事宜。

（8）施工人员进入现场必须穿戴安全劳动保护用品。

（9）吊装时，吊物吊钩下严禁站人；起重作业人员要严格执行起重机械安全操作规程；由吊装单位提供的吊机在使用前必须提供相关的检验合格证；大件吊装为防止摆动，必须用绳子牵引人力进行方向控制;吊装时应严格使用完好无损、与构件吨位匹配的专用吊具和索具,严禁操作手在负载悬吊时离开起重机;严禁使用明显破损的钢丝绳和软吊带,且不得将其打结后再次使用;起重机司机坚决执行国家有关起重的"十不吊"规定,操作时要精力集中,绝对服从指挥者命令,做到吊卸物体慢、轻、准。

(10)结构安装过程各工种进行上下立体交叉作业时,不得在同一垂直方向上操作,下层作业的位置,必须处于上层高度确定的可能坠落范围半径之外,不符合以上条件时,应设置安全防护层;由于上方施工可能坠落物件或处于起重机吊杆回转范围之内的通道,在其受影响的范围内,必须搭设顶部能防止穿透的双层防护走廊;双机抬吊时,要根据起重机的起重能力进行合理的负荷分配(每台起重机的负荷不宜超过其安全负荷量的80%)并在操作时统一指挥。

(11)操作人员在进行高空作业时,必须正确使用安全带。在高空安装构件时,操作人员必须思想集中,以防使用的工具、零部件坠落伤人。

(12)构件安装后,必须检查连接质量,无误后,方能摘钩或拆除临时固定工具,以防构件掉下伤人。

(13)乙炔瓶储存站的设计和建造,应符合建筑设计防火规范中乙炔站设计规范的有关规定;储存间应由专人管理,在醒目的地方应设置标志;严禁与氯气瓶、氧气瓶及其他易燃物品同间储存;储存间与明火或散发火花地点的距离,不得小于15m,且不应设在地下室或半地下室;储存间应有良好的通风和降温等设施,要避免阳光直射,要保证运输畅通,在其附近应设置有消防栓和干粉灭火器。

6.2　TBM 调试

6.2.1　调试前准备

(1)检查底护盾、刀盘与步进机构底板的干涉程度,确保刀盘旋转时不发生任何干涉。
(2)确认电气系统电缆连接正常,尤其是高压系统各开关的状态确认。
(3)确认液压系统各闸阀的状态是否正确。
(4)确认冷却水位、液压油位和齿轮油位等是否满足 TBM 运行要求。
(5)参与调试及巡检人员必须了解各急停按钮的位置,均配置手持式对讲机。
(6)提前确认撑靴与始发洞洞壁的距离是否满足撑靴液压缸行程要求。

6.2.2　空载调试

空载调试主要涉及各系统压力电流的调定和外观干涉检查等,主要包括电气系统、动力系统、联动调试和功能调试。

(1)电气系统

电气系统采用先高压、后动力、再控制的顺序,依次检查各高压柜带电指示是否正常,确认供电电压是否正常。送电顺序按照各级电压等级从上到下,依次合闸,且送、断电操作必须由持证电工作业。

(2)动力系统

电气系统确认无误后,进行液压管路和阀组的检查。依次启动各泵站,观察是否在空载状态下运行。启动各附属设备,检查空载运行情况。

(3)联动调试

各系统运行后,根据程序设计的相互联动和联锁功能依次进行试验检测,确认各项联锁和安全系统是否满足设计要求。

(4)功能调试

安全系统确认完毕后,可进行各分系统机构的功能调试。拱架安装器、锚杆钻机、运输小车、主推进液压缸、撑靴、后支撑和喷浆系统等所有活动部件依次进行功能调试,按照完全满足设计功能要求及施工需要进行功能调试,确认无误。

6.2.3 负载调试

空载调试证明 TBM 设备具有工作能力后即可进行负载调试。负载调试的主要目的是检查各种管线及密封的负载能力,使掘进机的各个工作系统和辅助系统达到正常生产要求的工作状态。通常试掘进时间即为设备负载调试时间。负载调试时将采取严格的技术和管理措施保证工程安全、工程质量。

负载调试主要体现在试掘进过程中,需针对 TBM 各系统和附属设备的各项参数功能进行调试,验证各项参数设定是否达到设计要求,并根据实际掘进工况的需要针对相关参数进行适应性调整,使 TBM 在负载情况下满足施工要求。负载调试主要包括主驱动系统、润滑系统、液压系统、冷却系统、压缩空气系统和其他系统。

(1)主驱动系统

主驱动系统在刀盘开挖过程中,主要测试主驱动电机的温度、电流、输出扭矩和转速是否符合设计要求,主机振动是否满足要求,刀盘的总扭矩计算是否正确,刀盘最高转速是否符合设计要求等,并根据负载情况,进行适当的调整。

(2)润滑系统

润滑系统包括油脂系统和齿轮油系统。刀盘旋转时应观测主轴承油脂通道的出油情况是否正常,各润滑孔压力是否正常,齿轮油压力、流量、温度等参数是否符合设计要求,并根据设计要求进行适当调整。

(3)液压系统

推进过程中,记录主推液压缸的压力与推力并计算是否相符,各泵站的输出压力是否正常。在最大设计压力情况下,设定各系统最大工作压力。

(4)冷却系统

在掘进过程中,所有冷却系统均必须运行,以检查各系统回水温度是否正常。

(5)压缩空气系统

检查空压机在加载情况下的工作温度和排气口压力是否正常。

(6)其他系统

在 TBM 全速推进的工况下,观察通风、除尘和供水系统等是否正常工作,检查皮带输送机系统(连续皮带输送机)带载运行各项参数是否正常。

6.3 TBM 步进

在 TBM 组装完成后,需要在钻爆洞室里前行一段距离到达掌子面进行掘进,该段距离采用的前行方式,称之为"TBM 步进"。

6.3.1 步进方式

目前 TBM 步进方式主要有滑板式、反力架式、轨行式和滑轨式等,其中以滑板式和掘进式最为常见。步进方式介绍见表 6-6。

步进方式介绍　　　　表 6-6

序号	步进方式	步进原理	应用案例
1	滑板式	TBM 底护盾下部安装小滑板,可在大滑板上滑动,大滑板置于混凝土底板上,底护盾和大滑板之间安装有步进液压缸。为保证 TBM 的稳定,在撑靴下方设有支撑支架	重庆某地铁工程、引汉济渭供水工程、辽西北供水工程、吉林中部城市引松供水工程
2	反力架式	TBM 组装后,在主机尾部设置反力架(钢结构或混凝土结构等),TBM 推进液压缸顶推在反力架上(后续步进时,需要在推进液压缸与反力架之间不断安装管片或类似结构物),实现主机前移,并拖动后配套随之前进	引大济湟工程
3	掘进式	敞开式 TBM 撑靴撑紧按步进要求完成衬砌的洞壁,推进液压缸为步进提供前进动力,底护盾在隧道底板上向前滑行(若底板为平面,则需要在底护盾上安装相应机构使其底面同样变为平面),步进过程与正常掘进相仿	撑靴对隧道洞壁施工质量要求高,应用较少
4	蛙跳式	双 X 形支撑开敞式 TBM 的一种步进方式,步进机构分别安装于底护盾、前后外机架、后支撑,推进液压缸为 TBM 前移提供动力。前后外机架步进机构支撑 TBM 主机,底护盾、后支撑步进机构被提离地面,推进液压缸伸出,推动主机在两外机架上向前滑动,行程到位后,底护盾及后支撑步进机构落下并支撑主机,两机架步进机构脱离地面,推进液压缸收回并带动机架前移,为下一循环步进作业做好准备	南疆吐库二线铁路中天山隧道

续上表

序号	步进方式	步进原理	应用案例
5	轨行式	TBM主机下方安装若干带有动力的驱动轮及支撑轮组,在预先铺设的钢轨上带动TBM向前运动	辽宁大伙房输水工程
6	滑轨式	步进洞内预设滑轨(钢轨、型钢等),底护盾后方安装步进液压缸,液压缸另一侧设有轨夹,夹紧轨道为TBM在滑轨上前移提供反力,或液压缸另一端增加焊接在滑轨上的钢结构,或步进液压缸另一侧安装活动式牛腿,牛腿插入地板预留孔中,为TBM前移提供反力	重庆轨道交通6号线铜锣山隧道
7	坦克式	TBM主机底部安装坦克小车(又称重物移运器),承载主机,并背负主机向前移动	盾构工程中应用较多,主要应用于过站阶段

6.3.2 滑板式步进

从兰渝铁路西秦岭隧道开始,TBM制造商与施工团队经过研究并不断推广,使得滑板式步进成为主流,其具有施工设备投入少、步进速度快和适用于长短距离步进等优点,能够显著降低步进成本,提高效率,缩短工期,可进一步划分为有弧形底板和水平底板等形式。本节从技术流程角度对滑板式步进技术进行阐述。

(1)确认步进前准备工作完毕,将主推液压缸、步进顶升液压缸、步进液压缸、步进连杆和后支撑各状态恢复至如图6-2a)所示。

启动步进泵站,按下推进按钮,开始步进,注意事项如下:

步进指挥员时刻观察底护盾与步进机构连接面的滑动情况,出现问题及时发出指令信号;步进操作员与指挥员时刻保持通信畅通,并时刻注意观察主推液压缸行程是否完毕;步进完成一个推进液压缸行程,按下停止按钮,如图6-2b)所示。

(2)操作步进顶升液压缸,使底护盾抬离步进机构底板约20mm,并锁定顶升液压缸;再通过步进泵站阀组放下后支撑,使后支撑底部撑靴撑紧在步进平面上,并达到设定压力后锁定。操作员应时刻关注后支撑液压系统压力变化,及时补充压力,直至将鞍架临时支撑抬离地面20mm以上,如图6-2c)所示。

(3)操作主推推进液压缸回收手柄,使主推液压缸收回一个行程长度,主推液压缸回收过程中将拉动鞍架连同临时支撑一同前进,从而通过连杆传递作用力使步进推进液压缸缩回,实现步进循环复位。

(4)收回步进顶升液压缸,放下底护盾压在步进机构底板上,并继续回收使之脱离地面20mm;慢慢回收后支撑,直至底部撑靴脱离地面20mm。步进状态复位,延伸步进钢轨,轨距根据TBM设备两侧行走轮距离决定,延伸机车运行轨道,轨距由机车两侧车轮之间的距离决定,如图6-2d)所示。

(5)按照以上流程开始下一循环步进作业。

(6)刀盘步进至掌子面后停止步进。

a) 收起后支撑,步进开始状态

b) 步进液压缸推动滑板,TBM主机向前移到

d) 撑靴伸出,推进液压缸拉动鞍架及下支撑前移

c) 顶升液压缸抬升底护盾

图 6-2 步进循环过程示意图

本讲参考文献

[1] 刘芳,罗晓军.敞开式 TBM 转场检修及步进的关键问题[J].水利技术监督,2016,24(02):103-104,110.

[2] 陈俊文,高随芹,占华龙.敞开式 TBM 平底步进及存在问题与对策[J].矿山机械,2017,45(03):59-62.

[3] 韩志远.TBM 转场超长距离步进技术研究与应用[J].东北水利水电,2015,33(02):17-18,34.

[4] 张彦伟,王小红,杨书江,等.单护盾 TBM 平面滑行步进装置及其步进方法:104989413B[P].2017-09-01.

[5] 许晗.TBM 设备快速步进应用技术研究[J].东北水利水电,2022,40(01):11-12.

[6] 李文富.输水隧洞 TBM 长距离步进方案研究[J].人民珠江,2015,36(03):88-91.

[7] 齐志冲,贺飞.开敞式 TBM 滑板式步进技术在引松工程的应用[J].隧道建设,2017,37(s1):184-188.

[8] 李坤,王付利,钟庆丰,等.矿用 TBM 组装装置及组装方法:114368683A[P].2022-04-19.

[9] 姚志国,杜士斌,杜业彦.隧道掘进机(TBM)的洞外组装[J].东北水利水电,2007(06):22-23.

[10] 韩小龙.隧道工程 TBM 装机的重难点及组装施工[J].兰州石化职业技术学院学报,2022,22(01):17-20.

[11] 杜旭峰.新疆超长隧道"一洞双机"TBM 施工技术及掘进性能测试分析[D].石家庄:石家庄铁道大学,2019.

第7讲　TBM掘进及姿态控制

TBM掘进作业主要应用于隧道开挖和支护工序中，与传统钻爆法相比，具有安全可靠、快速高效和低耗环保等特点。TBM在机械、电气、液压等一系列配套设施准备就绪后，对围岩进行判别，选择对应的掘进参数进行"驾驶"作业。掘进过程中包括一系列操作衔接工作，在保证开挖和支护质量的前提下，通过姿态分析与控制，进行导向纠偏，保证TBM沿设计隧道轴线方向掘进，实现高精度贯通。

7.1　TBM掘进

7.1.1　TBM掘进工艺流程

TBM掘进作业主要包括掘进前准备、掘进与换步、刀具检查、锚杆打设与安装、钢筋网片安装、钢筋排安装、钢拱架安装、喷射混凝土施工、风、水、电延伸、皮带延伸和轨道延伸等工序。各工序应紧密衔接，合理安排好TBM掘进和停机时各项施工工作。TBM掘进工艺流程见图7-1。

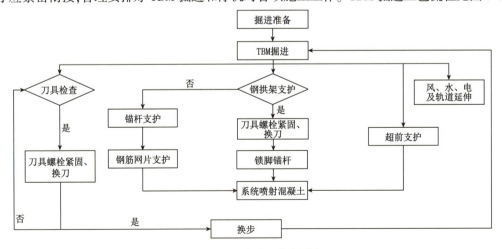

图7-1　TBM掘进工艺流程图

7.1.2　TBM 掘进操作

TBM 掘进操作要充分合理地应用 TBM 各种功能,并做好维护保养工作,实现持续、均衡、快速施工,在稳产的基础上争求高产。TBM 掘进操作主要分为六个步骤:启动前准备、启动、掘进、调向、停机和换步,具体操作步骤如下:

1)启动前准备

TBM 启动前的准备工作包括人员是否就位,材料是否齐全,TBM 机电液气以及运输系统状态诊断是否正常。每班作业之前、每次停机再次启动前均需检查准备情况。同时,重点关注设备启动前刀盘、皮带输送机和其他所有运动部件周围有无施工人员,并与维护人员一起确认设备启动前所有部件和系统是否均处于正常状态。若检查存在问题,首先解决问题,之后方可准备开机。具体启动前检查项目见表 7-1。

启动前检查项目　　　　　表 7-1

序号	系统部位	检查项目
1	机械	皮带输送机、锚杆钻机和喷混等支护系统
2	电气	电压、电流、电阻和开关状态
3	液压	所有液压驱动机构泵压力及其液位
4	润滑	齿轮油系统和油脂系统
5	控制	操作面板各控制系统
6	水气	管路连接、空压机

2)启动

设备正常运行情况下,启动程序依次按照水系统、齿轮油等油脂系统、空气系统、推进支撑液压泵和辅助液压泵启动。启动过程中严格按照设备操作手册,选择正确的运行参数。在操作面板上,一般遵循的启动顺序是从上到下,从左向右。敞开式 TBM 操作面板见图 7-2。

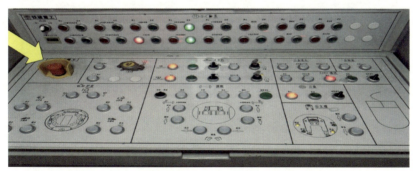

图 7-2　敞开式 TBM 操作面板

3)掘进

(1)掘进初始状态:刀盘联锁钥匙旋至"本地",本地指示灯亮;水系统、润滑系统、液压系统和空气系统运行正常;刀盘、推进和皮带输送机电位计为零。

(2)掘进准备:按下警示灯按钮 10s 左右,提醒 TBM 即将启动;按下换步按钮,换步按钮指示灯亮;旋转撑靴区快慢速旋钮至快速,按下撑靴伸出按钮,伸出按钮指示灯不亮,松开撑靴伸出按钮;快慢速旋钮至慢速,按下撑靴伸出按钮,直到撑紧到位指示灯变为常亮,松开撑靴伸出按钮;按下后支撑缩回按钮,直至左右后支撑缩回指示灯亮,则缩回到位,按下推进区停止按钮,关闭换步模式;启动后配套皮带输送机,调节速度电位计至所需速度;启动主机皮带输送机,调节速度电位计至所需速度。

(3)正式掘进:启动刀盘调节速度电位计至所需的速度;按下掘进按钮,掘进按钮指示灯常亮,调节推进速度电位计至所需的速度,开始掘进;查看 TBM 导向屏幕,检查 TBM 的方位姿态。

4)调向

水平调向:按下鞍架向左按钮,实现 TBM 向右调向;按下鞍架向右按钮,实现 TBM 向左调向。

垂直调向:通过同时按下左右扭矩液压缸伸出按钮,实现 TBM 向下调向;同时按下左右扭矩液压缸缩回按钮,实现 TBM 向上调向。

侧滚调节:同时按下左扭矩液压缸伸出和右扭矩液压缸缩回按钮,实现 TBM 顺时针纠滚;同时按下左扭矩液压缸缩回和右扭矩液压缸伸出按钮,实现 TBM 逆时针纠滚。

TBM 调向必须在刀盘旋转时进行,在调向前应先停止推进、减小刀盘转速。

5)停机

停机程序依次按照如下操作:减小推进速度至零,停止推进→刀盘继续旋转,直到刀盘没有渣石输出,减小刀盘旋转速度至最小速度,停止刀盘旋转→停止刀盘喷水→主机皮带输送机上面的渣石已传输完毕,停止主机皮带输送机→后配套皮带输送机上面的渣石已传输完毕,停止后配套皮带输送机→伸出后支撑,直到伸出到位→停止液压系统→停止润滑系统→停止水冷系统→停止空气系统。

掘进结束,停机工作全部完毕后,可停止除尘风机和部分泵站的运转。

在紧急条件下,按下拖车、控制室等位置的整机急停按钮,可紧急停止掘进机的运行。TBM 各部位急停开关布置界面见图 7-3。

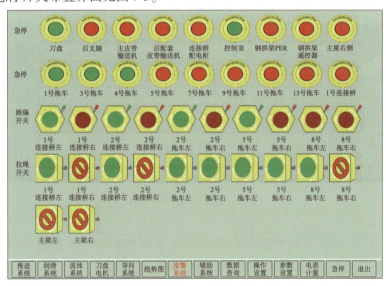

图 7-3 TBM 各部位急停开关布置界面

6)换步

推进停止→辅助推进液压缸缩回→刀盘停止→主机皮带输送机停止→后配套皮带输送机停止→电动油脂泵停止→齿轮油回油泵停止→齿轮油泵停止。

复位泵启动→后支腿撑紧到位→撑靴回缩到位→鞍架支撑回缩到位→推进液压缸回缩→撑靴撑紧到位→后支腿回缩到位→调整刀盘姿态至换步前状态→刀盘重新启动→恢复刀盘水平、垂直至换步前的姿态→掘进开始。

7.1.3 TBM围岩级别实时判断

通过对TBM开挖的渣料进行观察,根据渣料的片状、块状和岩粉含量所占比例及其围岩节理的发育程度、地下水活动强弱来初步判断围岩的级别,再通过超前地质预报精准地预判前方围岩级别,围岩级别确定见表7-2。

TBM掘进过程围岩级别确定　　　　表7-2

围岩级别	片状渣料	块状渣料	岩粉含量	节理发育程度	地下水活动
Ⅰ、Ⅱ	80%	少见	15%	无或少见	微弱
Ⅲ	70%	10%~15%	15%~20%	节理发育,有填充物	一般
Ⅳ	10%	55%	35%	节理裂隙发育,多为张开节理,并有充填物	强烈
Ⅴ	少见	90%且大小不均匀	很少	出现断层破碎带	强烈

7.1.4 TBM掘进参数选择

掘进参数包括刀盘推进速度、刀盘推力、刀盘扭矩和刀盘转速等。

在实际推进中,上述因素综合作用实现掘进。围岩条件一定的情况下,提高刀盘的推力和转速,可提高纯掘进速度。但刀具和刀盘承受载荷的能力有限,随推力和转速的增加,刀具的更换和损耗会同时增大。既要纯掘进速度最快,又要刀具损耗最低,实现技术与经济的统一,就需要在不同的围岩条件下,选择最佳掘进参数。

(1)Ⅰ、Ⅱ级围岩:岩石较硬,节理不发育,采取较大的推力和刀盘转速掘进,提高贯入度和掘进速度,并采取全行程掘进,支撑力与推进力采取比例控制。

(2)Ⅲ级围岩:由于岩石节理相对Ⅱ级更易破岩,并且岩石比较稳定,以较大的贯入度和掘进速度进行掘进。

(3)Ⅳ、Ⅴ级围岩软弱破碎,岩石稳定性差,采取低转速、小推力和大扭矩的模式掘进,减小围岩扰动,避免造成刀盘被卡和撑靴撑不住岩壁的情况。此外,Ⅴ级围岩一般还需短行程掘进,及时加密支立钢拱架。

某工程采用不同直径TBM各级围岩平均掘进参数统计见表7-3。

表 7-3

某工程不同直径 TBM 各级围岩平均掘进参数统计

掘进参数	直径 (mm)	II 参数范围	II 平均值	III$_a$ 参数范围	III$_a$ 平均值	III$_b$ 参数范围	III$_b$ 平均值	IV 参数范围	IV 平均值	V 参数范围	V 平均值
推力 (kN)	7830	15400~18312	16628	12550~17500	15127	9340~13000	11209	7900~12690	9506	6000~10730	8033
	7030	11580~16640	13547	10000~15600	12482	7250~15600	10294	6200~12730	8325	5100~7145	5964
	5530	9780~10000	9890	7000~7840	7420	5000~5725	5363	3000~3210	3105	2200~2300	2250
掘进速率 (mm/min)	7830	21~55	36	20~51	41	40~50	47	29~55	44	35~57.5	38
	7030	23~57.5	43	17.5~74.3	50	38~82.5	52	25~60	42	8.8~68.5	32
	5530	42.5~50	46	45~62.5	54	48~62.5	55	27.5~44	36	15~25	20
转矩 (kN·m)	7830	1160~2348	1933	1754~2525	2118	1419~2200	1767	696~1600	1291	716~1658	1200
	7030	1700~2555	2124	1500~2290	1956	1055~3181	1748	750~1790	1215	380~1175	888
	5530	1050~1135	1093	840~1150	995	685~750	718	350~455	403	260~320	300
贯入度 (mm/r)	7830	3.1~8	4.8	3~10.5	7.1	6~14	9.3	4.7~15	9.2	6.5~20	13.6
	7030	3.2~10.8	6.4	2.5~10.7	7.4	6.2~11.3	8.4	6.2~11.5	8.3	4~13.9	7.8
	5530	6~6.5	6.2	7.9~8.8	8.3	8.4~8.8	8.6	4.5~8.9	6.7	3.5~3.8	3.6
刀盘转速 (r/min)	7830	6.2~7.1	6.7	5~7.1	6.3	3.8~6.7	5.4	3.4~6.1	4.3	1.1~4	2.8
	7030	5.9~7.3	6.6	5.9~6.9	6.5	5.5~6.5	6.2	3~6.1	4.8	1.3~5.3	3.6
	5530	7.1~7.3	7.2	6.2~7.2	6.7	5.5~7.2	6.3	4.1~6.3	5.2	4.6~5.9	5.8

注:1. 推力:II 级 9800~18300kN,III$_a$ 级 7000~17500kN,III$_b$ 级 5000~15600kN,IV 级 3000~12700kN,V 级 2200~10700kN。
2. 掘进速率:II 级 21~57mm/min,III$_a$ 级 20~74mm/min,III$_b$ 级 38~83mm/min,IV 级 25~60mm/min,V 级 8.8~58mm/min。
3. 转矩:II 级 1050~2555kN·m,III$_a$ 级 840~2520kN·m,III$_b$ 级 685~3180kN·m,IV 级 350~1790kN·m,V 级 300~1650kN·m。
4. 贯入度:II 级 3.1~10.7mm/r,III$_a$ 级 3.2~11.1mm/r,III$_b$ 级 6.0~11.5mm/r,IV 级 4.7~15.0mm/r,V 级 4.0~18.0mm/r。
5. 刀盘转速:II 级 5.9~7.3r/min,III$_a$ 级 5.9~7.1r/min,III$_b$ 级 4.8~7.1r/min,IV 级 3~6.2r/min,V 级 1.1~5.7r/min。
6. 在 III 级围岩中,推力和转矩均有余量,刀盘转速较高;在 IV、V 级围岩中,推力、转矩和刀盘转速均较低,掘进效率也较低。

7.1.5　不良地质 TBM 掘进控制

掘进过程中需控制掘进参数，围岩软弱破碎时需要降低刀盘转速，小推力快速通过。针对防卡机应对措施，从设备操作方面有以下四点管控措施，但对于特别复杂的地质条件，作用有限，且对设备损伤较大。

(1) 不良地质段停机期间，护盾需撑紧岩面，每 30min 转刀盘一次，刀盘转动超过一圈如无异常即可停止，以避免过量出渣。

(2) 地下水发育时，刀盘内需持续抽排水，防止积水浸泡造成掌子面垮塌。刀盘转动前应将刀盘内积渣清除并采用脱困模式。

(3) 如发生刀盘转动困难，立即按照如下措施顺序操作：一是刀盘反转，扭矩降低时正转，循环持续至正常转动；二是刀盘启动后，立即增加转速，0.5r/min 以下扭矩很难下降；三是在前两步失效的情况下，尝试后退刀盘 20~50mm，之后按照前两步操作进行。

(4) 若出现推进困难，很大概率会出现护盾被卡，此时需要适当回收护盾，之后大推力快速推进，但不良地质段护盾回收可能会导致被围岩挤压至限位处，并造成初期支护侵限。

7.2　TBM 姿态控制

7.2.1　TBM 方向控制重要性

方向控制是 TBM 操作的一个重要部分，规范的 TBM 调向可最大限度保持 TBM 始终处于合理的姿态，减少滚刀的损坏，保持机器的轴线和坡度，减少设备振动，以保证洞壁光滑平顺。不正确的调向可能导致设备损坏、开挖隧道呈蛇形、卡机等现象。可见，严格控制 TBM 掘进方向，规范调向步骤，精准调整 TBM 掘进姿态至关重要。过度或不规范的调向操作会产生以下不良后果：

(1) 洞壁凹凸不平，严重时会造成隧道开挖轮廓呈蛇形，TBM 和材料机车行驶轨道高低起伏、左右摆动，行车安全和速度会受到明显影响从而降低效率，增大设备运行风险；甚至会造成 TBM 后配套与洞壁干涉，导致无法正常通过。

(2) 因受力过大而使得边滚刀轴承、刀圈、密封损坏，增加刀具成本、占用掘进时间。

(3) 造成 TBM 刀盘、主轴承、刀盘铲斗前缘与挡渣环的损坏，一旦重要结构件出现故障，需要长时间停机进行修复，增加成本、延误工期。

(4) 导致 TBM 卡机，掘进速度缓慢，降低施工效率，单纯增大推进压力和流量可能导致设备损坏。

7.2.2　TBM 姿态影响因素

结合 TBM 姿态调整原理，通过大量现场情况分析，TBM 在掘进施工中的姿态影响主要因素为地质条件、设计轴线、刀具更换与磨损、撑靴打滑和操作人员水平等。

(1)地质条件:在掘进过程中,由于围岩的软硬程度和应力情况复杂等原因,会遇到不同岩层。在 TBM 刀盘推力及机械自重的作用下,TBM 姿态受到影响会不可避免地偏离设计轴线。

(2)设计轴线:在掘进过程中,TBM 的前进方向随设计轴线发生坡度转变、左右转角改变,属于比较复杂的空间位置转变。TBM 受力情况在转变过程中较为复杂,故控制 TBM 机械的姿态难度较大,但有经验的操作手操作会明显减小姿态相对轴线的偏离量。

(3)刀具更换与磨损:在掘进曲线段前,TBM 最小转弯半径曲线是在全盘新刀的情况下模拟的。换刀对掘进姿态的影响主要出现在曲线掘进段,应提前考虑刀具更换的位置和方案,以顺利通过曲线段。在岩层较硬的情况下,边刀磨损过量直接导致机头快速抬头或快速朝一边滑动而不易控制。而在岩层较软的情况下,边刀若为新刀或未出现较大磨损,则机头极易快速下沉且方向难以控制。

(4)撑靴打滑:TBM 在经过撑靴受力面围岩条件差、掌子面岩石硬和撑靴液压缸掉压等情况下,会发生撑靴打滑的现象。该现象会使两侧撑靴与洞轴线夹角变小,TBM 偏移原掘进线路,如不采取措施会造成 TBM 姿态偏移过大,还会造成设备损坏。

(5)操作人员水平:TBM 姿态控制要坚持"慢速掘、幅度小、看位移"的原则,调向前要降低刀盘转速、推力和掘进速度。调向时幅度要小,液压缸位移控制在 2~3mm,调向间隔不应频繁,也不可不调,保持在 500mm 左右调向一次。调向过快、幅度过大均会造成刀具偏磨、刀盘螺栓发生断裂的情况,严重时会造成设备损坏。

7.2.3 TBM 姿态调整

敞开式 TBM 掘进过程中,前部由底护盾提供支撑,底护盾始终作用于隧道底部;后部由撑紧洞壁的撑靴提供支撑,最终由撑靴和鞍架总体为 TBM 主梁提供支撑与导向。调向系统各部件见图 7-4。

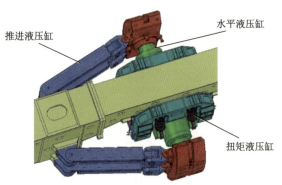

图 7-4 调向系统各部件示意图

通常,TBM 上会安装激光导向系统,该系统将导向结果传送至操作室内显示器上,操作手根据导向系统提供的 TBM 姿态、实际掘进轴线与隧道设计轴线的偏差值,适时、适量调整 TBM 掘进姿态,进行纠偏,从而控制掘进方向。以下从水平调向、垂直调向、滚动角调整三个方面简单介绍 TBM 调向方法。

(1)水平调向

水平调向是指 TBM 刀盘向左或向右改变方向,调向并非直接移动刀盘,而是以底护盾为支点,通过移动主机尾端实现刀盘水平方向轻微转动,改变其前进方向,TBM 继续向前掘进时滚刀将沿新轨迹破岩,最终实现调向。

调向在操作室内完成,操作台上安装多个实现不同功能的按钮,图 7-5 是操作面板调向按钮示意图。水平调向具体操作如下:水平调向通过侧向调向按钮实现,若要 TBM 向左调向,则按下"向左"调向按钮,此时左侧撑靴液压缸向外伸出,右侧撑靴液压缸向内收缩,两侧撑靴液压缸位移差值的改变,导致撑靴液压缸带动鞍架整体向右微量移动,继续掘进时 TBM 会向预定方向偏移,最终实现机头向左调向。反之,如果按下"向右"调向按钮,则机头向右调向。

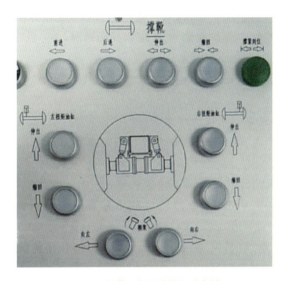

图 7-5　操作面板调向按钮示意图

(2)垂直调向

垂直调向是指 TBM 主机向上或向下改变方向,同样以底护盾为支点,通过抬高或落下主机尾端实现刀盘向上或向下轻微旋转,刀盘驱动时滚刀将新轨迹掌子面的岩石切落,最终实现调向的目的。

垂直调向通过扭矩液压缸伸缩按钮实现,若要 TBM 向上调向,则同时按下左右"扭矩液压缸缩回"按钮,则左右两侧共 4 根扭矩液压缸同时收缩,鞍架带动主梁后段相对撑靴液压缸向下移动,最终实现机头向上调向;反之,如果同时左右按下"扭矩液压缸伸出"按钮,鞍架带动主梁后段相对撑靴液压缸向上移动,最终实现机头向下调向。

(3)滚动角调整

滚动角过大对 TBM 机身危害很大,若在掘进过程中滚动角过大,则会造成撑靴球头扣件螺栓剪断、连接桥与主机连接管线扭曲、撑靴液压缸旋转损坏十字轴组件等。故在掘进过程中,必须调整设备滚动角,补偿岩壁对设备的反作用力。

调节滚动角具体操作如下:将左、右两侧扭矩液压缸伸缩按钮同时向不同方向按下,即可旋转设备。掘进时,同时按下左侧扭矩液压缸伸出按钮和右侧扭矩液压缸收缩按钮,实际表现为左侧鞍架抬高、右侧鞍架下降,即可顺时针旋转主机,缩小滚动角。

滚动角调整目的是保持 TBM 以水平姿态进行掘进,滚动角调整是根据设备实际倾斜情况实时完成的,若未及时调整,可能将导致滚动角持续增大,造成设备损坏。而滚动角调整不可急于求成,一次性调整过量,则可能会造成鞍架部分组件损坏,应循序渐进完成,有规律地缩小差值。

本讲参考文献

[1] 邓铭江,谭忠盛.超特长隧道 TBM 集群掘进分析及施工技术研究[J].隧道建设(中英文),2021,41(11):1809-1826.

[2] 李建斌.TBM 构造与应用[M].北京:人民交通出版社股份有限公司,2019.

[3] 赵文华.TB880E 掘进机在各级围岩中掘进参数的选择[J].铁道建筑技术,2003,(05):16-18.

[4] 侯志友,陈浩.不同掘进参数对 TBM 掘进机掘进效率的影响[J].城市建设理论研究(电子版),2011(31).

[5] 高墅.常见盾构全站仪导向系统的对比分析[J].现代隧道技术,2015(05):200-205.

[6] 刘恒杰,周小利,施云龙,等.TBM 超小曲线掘进施工技术研究[J].建筑机械,2021(S1):71-74.

[7] 魏伟.双护盾 TBM 调向优化设计[J].建筑机械化,2019,40(11):51-53.

[8] 李业,张静,章登超,等.新型 TBM 推进机构力传递性能分析[J].机械工程与自动化,2018(05):65-67.

[9] 王凯,杨玉虎,黄田,等.TBM 支撑-推进-换步机构的拓扑结构及运动特性分析[J].浙江大学学报(工学版),2017,51(06):1135-1142.

[10] 饶云意,龚国芳,张振,等.不同掘进工况水平支撑 TBM 的撑靴围岩受力研究[J].工程机械,2015,46(02):21-27.

[11] 李军.敞开式 TBM 精准调向方法研究[J].湖南工业职业技术学院学报,2020,20(04):10-13,100.

第8讲 TBM施工支护

TBM施工支护主要解决隧道开挖期间的围岩稳定和施工安全问题。通过实施型钢拱架或格栅拱架、安装锚杆、铺设钢筋网或钢筋排及喷射混凝土的初期支护体系,在特殊地质地段增加超前锚杆、超前小导管、超前管棚等超前支护体系等,用以提高围岩的自稳能力,有效控制隧道塌方和变形。

8.1 初期支护

8.1.1 锚杆

(1)锚杆类型

根据地质条件及隧道设计要求,在TBM法隧道施工过程中选取相应类型和规格的锚杆。通常采用的锚杆类型有药卷锚杆、砂浆锚杆、中空锚杆和预应力锚杆等,锁脚锚杆通过外漏部分与拱架焊接固定,与钢拱架配合加强起联合支撑的作用。锚杆常用类型见表8-1。

锚杆常用类型　　　　　　表8-1

锚杆类型	内容说明
药卷锚杆	以水泥药卷为锚固剂的黏结型锚杆,按黏结范围可分为端黏结和全长黏结两种,锚杆杆体一般采用螺纹钢筋
砂浆锚杆	以砂浆作为锚固剂,螺纹钢筋为杆体,安装简便,成本较低
中空锚杆	杆体是注浆管,注入浆液可黏结固定锚杆,注浆浆液渗入围岩缝隙,进一步加固围岩。破碎围岩成孔难,可采用自进式锚杆
预应力锚杆	由锚头、杆体及垫板组成,通过锚头产生的锚固力对围岩施加一定的预压应力,主动加固围岩。常用的预应力锚杆分为机械胀壳预应力锚杆、树脂预应力锚杆和水泥药卷预应力锚杆等形式

(2)锚杆施工工艺流程

采用TBM上配置的锚杆钻机进行施工,在TBM掘进过程中同步完成钻孔、安装和锚固作业。锚杆钻机可在主梁一定范围内纵向移动,并可在圆断面270°区域内旋转,也可前后旋转。不同类型的锚杆作业施工方法基本相同,锚杆施工工艺流程见图8-1。

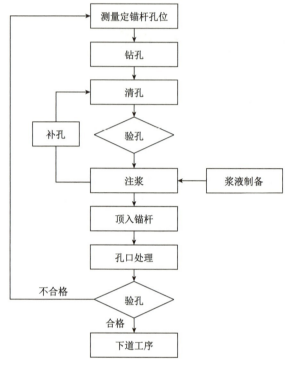

图8-1 锚杆施工工艺流程图

8.1.2 钢筋网

钢筋网片采用钢筋焊制,在钢筋加工厂内集中加工,网片尺寸要适中,例如:采用120cm×200cm的网片,以方便铺设。网格大小取决于地质条件,一般为15cm×15cm和20cm×20cm。在TBM护盾尾部进行安装铺设,一般有人工铺设、自动铺设和机械铺设等方法,隧道内钢筋网铺设如图8-2所示,其作用如下:

(1)防止混凝土喷层硬化收缩造成裂缝,缩小裂缝宽度并控制裂缝数量。
(2)使喷射混凝土应力分布均匀,改变其喷射混凝土的受力结构。
(3)提高喷射混凝土的抗剪与抗拉能力。
(4)增强混凝土喷层的柔性及衬砌的抗动载能力。

8.1.3 钢筋排

(1)钢筋排功能

当围岩较破碎,安装钢筋网后仍有石块掉落且围岩仍不稳定的情况下,可采用钢筋排与钢拱架及喷射混凝土联合支护。沿洞壁四周排列的钢筋排在隧道径向形成封闭空间,钢筋排支护技术能够有效支护已支护区和护盾之间的危险区域,控制破碎岩石的塌落,既可保证支护作业人员的安全,也可减少塌方。隧道内钢筋排施工如图8-3所示。

图8-2 钢筋网铺设

图8-3 钢筋排施工

(2)钢筋排施工工艺

支护时将钢筋排插入护盾内的钢筋排储存隔间内,钢筋排露出护盾一端用拱架和锚杆固定于岩壁,并将钢拱架与钢筋排焊接固定,钢筋排外端被钢拱架和锚杆支撑连接形成一个整体结构,固定在洞壁上不能随顶护盾移动,随TBM向前掘进和顶护盾前移,钢筋排逐渐从储存仓中释放出来,在完全伸出之前再插入下一环钢筋排,TBM顶护盾和钢筋排就起到了连续支撑破碎围岩的效果。

钢筋排施工工艺流程如图8-4所示。

图8-4 钢筋排施工工艺流程图

8.1.4 钢拱架

1)钢拱架安装及功能

TBM主梁上配置有钢拱架拼装器和撑紧装置,布置在主驱动与锚杆钻机之间。钢拱架是在隧道掘进开挖初期支护期间,为使围岩保持稳定而按照隧道开挖轮廓线布设的钢格栅或型钢等制作的支护骨架结构,钢拱架安装后可起到支撑围岩的效果,以达到限制围岩变形的目的。经过工程实践研究,钢拱架在隧道支护中的作用主要如下:

(1)在喷射混凝土发挥作用前起支撑围岩的作用。

(2)对喷射混凝土进行补强的作用。

(3)作为超前支护的支点。

(4)钢拱架与锚杆、钢筋网和喷射混凝土共同发挥初期支护的作用。

2)钢拱架施工工艺

钢拱架施工工艺流程如图8-5所示。

8.1.5 喷射混凝土

(1) 喷射混凝土施工

喷射混凝土是借助 TBM 喷混系统,利用输送泵和速凝剂泵分别将混凝土和速凝剂输送到喷头,利用压缩空气做动力,将混凝土和速凝剂喷射到洞壁上。从喷射材料上区分可分为素混凝土和钢纤维混凝土,钢纤维混凝土是在喷射混凝土中加入钢纤维,增加了韧性,使具有韧性材料特点的混凝土接近于弹塑性材料,改善了混凝土的受力条件,从而将普通喷射混凝土的抗压强度提高 45% 左右,抗拉强度提高 50% 以上。

(2) 喷射混凝土施工工艺

TBM 隧道施工采用湿喷工艺,其施工工艺流程如图 8-6 所示。

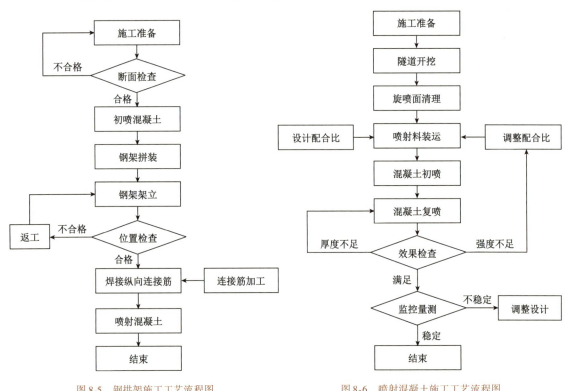

图 8-5　钢拱架施工工艺流程图　　图 8-6　喷射混凝土施工工艺流程图

8.2　超前支护

TBM 超前支护有超前小导管、超前管棚、超前玻璃纤维锚杆等支护形式,可根据地质条件、断面大小及结构等因素进行设计,组合使用,再利用 TBM 配置的初期支护设备及管棚钻机等设备完成以上工作。

8.2.1 超前小导管

超前小导管加固一般用于长度较小的中等破碎围岩,利用小导管与注浆相结合方式加固围岩并形成一定的棚护结构,从而避免开挖后发生围岩坍塌。通过敞开式 TBM 的护盾尾部或 TBM 护盾上预留孔以一定的外插角斜向前方打孔,安装小导管,再注浆,采用搭接循环施作的方法。与钻爆法超前小导管施工相比,需要重点做好以下两方面工作。

(1)结合 TBM 结构特点布孔

布孔参数根据围岩破碎情况及拱部塌落高度确定,超前注浆孔沿 TBM 护盾外开挖轮廓线呈伞形辐射状布置,注浆孔环向布置范围视围岩情况而定,一般不小于顶拱 120°范围。钻孔深度根据钻孔能力、刀盘及护盾长度、需处置围岩长度、计划掘进长度等因素确定。例如:钻机能力为一次钻孔深度 25~30m,盾体及刀盘长 5m,掘进长度为注浆长度的 70%~80%,每段预留 20%~30% 作为下段注浆的止浆盘,超前小导管加固后可掘进长度为 14~20m。采取单双序交叉布管方式,钻孔环向间距一般不大于 45cm。超前钻机见图 8-7,超前小导管布孔见图 8-8。

图 8-7 超前钻机示意图　　　　　图 8-8 超前小导管布孔示意图

(2)结合 TBM 法特点选择浆液

浆液需具有良好流动性和可注性,凝胶时间可根据需要调节,固化时收缩小,浆液与围岩、混凝土、砂土等黏结力强,固结体具有高强度和良好的抗渗性、稳定性,靠近刀盘、护盾区域的浆液加固围岩的同时,不能黏结金属结构件,浆液应无毒、低污染。

一般在中强风化及断层破碎带富水或动水条件下选择采用普通水泥-水玻璃双液浆或化学浆液;在砂层中选择采用水泥-水玻璃双液浆;靠近 TBM 结构件的区域宜采用聚氨酯化学浆液等。

8.2.2 超前管棚

在极破碎地质条件下,围岩总体完整性差,自稳能力弱,超前注浆、超前小导管难以有效加固掌子面前方破碎围岩。采用超前管棚加固方案,即在 TBM 护盾后方适当扩挖,形成管棚工作间,采用单次或循环管棚加固,必要时同时施作掌子面超前注浆,刀盘清理脱困后恢复掘进。与钻爆法相比,TBM 施工过程中施作超前管棚,需重点做好以下三方面工作。

(1)管棚钻机选型

管棚钻机宜选择潜孔钻机,具有跟管功能,潜孔锤可选择气动潜孔锤或者液压潜孔锤。

(2) 施作管棚工作间

TBM 护盾后方,原始空间不足以布设管棚钻机,即便结构上满足安装条件,也会由于外插角过大而无法正常施工,从而无法达到预期加固效果。根据管棚钻机工作空间需求,在护盾尾部一定范围内(具体尺寸依据管棚钻机施工需求确定)扩挖拱部。超前管棚施工如图 8-9 所示。

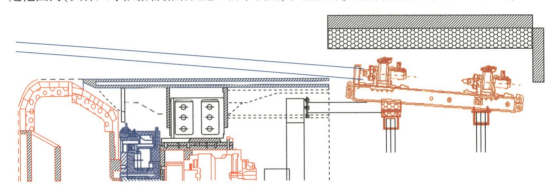

图 8-9　超前管棚施工示意图

护盾尾部管棚工作间扩挖尺寸按照超前管棚外插角 3°计算,扩挖约 0.3m。扩挖后的上半断面钢拱架与未扩挖的下半断面钢拱架采用型钢连接,并施作混凝土扩大基础,钢拱架采用锁脚锚杆固定;系统锚杆设置范围为拱顶 180°,布设自进式中空注浆锚杆,锚杆间排距为 1m,扩挖后的钢拱架采用槽钢纵向连接,间距为 0.5m。超前管棚布置如图 8-10 所示。

(3) 注浆固结

为在刀盘上方及盾体上方形成岩体固结圈,避免注浆时浆液流至刀盘、护盾处固结钢结构,故扩挖完成后沿护盾尾部布设自进式中空注浆锚杆,范围为拱顶 120°以上,对护盾及刀盘上部围岩进行化学注浆固结,同时在刀盘内按前述方法在掌子面进行超前注浆固结围岩。

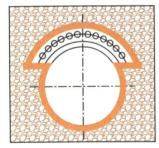

图 8-10　超前管棚布置示意图

8.2.3　玻璃纤维锚杆

围岩受地质运动影响极其破碎,且多富水,此类围岩开挖后掌子面易失稳,进而发生垮塌甚至发生突水涌泥等灾害。针对此种情况,可采用玻璃纤维锚杆的方式对掌子面进行超前预加固。利用注浆泵压力将化学注浆材料灌注到岩体裂隙中,使松散或破碎的围岩结成整体,提高围岩完整性,因其可切割性等特性,有利于 TBM 施工通过。在 TBM 隧道开挖施工中,玻璃纤维锚杆一般被用作固结掌子面围岩,玻璃纤维锚杆特点如下:

(1) 可切割。采用玻璃纤维注浆锚杆加固后的地段,可直接掘进通过。

(2) 结合力强。玻璃纤维锚杆分段注浆,为杆体全段提供锚固力,加固杆周岩体。

(3) 强度高。抗拉强度能达到同样规格钢锚杆的 2 倍以上。

(4) 重量小。重量为同种规格钢质锚杆的 1/4,施工方便,劳动强度低。

(5)安全性好。表面抗静电,自身阻燃,不导电不导热,满足地下工程安全生产的要求。

化学注浆注浆分为浅孔和深孔两种,浅孔直径为 50mm,布置在刀盘全断面范围内,施工深度为 4~5m,在逐洞开挖轮廓线内约 0.5m 的位置布置,通过滚刀刀孔或刮板孔人工点动刀盘确定孔位;深孔沿刀盘人工转动轮廓线在掌子面全断面范围内钻孔,通过人工点动刀盘确定孔位;长距离钻孔,使用长导管进行注浆,加固层的厚度为 3~5m,加固长度一般可达 20~30m,采用全断面或者局部注浆。由于化学注浆材料完全固化反应时间非常快,采用自进式钻杆作为孔内注浆管时,无须专用的封孔设备,停止注浆后拆除用挠管即可;当用聚氯乙烯(PVC)管作为孔内注浆管时,采用孔内自封孔技术,封孔器在下管路时安放,一次使用,不再周转。

注浆自上而下进行,利用化学浆液在松散体内的流动性将松散体内缝隙填满固结。自进式玻璃纤维注浆管尾部 2m 范围内不设出浆孔,钻头后部 1~2m 段钻杆设出浆孔,间距 0.3m,梅花形布置。

8.3 支护类型

隧道工程的本质就是在地面以下的地层中开掘一个空间,以满足各种功能需求,使长期处于平衡状态的地层因开挖扰动而发生应力调整及变形,并试图尽快形成新的平衡状态。由此须对围岩进行适时的外部干预,而按照围岩条件不同则可分别采取事先干预、过程干预和事后干预三种方式,分别对应这通常所指的超前支护、初期支护和二次衬砌,并由此构成了隧道结构设计的核心内容。

8.3.1 支护的作用

对于稳定性较差的围岩条件,通常需同时施作超前支护、初期支护和二次衬砌结构,按照围岩变形破坏发展状态适时施作,其基本作用主要包括两个方面,一是调动围岩承载,通过预加固和预支护提高围岩强度,进而提升围岩承载能力;二是协助围岩承载,对于围岩自身无法全部承担的附加荷载则有支护结构来承担,在实际支护过程中两者同时作用,且关系极为复杂,故需要对具体工程进行定量化设计和可靠性评价。

8.3.2 支护的类型

隧道施工过程中根据围岩的级别和稳定性,采取与之相适应的支护类型。根据我国水利行业标准《水工建筑物地下开挖工程施工规范》(SL 378—2007),明确规定了各级围岩的支护类型,见表 8-2。

围岩支护类型　　　　　　　　　　　　　　表8-2

围岩级别	围岩稳定性	围岩总评分 T	围岩强度应力比 S	支护类型
Ⅰ	稳定。围岩可长期稳定,一般无不稳定块体	$T>85$	>4	不支护
Ⅱ	基本稳定。围岩整体稳定,不会产生塑性变形,局部可能产生掉块	$65<T\leq85$	>4	不支护或局部锚杆或喷薄层混凝土。大跨度时,喷射混凝土、系统锚杆加钢筋网
Ⅲ	稳定性差。围岩强度不足,局部会产生塑性变形,不支护可能产生塌方或变形破坏。完整的较软岩,可能暂时稳定	$45<T\leq65$	>2	喷射混凝土、系统锚杆加钢筋网。跨度为20~25m时,浇筑混凝土衬砌
Ⅳ	不稳定。围岩自稳时间很短,规模较大的各种变形和破坏都可能发生	$25<T\leq45$	>2	喷射混凝土、系统锚杆加钢筋网或加钢拱架
Ⅴ	极不稳定。围岩不能自稳,变形破坏严重	$T\leq25$	—	管棚、喷射混凝土、系统锚杆、钢拱架,必要时进行二次支护

本讲参考文献

[1] 孙洪凯,祁海燕,潘旭,等.TBM在隧道不良地质条件下的施工技术[J].水利规划与设计,2015(06):78-79,82.

[2] 姚晓明.TBM在超长隧道施工方法研究[D].成都:西南交通大学,2011.

[3] 张军伟,梅志荣,高菊茹,等.大伙房输水工程特长隧道TBM选型及施工关键技术研究[J].现代隧道技术,2010,47(05):1-10.

[4] 郭群.大管棚超前支护技术在南山隧道岩溶处理施工中的应用[J].隧道建设,2008(03):336-338.

[5] 韩亚丽,崔原.超前支护技术在敞开式全断面掘进机施工中的应用[J].现代隧道技术,2003(03):55-58,64.

[6] 陈勃文,魏波.北疆长距离输水隧道TBM卡机快速解脱措施探析[J].水利水电技术,2020,51(S2):298-305.

第9讲　TBM衬砌

根据衬砌结构形式不同,二次衬砌可分为模筑整体式衬砌、复合式衬砌和组合装配式衬砌等;根据作业范围不同,二次衬砌可分为仰拱衬砌、边顶拱衬砌和全圆衬砌。TBM 常规衬砌是在掘进完成后再进行二次衬砌作业。随着隧道衬砌技术和工程装备的发展,仰拱栈桥和同步衬砌台车的研发和应用,实现了 TBM 掘进与衬砌同步施工,提高了结构安全,缩短了隧道施工工期。同步衬砌台车在结构设计时应考虑连续皮带输送机、通风软管、水管、高压及通信电缆和运输车辆的穿行,保障衬砌和 TBM 施工同步进行。

9.1　仰拱施工

仰拱与掘进同步施工,可减少 TBM 贯通后衬砌工作量,为边顶拱衬砌提供工作面的同时减少其资源配置,不仅压缩了边顶拱衬砌准备和施工时间,还节约了隧道衬砌后期投资。

9.1.1　仰拱预制块施工

仰拱预制块是隧道衬砌结构的组成部分,同时又可作为 TBM 施工运输的轨道基础。随着 TBM 的掘进,在 TBM 主机后部和后配套的前部,仰拱块与底部回填同步作业完成,同时运输轨道、二次同步衬砌轨道和后配套台车也同步完成向前延伸前进作业。护盾式 TBM 施工均采用预制管片拼装而成,机械施工过后,即为成型洞室。仰拱预制块一般是在铁路、公路隧道施工过程中,将仰拱预制块与底部回填同时完成,作为永久衬砌隧道底部的一部分。

1)仰拱块安装流程

仰拱块现场安装流程见图9-1。

2)仰拱块安装作业工艺要点

(1)螺栓道钉锚固

用高压风将螺栓孔吹干净;拌和锚固剂,至呈黏稠胶状为止;按设计位置用卡子卡住螺栓道钉,将拌好的锚固剂倒入螺栓道钉孔内,随即插入螺栓道钉,卡子固定时间不小于4h。

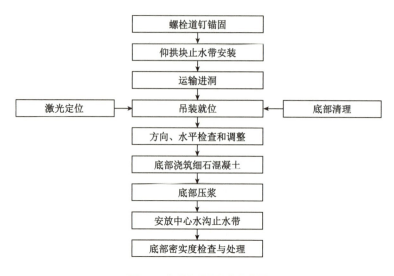

图 9-1　仰拱块现场安装流程图

（2）仰拱块止水带安装

用刷子和抹布将仰拱块止水带的凹凸面清理干净；分两次均匀涂抹氯丁胶，先后时间间隔 10min，待氯丁胶开始收缩时，使用橡胶锤将膨胀止水带敲打贴紧凹凸面；检查止水带密贴质量，如有脱落和错位现象，更换后重新安装。

（3）底部清理

在仰拱块就位前，人工将底部的松渣、岩粉、沉渣清理；使用充填密实的塑料袋 2~3 层做隔水围堰，用高压水冲洗仰拱块底部基岩后，采用自吸泵将仰拱块部位的积水抽排干净。

（4）仰拱块安装

将仰拱块由洞外运进 TBM 后配套处，回转 90°后由仰拱块吊机吊起，沿吊机滑道向前移至已铺好的仰拱块前下落就位；利用安装在仰拱中心水沟的激光指向仪和水平道尺定出仰拱块的中线和高程，其横向误差控制在 ±5mm，高程误差控制在 ±3mm；仰拱块测量定位后下落就位，底部用水泥垫块、两侧用三角形水泥块支撑并固定牢靠；仰拱块就位后，再次使用激光指向仪和道尺检查复核其中线和水平程度。

（5）底部浇筑与压浆

使用混凝土输送罐车和插入式振动器，从已安装好的仰拱块两侧对称进行浇筑和振捣。底部回填浇筑采用细石混凝土填充，待 TBM 通过后，从仰拱块的注浆孔压注水泥砂浆，注浆压力 0.3~0.4MPa。

（6）安放中心水沟止水带

使用刷子和抹布将仰拱块中心水沟接头面清理干净；在中心水沟接头面上胶后粘贴止水带；使用水泥砂浆将中心水沟接头面止水带压实抹平直至水沟底面。

（7）底部密实度检查与处理

在注浆 14d 后采用物探方法（如地质雷达）检查仰拱块底部的密实度，达不到密实要求的，应重新清孔进行补注浆。

9.1.2 现浇仰拱施工

某些隧道工程出于结构设计的要求,底部不允许铺设仰拱预制块而只能施作现浇混凝土仰拱。TBM 现浇仰拱同步衬砌施工技术研究需要解决的问题包括洞内轨道布置(列车走行轨、台车走行轨)、有轨运输列车在同步衬砌区域不间断通行(涉及仰拱衬砌前后钢轨铺设方式、钢轨在同步衬砌台车前后的迅速对接、列车通行空间等)、仰拱同步衬砌台车自身结构形式、台车行走方式、是否配置钢筋笼或者钢筋网、钢筋笼(网)铺设作业空间和作业方式、混凝土浇筑方式、混凝土浇筑过程中的抗浮、现浇混凝土仰拱脱模后的养护(混凝土脱模后必须达到相应的强度方可承载列车)、混凝土浇筑前清底方式、清底效果与工作效率、同步衬砌施工单元长度、衬砌速度与 TBM 掘进速度的匹配、连续皮带机输送与同步衬砌台车之间的干涉、大直径通风软管与台车上通行列车之间的干扰、洞内供水供电线路布置和施工排污等。

1)仰拱栈桥设计

同步仰拱栈桥由前坡道、混凝土浇筑区、混凝土养护区、道岔和后坡道区通过竖直支撑固定在洞底,并组成一个整体,任何工况下均无须拆解,并且不必在台车移动时拆卸或者安装轨排等构件。前、后坡道以及道岔区域主要功能是实现有轨运输列车从隧道内轨道向衬砌台车及养护系统上的轨道转换。仰拱栈桥和养护系统、道岔、前后坡道连接,依靠竖直支撑纵梁,为系统本身以及通行的有轨运输列车提供支撑。同步仰拱栈桥系统如图 9-2 所示,系统断面如图 9-3 所示。

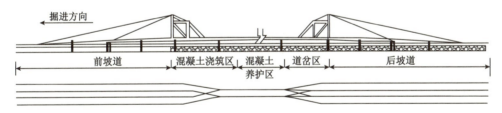

图 9-2 同步仰拱栈桥系统示意图

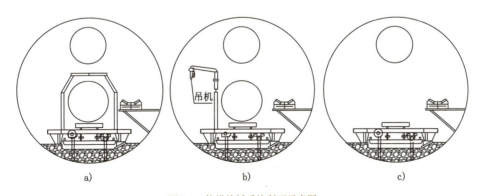

图 9-3 仰拱栈桥系统断面示意图

2）工艺流程

同步仰拱施工工艺流程如图 9-4 所示。

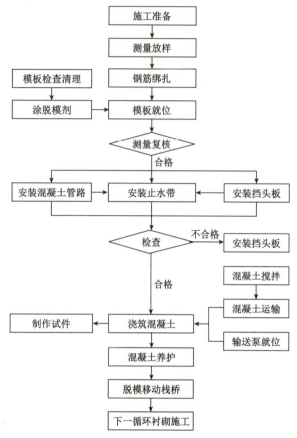

图 9-4　同步仰拱施工工艺流程图

3）操作要点及注意事项

（1）栈桥移位

栈桥移位时，需拆除前方的钢轨，并恢复原栈桥区域的轨道系统。

（2）混凝土养护

混凝土浇筑完成后，待混凝土强度达到规范要求的拆模强度即可拆模，裸露混凝土表面需覆盖土工布洒水养护。

9.2　常规二次衬砌

常规二次衬砌是指在 TBM 隧道掘进完成，浇筑仰拱或仰拱预制块铺设完成后，施作二次衬砌，其优点是单工序作业施工，施工组织便利，二次衬砌效率较高，衬砌质量易控制；其缺点是 TBM 掘进后围岩暴露时间长，存在一定的安全隐患，施工时间相对较长，台车底部要预留足够空间才能满足 TBM 物料运输通行。

9.2.1 衬砌台车设计

隧道二次衬砌采用模板台车施工,台车具有分层逐窗布料、带压注浆、自动振捣等功能,正洞 TBM 辅助洞、横通道、附属洞室和悬挂风机地段衬砌等特殊断面二次衬砌,采用自制式组合钢模板衬砌台车,挡头模板采用钢模板和木模板。每个隧道作业面配备 1 台衬砌台车,混凝土二次衬砌边顶拱台车见图 9-5。

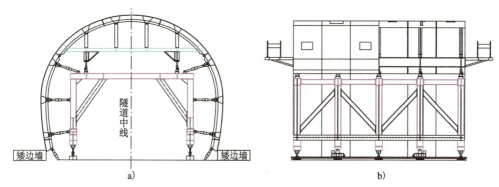

图 9-5　混凝土二次衬砌边顶拱台车示意图

9.2.2 工艺流程及操作要点

1) 工艺流程

混凝土二次衬砌施工流程见图 9-6。

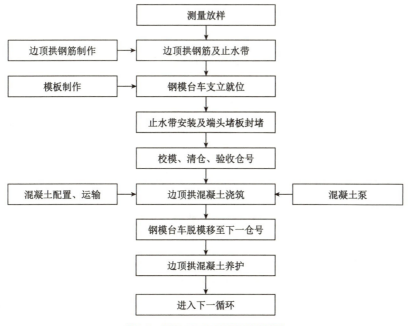

图 9-6　混凝土二次衬砌施工流程图

2）操作要点

（1）基面处理

铺设防水板前先整平基面,互封堵或引流渗漏水,确保基面干燥。

（2）防水板铺设

防水板铺设使用多功能作业台车,防水板铺设需遵循相关规范及设计要求。目前防水板大多采用无钉铺设方法,先用热熔垫圈和射钉将无纺布固定于基面上,再将防水板用超声波焊机固定在热熔垫圈上。防水板接缝焊接采用自动爬焊机,搭接不小于10cm,两侧接缝宽不小于2.5cm。防水板焊接完成后,对焊缝做气密性检查,检查合格后方能进入下一步工序施工。

（3）钢筋制作与安装

钢筋表面应洁净,表面有漆污、油污、锈蚀的钢筋,使用前应清除干净。按照设计图纸要求下料加工后,现场安装。钢筋安装偏差同排间不得超过0.1倍距,不同排间钢筋布设的局部误差不得超过0.1倍排距。钢筋接头按设计要求采用焊接或绑扎方式搭接焊接时单面焊缝长度不得小于$10d$（d为钢筋直径）,双面焊缝长度不得小于$5d$,绑扎接头长度不得小于$40d$。

（4）立模

台车走行至待浇筑段,精确放样定位。清理模板并涂脱模剂,拧紧转角处的对接板螺栓,加挂台车两侧的侧向千斤顶,安装台车顶部抗浮支撑杠,安装抗浮机构,基脚贴模并支撑牢固。按照设计要求安装止水带,再安装堵头模板。同时,混凝土输送泵就位后连接混凝土输送管路至投料口。

（5）混凝土浇筑

混凝土浇筑时水平分层、对称浇筑,控制混凝土浇筑速度和单侧浇筑高度,单侧一次连续浇筑高度不超过0.4m。输送软管管口至浇筑面垂直距离即混凝土自落高度控制在1.5m以内,以防混凝土离析,采用附着式振捣器和插入式振捣器振捣密实。混凝土浇筑需连续,若超过允许间歇时间,按施工缝处理。施工缝处浇筑混凝土前须进行冲毛或凿毛处理。混凝土浇筑允许间歇时间见表9-1。

混凝土浇筑允许间歇时间表　　　　　表9-1

气温(°C)	允许间歇时间(min)	
	普通硅酸盐水泥	矿渣及火山灰水泥
20～30	90	120
10～20	13.5	180
5～10	195	—

（6）施工缝、变形缝处理

根据衬砌台车长度、地质以及衬砌结构设计要求设置施工缝、变形缝,施工缝、变形缝处采用止水带等防水构造。

立模后安装防水构造,严格按施工详图和设计的工艺实施,止水设施的形式、尺寸、埋设位置和材料应满足施工图纸的要求,止水带的安装应防止变形和撕裂,止水带设置在衬砌混凝土厚度中间部位,衬砌台车立模时,将止水带通过带弯钩的钢筋固定在挡头板上,混凝土浇筑完毕拆模后,露出的橡胶止水带随下一模混凝土浇筑入模。

回填注浆段顶拱端头封堵,根据回填注浆分段长度,在分段两端顶拱混凝土脱空部位用砂浆或混凝土进行封堵,形成封闭的回填注浆区域,以提高顶拱回填注浆质量。

(7)拆模

洞径小于10m的隧道,顶拱混凝土强度达到8MPa时,脱模进入下一板衬砌施工,洞径大于10m的隧道时,顶拱混凝土强度达到设计要求的强度后,方可拆模。拆模后,并根据温度、湿度情况进行养护,养护时间满足混凝土强度要求,一般为28天,对重要部位和利用后期强度的混凝土以及其他有特殊要求的部位要延长养护时间。

3)注意事项

(1)浇筑前注意事项

混凝土浇筑前应复查台车模板中线、高程是否符合设计要求,台车及挡头模板安装定位是否牢靠,各种预埋管线预埋件安设是否牢固或有无遗漏。混凝土浇筑前对钢模板先打磨,除去黏结的混凝土,涂刷脱模剂要均匀,以防影响拱顶混凝土外观质量。

(2)浇筑过程中注意事项

混凝土浇筑应左右交替连续进行,浇筑过程中注意两侧浇筑高差最大不超过0.4m。控制浇筑速度,避免台车上浮,防止过捣或漏捣,保证混凝土密实,表面光滑,无蜂窝麻面。封顶由第一个浇筑口开始由低到高逐一泵送混凝土,并控制好坍落度以确保拱顶混凝土回填密实。混凝土浇筑完成后,按相关规范进行养护处理。

(3)脱模后注意事项

挡头板拆下后应先将止水带翻出,使止水带保持顺直,对衬砌端头处混凝土采用高压水冲毛处理,保证两板衬砌间连接紧密。

9.3 同步二次衬砌

同步二次衬砌是指在TBM掘进过程中,滞后一定距离进行衬砌施工。同步衬砌台车是TBM掘进与现浇混凝土同步衬砌施工顺利实现的关键。台车行车过程中涉及同步衬砌施工过程中的各个环节,如模板与台架、掘进与二次衬砌所需物料的运输、出渣运输、施工通风、给水排水、供电照明和通信等。

9.3.1 同步衬砌台车设计

二次衬砌与TBM掘进同步施工,需要解决两大问题:一是衬砌作业全过程中所有TBM法隧道施工的通风、供水、排水、供电和连续带式输送机出渣作业不能中断;二是需要平衡解决TBM掘进与二次衬砌施工材料运输的矛盾。

1)同步衬砌台车总体设计要求

(1)针对具体工程设计衬砌台车模板面板、有效作业长度,同时合理考虑搭接长度,能够满足单独施工、前端或后端单侧搭接施工和前后两侧搭接施工的要求。

(2) 衬砌台车台架及模板强度与刚度足够,保证寿命期内浇筑过程中不变形。

(3) 衬砌断面模板基准半径可以适应衬砌要求。

(4) 浇筑时间按照设计要求设置,保证安全与质量的前提下,台车移位、定位时间尽可能缩短,以利于提高整体衬砌施工速度。

(5) 配置混凝土布料系统,合理设置混凝土分配器及管路,实现混凝土浇筑不倒灌作业。

(6) 台车模板可横向移动,以便隧道掘进方向有偏差时调整,使得横向调整量满足要求。

(7) 立模、脱模、模板调整等动作通过液压实现,用丝杠固定模板。

(8) 模板表面要求平整光洁,保证使用过程中不出现毛面麻面现象,设计寿命周期内要保证衬砌外观质量。

(9) 模板顶部预留排气孔,以保证封顶浇筑密实,模板上埋设注浆管的预留孔。

(10) 模板直径误差满足设计精度要求。模板连接部位零错台,保证浇筑过程中不漏浆,前后端模板直径误差满足设计要求,避免错台。

2) 同步衬砌台车结构

衬砌台车上部台架结构应预留大直径通风软管通行空间,保证TBM通风系统正常连续工作。台车走行轨铺设于两侧小边墙上,下部台架空间满足列车通行,满足TBM掘进、二次衬砌大量施工材料运输之需。台车下部台架为连续皮带输送机通行提供空间,实现衬砌台车处于所有工作状态时均可仅拆除连续皮带输送机三角支撑架而不必解体即可穿越台车。衬砌台车上承载连续皮带输送机穿越的支架可上下左右调整,并有效减振,以适应施工过程中台车与皮带输送机之间位置的相对变化,并有效消除皮带输送机运转振动对二次衬砌混凝土造成的影响。连续带式输送机穿行同步衬砌台车结构见图9-7。

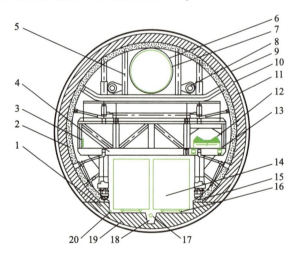

图9-7 连续带式输送机穿行同步衬砌台车结构图

1-小边墙;2-台车模板系统;3-照明通信线路通道;4-台车下部台架;5-台车上部台架;6-软风管保护筒;7-通风软管;8-混凝土分配器;9-隧道开挖轮廓线;10-初期支护;11-二次衬砌层;12-连续皮带机;13-连续皮带机承台;14-列车及其限界;15-台车走行轨;16-列车走行轨;17-供水管;18-中心水沟;19-仰拱预制块;20-高压电缆

9.3.2 工艺流程及操作要点

1)工艺流程

同步衬砌施工工艺流程见图9-8。

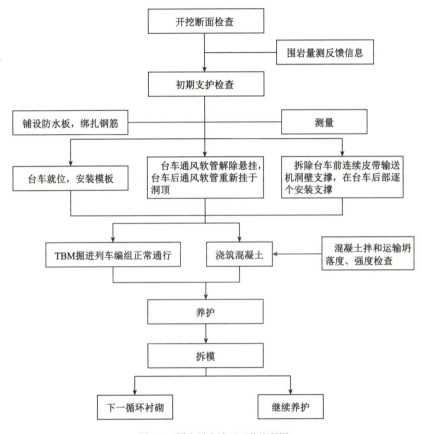

图9-8 同步衬砌施工工艺流程图

2)操作要点

(1)高压电缆和水管穿行台车

根据轨行运输车辆限界尺寸、小边墙与衬砌台车之间的相互位置关系,确定TBM高压电缆放置于小边墙的底角部位,TBM供水管放置于仰拱预制块中心水沟中,不会影响有轨运输车辆的通行以及衬砌台车移位、施工作业。

(2)照明和通信线路穿越台车

根据车辆通行限界尺寸以及台车布置,洞壁照明线、通信线缆以托架方式穿行衬砌台车,托架安装于衬砌台车车架立柱外侧。每一根电缆配备1套单独的滚轮托架,以利于线缆移动并防止台车移动时损坏线缆,从而方便作业施工。

(3)衬砌配套台车移位

衬砌配套台车移位时先移防水板(钢筋)作业台架,一次移位一个台车位。移位过程中台车前方拆除固定支撑，台架后方支立一个三角支撑片，如此移位拆换支撑方式，保证了连续皮带输送机、皮带输送桥刚度、形态、位置不变。修补台架移位后要及时把临时三角组合支撑更换或固定支撑方式，并设置在已衬砌洞壁上或固定在小边墙基础上。移动台车需要安装活动托架架起皮带输送桥活动穿越。

本讲参考文献

[1] 杨建喜,张进,李世民,等.开敞式TBM隧道仰拱衬砌同步施工关键技术[J].隧道建设,2017,37(05):622-629.

[2] 徐双永,陈大军.西秦岭隧道皮带输送机出碴TBM同步衬砌技术方案研究[J].隧道建设,2010,30(02):115-119.

[3] 徐双永,苏睿.西秦岭隧道TBM掘进同步衬砌技术[J].现代隧道技术,2011,48(02):1-4,16.

[4] 戴润军,杨永强.西秦岭隧道TBM掘进皮带输送机出碴下的同步衬砌施工组织管理[J].现代物业(上旬刊),2011,10(04):69-72.

[5] 齐梦学.长大隧道开敞式TBM同步衬砌施工技术应用前景及发展趋势[J].隧道建设,2013,33(08):679-683.

[6] 安宁.长大隧道开敞式TBM同步衬砌施工技术[J].交通世界,2019(16):92-93,105.

[7] 张建升.TBM同步衬砌施工效率保证措施[J].石家庄铁道大学学报(自然科学版),2014,27(S1):253-256.

第10讲 TBM施工运输

TBM施工运输主要包括人员、设备和物资材料的运输和出渣运输。采用安全、可靠的运输方式,是保障前方施工、推进施工进度的关键。根据大量工程实践,TBM施工人员、设备和物资材料均采用有轨运输的方式,TBM施工出渣大多采用连续皮带运输的方式,少数隧道受开挖断面影响将会利用机车出渣。

10.1 TBM施工有轨运输

10.1.1 有轨运输线路

TBM施工中常用的轨道布置方式有单线双轨制运输方式、双线四轨制运输方式、四轨三线制运输方式。四轨三线制运输掘进过程中物料运输较为灵活。当隧道直径较小,考虑到还需要设置人行通道、电缆和管道等辅助设施,采用四轨三线制布置的轨道较高,后配套建筑界限不满足要求,存在较大的安全隐患,在小断面TBM洞内建议采用单线制。

(1)单线制

轨距为900mm及以上,在TBM后配套中,两条外轨作为拖车的行走轨道,中间两轨作为运输列车进入后配套的行走轨道。考虑到TBM掘进循环时间与停止安装拱架和管片时间(30~50min)几乎相等,故采用单线运输时,列车可在安装拱架和管片期间完成倒车循环,即可满足掘进过程中的物料供应或者出渣需求。

(2)四轨三线制

一般采用轨距900mm的43kg/m轨道,TBM后配套尾部拖一条双开道岔浮轨。在TBM后配套中,两条外轨作为拖车的行走轨道,中间两轨作为列车进入后配套的行走轨道,列车通过浮放轨分别从隧道左右两线进入后配套的中间两轨,浮放轨之后为四轨组成的左右两线,每相邻两轨的中线距均为890~910mm。采用四轨三线运输时,列车既可在停机支护期间完成倒车循环,也可在掘进期间倒车。

单线制与四轨三线有轨运输线路布置对比见表10-1。

常规有轨运输线路布置对比 表10-1

线路布置方式	优　点	缺　点
单线制	行车管理简单、安全,轨面标高较低,轨道用量少	只允许1台编组列车,不便于调度,难于应对突发性故障,工序要求较为严格,运输列车单一
四轨三线	可组织实施2台以上编组列车,便于运输列车调度,易于应对突发性故障,能够方便与其他工序配合,运输列车可灵活配置,运输列车长度可灵活配置	轨面高程较高,列车空间受到限制,轨道用量多,行车管理复杂

10.1.2　机车选择

机车选型过程中,必须充分考虑各种环境因素,其对于机车的正常运行至关重要,忽略了任何一个因素均可能带来麻烦,严重的会造成严重经济损失,甚至造成车辆无法使用。机车选型,应考虑的工况与环境条件包括项目所在地、海拔高度、环境温度、隧道用途、隧道长度、最大运输距离、隧道内径、开挖方式、出渣方式(矿车/输送机/泵送/其他)、是否衬砌、轨距、轨道规格、轨道通常状况(潮湿/干燥/水浸/污染情况)、轨道坡度及转弯半径、最大牵引质量、配套车辆是否具备制动功能以及制动力源、运输线路对机车宽度与高度的要求、所需的运行速度、是否双机车引、是否要求防爆和是否满足环保要求等。常规内燃牵引机车和电瓶牵引机车对比见表10-2。

常规内燃牵引机车和电瓶牵引机车对比 表10-2

机车类型	优　点	缺　点
内燃牵引机车	(1)适用范围广。 (2)相对稳定,故障率低,技术相对成熟。 (3)便于维护,受外部环境影响较小。 (4)提速较快,马力大,续航时间较长	(1)噪声低,节能环保,节约石油能源。 (2)机动性能好,提速较快,供电系统简单。 (3)无火花引爆危险,安全性较好。 (4)基建投资费用低
电瓶牵引机车	(1)污染严重,噪声大。 (2)对燃料要求高,费用高。 (3)结构较为复杂,零部件加工精密度较高	(1)续航里程差,牵引力较小。 (2)维修成本高,故障率高,维修安全率高。 (3)运转受限性较大,辐射较大

10.1.3　运输调度

1)调度安排

分区负责是指将车辆调配范围分为洞外车场调度、运行区间调度和TBM末端调度,每班配备1名调度室总调度员、1名车场调度员、1名TBM末端调度员和1名机动调度员,分别在不同的调度范围为担负不同的调度任务。

（1）始发点车场调度员负责空车进站引导、车辆装卸、编组和重车始发，目的是根据总调度的指令使相关重车尽快始发出场，而将需要进场的空车尽快调入装车位置并快速进行装卸。

（2）区间调度员负责车场与 TBM 末端之间运行区间的调度，重点监控洞内通过单线地段车辆的通行秩序，防止车辆在该段发生拥堵。同时，需掌握发生在封闭区段一侧的动态情况，并随时向总调度报告车辆运行情况。

（3）TBM 末端调度负责 TBM 拖车尾部的车辆调度，防止车辆在此发生拥堵，并及时向总调度发出需求指令，总调度根据需求指令指示洞外车场重车始发及车辆编组。

（4）总调度根据各区调度员反馈的信息进行总体协调。每台机车上配备 1 名驾驶员和 1 名调车员，根据调度指令指挥车辆运行至目标作业位置。

2）运输安全措施和制度

（1）机车、车辆进场使用前须经过严格验收和试运行，并做好记录。

（2）对机车驾驶员进行岗位技能和安全实施教育培训。

（3）轨道铺设平整、牢固，轨距必须达标，并定期进行检查加固。

（4）机车与车辆、车辆与车辆连接良好，加挂软连接，防止脱钩。

（5）列车制动良好并及时进行检查。

（6）运行记录要及时、准确、齐全。

（7）机车驾驶员必须持证上岗，严禁酒后开车，不得擅自离开工作岗位，开车前应发出信号。司机离开岗位时应切断电源、取下控制手柄、扳紧刹车、开亮车灯。对机车的驾驶要实行限速控制。

（8）严禁超限、超载运输。列车和单独行驶的机车必须打开前后照明灯。两列车在同向行驶期间要保持不小于 100m 的有效刹车距离。

3）智能调度指挥系统

在整个机车运行范围内设置无线对讲系统和手机网络，列车上安装定位系统，在车场、TBM 末端等重要位置设置视频监控系统，在台车、门式起重机、搅拌站操作室和 TBM 值班室设置固定电话。每列车、每名值班调度员、装载门式起重机和搅拌站均为调度通信终端。在总调度室，总调度通过视频监控能看到车场车辆的进站、始发、车辆装载情况和 TBM 上车辆的到达、卸车和离开情况。通过调度系统能掌握整个工地上列车的全面运行情况。通过对讲机和各终端能实现点对点、点对面的语音通信，掌握和控制每个终端的运行情况，各通信终端同时又能实现点对点的互通。各分区调度根据总调度反馈的信息和辖区的情况，通过智能语音通信系统对调度区域的列车进行指挥和预警，保证运输系统高效地运行。

智能调度指挥系统实际是一种遥控和遥信系统，可使调度员在显示屏前对区域内的行车进行调度指挥，并自动记录下行车踪迹。要建成智能调度指挥系统，必须具备以下三个系统功能：

（1）列车运行有关信息的自动采集与传输

调度员的任务是安全、准确、迅速地指挥列车的运行。在传统的调度指挥中，调度员通过向车站值班员联系,在了解区段内列车运行情况的基础上,再向值班员发出指令,从而指挥列车运行。传统的调度指挥方式人为干扰因素大,效率低,存在安全隐患,且与铁路提速、扩能的要求是不相符的。在智能调度系统中,实现了区段内列车运行相关信息采集和传输的自动化,也就是说,调度员可直接通过调度中心的监视屏(仪),掌握列车在区段的运行情况、列车在车站的到达发车情况、股道的占用情况、进路的开放情况、道岔与信号的协调等自然运行信息。系统通过接受车载系统传输回来的信息将其发送至调度中心,调度中心收集信息后再将调度命令传回至车站,由车站下达至各个列车或直接下达命令至各个列车指挥运行。

(2)列车运行状态的自动记录与传输

智能调度指挥系统在具备列车运行信息的自动采集和传输的基础上,还必须具备自动记录和保存运行状态相关信息的功能,如进、出站时刻,股道占用情况等,建立起列车运行信息的数据库,通过数据库的调用,进一步实现运行图编制的自动化。

(3)列车运行调整的智能化

列车运行调度指挥智能化的关键是运行调整的智能化。所谓的按图运行是指列车按照调度员制订的日班计划和阶段计划有序运行。然而,在实际的列车运行中,存在诸多偶然因素和不可控制因素,使得实际与计划有一定偏差。目前,我国制订阶段计划仍是人工作业,调度员随时记录列车的运行情况。调度员在众多复杂因素的条件下,要在很短的时间内制订一个质量较高的调整方案,是一件非常困难的事情。智能化调度的运行调整就是在计划运行图的基础上,根据实际情况自动调整运行图,保证全路列车有序、高效地运行。目前运行调整的自动生成已基本实现,只是所生成运行图还需人工调整核查,运行图质量的可靠性有待提高。

10.1.4　有轨运输安全

(1)非值班驾驶员不得驾驶机动车,除机动车驾驶员、信号员、连接员外,不得搭乘其他人员(乘人车辆除外),驾驶员不得擅离工作岗位,开车前应发出信号,驾驶员离开座位时,应切断电源,取下控制手柄,扳紧车闸,开亮车灯。

(2)乘车人员应听从驾驶员指挥,运行中不应将头、手及所携带工具和零件露出车外;列车行驶中和尚未停稳前均不得上下;机动车和车辆之间,严禁搭人;车辆不得超载搭人。

(3)机动车的闸、灯、警铃、连接器等,必须保持良好状态。机车洞内行驶,必须打开前后照明灯。

(4)接近或通过道岔、较大坡度地段、洞口、横通道口、施工作业地段以及前面有障碍时,必须减速鸣笛。

(5)每班发车前,应检查各车的连接装置、轮轴和车闸等。

(6)列车行速不得超过 15km/h。

10.2 TBM 施工皮带输送机出渣

国内外隧道施工中可用的出渣运输系统有窄轨内燃机有轨运输系统、电瓶车牵引有轨运输系统、架线式电力机车有轨运输系统、大型自卸汽车无轨运输系统和皮带运输系统等。电瓶车具有使用灵活、无污染等优点,但其存在电瓶使用寿命短、故障率高、用电效率低、运输成本高、牵引能力不足等缺点;架线式电力机车结构简单、工作可靠、维护方便、无污染,在矿井应用较广泛,但其需有架线设施,不够灵活,对作业空间和人员通行有一定影响,在电气与架线之间易产生火花,适应性不强;大型自卸汽车无轨运输系统污染严重,出渣能力有限,长大隧道 TBM 施工不宜选用此系统。

10.2.1 出渣系统

TBM 掘进和出渣过程为刀盘旋转,刀具切割岩石,刀盘上的边铲斗和中心铲斗将石渣收集到刀盘后部机头架内的集渣槽,之后转运到位于主梁里面的 1 号皮带输送机上,再运输到位于连接桥上的 2 号皮带输送机上,再运输到位于后配套的 3 号皮带输送机上,由此处转到连续皮带输送机尾部,直接通过连续皮带输送机将石渣运输到洞外的临时转渣场,再由自卸汽车二次倒运(或汽车直接接料)到永久弃渣场,出渣系统布置如图 10-1 所示。

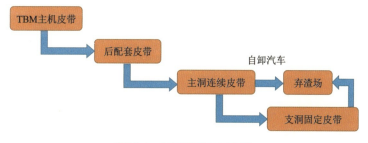

图 10-1 出渣系统布置示意图

对于长大隧道 TBM 施工出渣,内燃机牵引有轨运输系统和皮带运输系统是目前国内外施工中主要采用的出渣方案。内燃机车污染较重,对长大隧道通风有较高要求。近年来,由于动态分析技术、可控起动技术、自动张紧技术、中间驱动技术和高速托辊技术等高新技术的应用,使得皮带出渣运输系统具有连续输送、运距远、运量大、污染小、TBM 设备利用率高等特点,从而得到了越来越多的关注,其正在成为隧道施工出渣运输系统的重要发展方向。TBM 施工皮带输送机与有轨出渣对比见表 10-3。

皮带输送机与有轨出渣对比   表 10-3

项 目	有 轨 出 渣	皮带输送机出渣
出渣效率	低	高
所需设备	渣车、浮放道岔、重载机车和翻渣机	连续皮带输送机
坡度范围	较小	较大

续上表

项　目	有轨出渣	皮带输送机出渣
施工轨道	只能使用重轨	可采用较轻的轨道
通风要求	高	相对较低
拐弯半径	基本无要求	不适合半径小于600m的隧道
再利用价值	低	高
投入成本	低	高
施工管理	复杂	简单
广泛适用性	低	高

10.2.2　皮带输送机驱动方案

皮带出渣启动方案一般分为头部集中驱动、头尾驱动和头部驱动+中间驱动,下面将常用的头部集中驱动和头尾驱动方式进行比较,见表10-4。

头部集中驱动或头尾驱动方式对比　　　　　　　表10-4

项　目		皮带驱动方案	
		头部集中驱动	头尾驱动
性能	结构	简单	较复杂
	安装	方便	略不便
	维护	方便	略不便
	胶带接头可靠度	满足	满足
	成槽性	略差	好
	操控性	好	略差
	功率平衡	好	略差
经济性	胶带成本	高	低
	电控成本	略高	略低
	总成本	略高	略低
通用性	驱动单元	较高	较高
	胶带	较高	较高
	机身	较高	较高

头部集中驱动方案具有结构相对简单、安装和维护相对方便、操控性好、功率平衡好等特点。头尾驱动方案具有胶带成本投入较低、关键部件能够做到与支洞互换等特点。

10.2.3　皮带输送机的组成

连续皮带输送机由主驱动、皮带储存仓、皮带机架TBM后配套连续皮带输送机尾部滚筒(或尾部驱动)、胶带、控制装置、张紧装置、硫化台和沿线紧急拉线开关等组成。连续皮带输送机头部组成如图10-2所示。

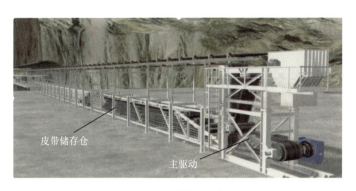

图 10-2　连续皮带输送机头部组成

（1）主驱动部分

驱动装置作为皮带输送机的动力心脏,其性能的好坏直接影响到整机能否正常运行。传动机架采用倒梯形结构,卸载机架、改向机架采用三角形结构,由 H 型钢制作,驱动机架为箱形结构。为了便于现场的安装拆卸及保证安装精度,减速器与传动滚筒采用空心轴安装方式。在驱动机架上设置有螺栓顶丝,便于电机在安装时的调整。皮带输送机主驱动采用变频驱动,可降低启动时皮带输送机的冲击。为了协调各驱动装置和起动时皮带自动张紧调节,连续皮带输送机由可编程控制器(PLC)控制,主 PLC 设置在皮带输送机主驱动装置处,可控制皮带输送机的起动和停止,另外,控制系统与 TBM 控制也有接口,可由 TBM 操作手控制皮带输送机顺序起动和停车。

（2）皮带储存仓部分

皮带储存仓由带导轨的机架、带多层滚筒的移动小车、张紧装置等组成,皮带通过相距一定距离的两个含多层滚筒的移动小车来回缠绕,储存能力不低于 600m,胶带采用 10～12 层缠绕。在操作过程中,可通过操纵与小车用钢丝绳连接的卷扬机来张紧皮带。施工过程中,TBM 掘进带动后配套上的移动尾部向前延伸,皮带仓的两滚筒小车相向而行,不断趋近,从而释放皮带仓内存储的皮带。一次存储的皮带可使 TBM 掘进储存长度长一半左右,通过硫化台硫化连接后将另一卷皮带再存入皮带储存仓。

（3）张紧装置

变频自动张紧装置由工业变频控制器、变频电机、减速机、绞车、滑轮组、内部反馈系统、张力传感器和制动系统等组成。输送机运行前,将启动初张力、额定张力和延迟时间等参数输入变频器。启动后,在变频器的控制下,拉紧装置按照设定的数值和程序,自动输出不同工况条件下的拉紧力。正常运行时,经过内、外张力反馈和程序控制,能够像机械重锤那样,动态跟随输送带伸缩和变形,为输送带提供稳定的拉紧力。

（4）连续皮带输送机延伸系统

皮带输送机延伸部位安装在 TBM 后配套上,承接后配套皮带输送机转出的石渣,随 TBM 掘进,跟随后配套一起向前移动。在移动尾部后配套台车上专门设置了连续皮带输送机延伸安装装置和空间,可不断向前延伸安装皮带架和托辊。连续皮带输送机机架用来支撑槽形托辊和平托辊,机架安放在隧道左侧悬挂在洞壁上,随着 TBM 向前推进,在后配套尾部连续皮带输送机延伸作业处延伸安装皮带架和托辊。

10.2.4 皮带硫化工艺

皮带的硫化由专门班组负责，严格按照硫化程序，加快硫化进程，以便尽可能缩短 TBM 停机时间。硫化工艺包括划线、胶带与钢丝绳剥离、铺生胶皮、排列钢丝绳、涂生胶水、覆盖生胶皮、扣压、加热硫化、保温和切边等。根据实践经验，可改进硫化工艺，采用双头硫化，时间控制在 10h 以内。

（1）工艺流程

接头的搭接根据制造商提供的钢丝绳芯输送带接头胶接使用说明的要求的胶接参数进行，钢丝绳黏合强度符合《钢丝绳芯输送带　绳与包覆胶粘合试验　原始状态下和热老化后试验》（GB/T 5755—2021）规定。皮带硫化的工艺流程见图 10-3。

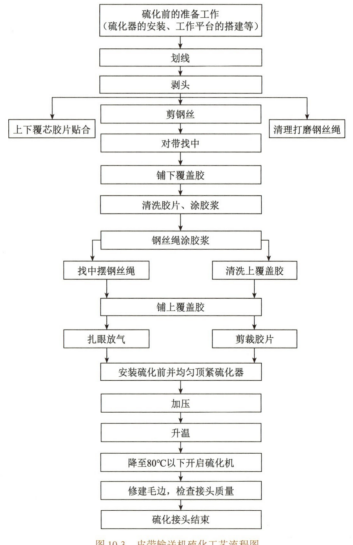

图 10-3　皮带输送机硫化工艺流程图

(2)操作要点

①安放硫化机和接头操作过程中,工作平台、防尘水和硫化机配备的加压泵性能可能存在不稳定、加压不均匀、数据显示不准和手工不好控制等情况。为保持压力的稳定性,可利用防尘水制作可手动控制压力的加压泵,通过减压阀和压力表可以实现随机控制硫化压力。在保温保压阶段,将原来的1.8MPa减为1.6MPa。

②硫化过程中的要注意空气湿度,在钢丝上胶、铺胶的过程中利用碘钨灯加热以加快进度,同时对硫化下板预热70℃左右,使水蒸气尽快蒸发。

③当开剥接头用手工抽拉钢丝绳时,用力方向应与钢丝绳在同一水平面上,用力要均匀,过程中严防钢丝绳扭曲、变形。

④打磨钢丝绳芯时,所用刀具与钢丝绳之间的夹角应尽可能小,以防刀具磨伤钢丝绳。

⑤在接头部分找出中心线,摆列钢丝绳时,硫化机底板加热到70℃,排布钢丝绳时应从中间分别向两边进行,严防摆错,并且要将每根拉直,不准有凹、凸现象,相邻钢丝绳的间距要保持均匀。

⑥按照接头数据,制作接头上层覆盖胶,芯胶,横向加筋,用白棉布垫起钢丝刷胶,对钢丝绳涂抹胶浆2~3遍,每次涂抹晾干后再涂抹下一遍,并注意每次对每根钢丝绳涂抹要均匀,铺胶时扎放气孔排气。

本讲参考文献

[1] 白云.土压平衡盾构隧道施工运输中的最优化方法[J].市政技术,2002(02):36-40.

[2] 王发志,宁洪亮,杨侠.小洞径隧道工程运输方式比选[J].科技信息,2012(10):553.

[3] 孙天志.单线隧道有轨运输——记桃花铺二号隧道施工运输方式[J].石家庄铁路职业技术学院学报,2003(01):27-31.

[4] 张路刚.单线隧道施工运输方式经济比较[J].铁路工程造价管理,2006,21(03):7-9.

[5] 吕鹏,李振华,李冬阳,等.一种防撞行人的隧道施工运输车:210390907U[P].2020-04-24.

[6] 梁奎生,姜宗恒,杨洋,等.砂浆罐车、砂浆罐车辅助转载装置及隧道施工运输方法:109707407A[P].2019-05-03.

[7] 吴惠明,凌宇峰,张轶,等.超大直径盾构法隧道施工运输方法及设备:101705825A[P].2010-05-12.

[8] 王金祥,覃艳明,刘培勇,等.一种隧道施工运输车:202264689U[P]2012-06-06.

[9] 张群健.堡镇隧道有轨运输全幅仰拱桥设计与施工[J].现代隧道技术,2006(03):72-75,80.

第11讲　TBM施工通风

TBM隧道施工通风距离长,对环境卫生要求高,特别是近年来超过10km的隧道越来越多,因此通风成为长大隧道施工中亟须解决的重要问题之一,故需要进行专项施工通风方案设计。合理的通风系统和理想的通风效果是实现长隧道快速施工和保障施工人员身心健康的关键,设计科学、先进、合理的通风系统和配备高效的通风设备是解决长大隧道施工中通风问题的根本。

11.1　隧道施工环境卫生要求

根据《铁路隧道设计规范》(TB 10003—2016)规定,隧道通风方式选择应根据技术经济条件,考虑安全、效果、维修、防灾救援等因素,综合比较确定,并对施工期隧道通风作业环境空气的氧气含量、粉尘浓度、有害气体浓度、温度和噪声等做出了明确规定,应达到以下标准:

(1)空气中氧气含量:体积浓度不得小于20%。

(2)粉尘容许浓度:每立方米空气中含有10%以上的游离二氧化硅的粉尘不得大于2mg。

(3)有害气体最高允许浓度:一氧化碳最高容许浓度为30mg/m³;在特殊情况下,施工人员必须进入工作面时,浓度可为100mg/m³,但工作时间不得超过30min;二氧化碳不得大于0.5%;氮氧化物为5mg/m³以下;二氧化硫最高允许浓度为15mg/m³;硫化氢最高允许浓度为10mg/m³。

(4)隧道施工通风应能提供洞内各项作业所需最小风量,每人应供应新鲜空气3m³/min,采用内燃机械作业时,供风量不宜小于3m³/(min·kW)。

(5)钻爆法施工的隧道,洞内施工通风的风速应满足全断面开挖时不应小于0.15m/s,分部开挖时不应小于0.25m/s;瓦斯隧道的微瓦斯、低瓦斯工区不应小于0.25m/s,高瓦斯工区、瓦斯突出工区最低风速宜适当加大;瓦斯易于积聚处应实施局部通风,消除瓦斯积聚的风速不应小于1m/s。

(6)TBM隧道施工通风,工作面的风量应满足排尘风速要求及TBM机组设备散热、冷却、人员舒适度要求,并不低于掘进机后配套设计风量,设计最低风速不低于0.5m/s。

(7) 隧道内气温不得大于 28℃。
(8) 隧道内噪声不得大于 90dB。

11.2 通风方案

11.2.1 通风方案比选

隧道施工机械通风的基本方式主要有压入式、吸入式、压吸混合式和隔板风道式通风方式等。表 11-1 通过对不同方式通风方案的原理和优缺点进行对比，为新建隧道通风方案的选择提供指导。

通风方案对比　　　　　　　表 11-1

方案		特　点
压入式通风	简图	新鲜空气　风机　　　　　污风　　　　掌子面 初期支护
	原理	在隧道进口处安装风机，随着隧道的开挖不断延伸风筒的长度，将新鲜风流经风筒输送到掘进工作面，污风沿隧道排出。新风流出风筒形成的射流属末端封闭的有限贴壁射流
	优点	风管采用柔性风筒，安装运输方便；工作面通风排烟、除尘速度快；风机布置于洞外，降低工作面以及洞内的噪声污染；较少施工干扰，有利于管理和维护；工作面漏风少，使用广泛
	缺点	隧道距离长，要求通风机功率范围大；污浊空气经隧道排出，洞内通风效果稍差，对整个隧道有一个从污染到清除的过程
吸入式通风	简图	风机　污风　新鲜空气　　　　　　掌子面 初期支护
	原理	将风机设置在工作面附近，将工作面处的污浊空气、岩石粉尘等抽排到洞外，洞外的新鲜空气经隧道补充到工作面
	优点	通风效果较好
	缺点	通风排烟、除尘速度慢；风管为刚性或柔性带刚度钢管，运输困难、造价高、故障率高；若风机布置于洞内，移动和风管的延伸频繁，施工干扰大、噪声大。实际使用较少

续上表

方案		特点
压吸混合式通风	简图	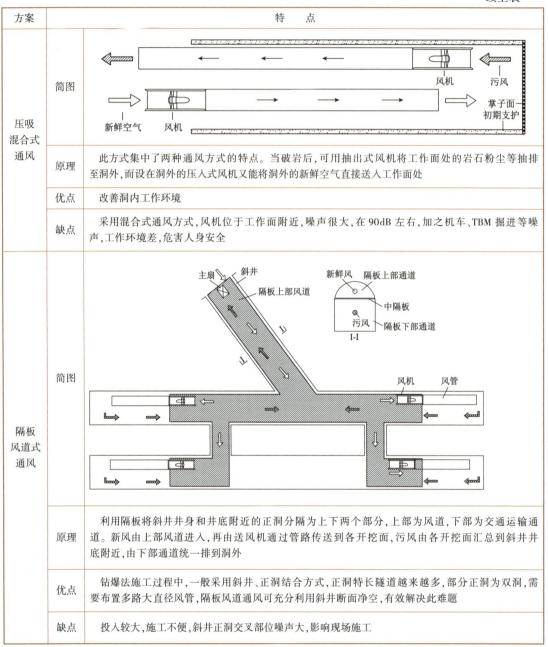
	原理	此方式集中了两种通风方式的特点。当破岩后,可用抽出式风机将工作面处的岩石粉尘等抽排至洞外,而设在洞外的压入式风机又能将洞外的新鲜空气直接送入工作面处
	优点	改善洞内工作环境
	缺点	采用混合式通风方式,风机位于工作面附近,噪声很大,在 90dB 左右,加之机车、TBM 掘进等噪声,工作环境差,危害人身安全
隔板风道式通风	简图	
	原理	利用隔板将斜井井身和井底附近的正洞分隔为上下两个部分,上部为风道,下部为交通运输通道。新风由上部风道进入,再由送风机通过管路传送到各开挖面,污风由各开挖面汇总到斜井井底附近,由下部通道统一排到洞外
	优点	钻爆法施工过程中,一般采用斜井、正洞结合方式,正洞特长隧道越来越多,部分正洞为双洞,需要布置多路大直径风管,隔板风道通风可充分利用斜井断面净空,有效解决此难题
	缺点	投入较大,施工不便,斜井正洞交叉部位噪声大,影响现场施工

11.2.2 TBM 法与钻爆法通风比较

　　TBM 作为目前国际上最先进的隧道施工机械之一,它集机、电、液和光一体化作业的特点为通风方式提出了新的要求。表 11-2 对 TBM 法和钻爆法通风方式进行详细比较,可得出 TBM 法通风系统维护检修成本虽然较低,但是需要满足快速掘进延伸要求和除尘降温需风要求。

TBM 法与钻爆法通风比较　　　　　表 11-2

对比	TBM 法	钻爆法
施工特点	(1) 隧道掘进机设备配置复杂,机电、液压和电气等精密高科技设备多; (2) 作业人员主要集中在主梁区和喷射混凝土区的作业平台上; (3) 掘进连续快速; (4) 作业产生的粉尘多,热量多	(1) 开挖、支护主要采用人工与设备配合方式; (2) 施工主要采用自制台车,钻爆过程中安全隐患较大,包括生命和财产安全; (3) 对围岩的扰动破坏较大,非人为造成的超挖量较大; (4) 爆破后需要排烟,同时,炸药爆炸产生大量 CO_2、水和氮氧化物以及少量 CO、K_2CO_3、K_2SO_4 和 K_2S_2 等有害气体
通风特征	(1) 机电、液压和精密高科技设备多,对作业环境的要求高; (2) 作业产生的粉尘多,热量多,必须采取除尘降温措施; (3) 非爆破作业,不存在对风管的破坏问题,风管维护相对容易; (4) 设备人员集中,通风除尘重点突出; (5) 掘进连续快速,通风管路需要快速跟进	(1) 钻爆法通风风筒需要距离掌子面 30m 距离,防止爆破时砸坏风筒; (2) 风筒需要经常检查,检查风筒固定是否牢固,同时进行维修以降低漏风率

11.2.3 TBM 法通风方案

TBM 施工通风分为两次通风:一次通风是通风机安装于自然风流中,通过管路(巷道)把自然空气向 TBM 尾部输送的过程,为压入式通风;二次通风是通风机安装于掘进机尾部(一次通风出风口)处,通过管路向掘进面和设备进行供风的过程,为吸入式通风。整体为长送短排的混合通风方式。主通风系统风机位于隧道洞口外 30m,不会对洞内造成通风污染,风管采用柔性材料。随着柔性通风管材料和制造工艺的不断改进,风管的直径、每节风管的长度不断增加,风管接头更加严密,虽有漏风,但漏风为新风,进入隧道后,将对污浊空气起到再次稀释作用。图 11-1 为 TBM 施工混合式通风方案。

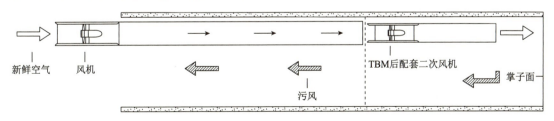

图 11-1　TBM 施工混合式通风方案示意图

11.3 通风方案计算与设计

隧道通风方案计算首先需要确定计算参数,其次要计算出通风量、风压以及风机功率,其取值是设备选型的依据。本节通过通风计算,对特定环境下的数据进行参数化,为施工风机选型提供理论依据。

11.3.1 通风计算参数

通风计算参数主要包括 TBM 正洞工作最多人数、TBM 掘进长度、风筒每百米漏风率和机械设备功率等,见表 11-3。

通 风 计 算 参 数　　　　表 11-3

序号	项目		单位	参数	备注
1	TBM 正洞工作最多人数		人	60	工班长 1 人,TBM 司机 2 人,锚杆支护组 6 人,混凝土喷射组 5 人,轨道铺设组 5 人,皮带架延伸工 1 人,风水电工 1 人,焊工 1 人,维修班组 10 人,普工 15 人,其他人员 13 人
2	TBM 正洞开挖面积		m²	16~131	开挖直径 4.5~12.9m
3	TBM 掘进长度		km	10~25	按照长距离 TBM 考虑
4	风筒每百米漏风率		%	0.3	TBM 施工经验
5	风管摩擦阻力系数		—	0.014	常用技术文件
6	机械设备功率	有轨机车	kW	465	单台 155kW,共计 3 台
7		皮带输送机	kV·A	1000	现场数据
8		TBM	kV·A	5000	平均值
9	空气密度		kg/m³	1.29	标准大气压
10	TBM 隧道最低风速		m/s	0.5	《铁路隧道设计规范》(TB 10003—2016)规定风速不小于 0.5m/s,取值 0.5m/s

11.3.2 通风量计算

1)计算依据和步骤

施工通风所需风量按洞内同时最多作业人数、洞内允许最小风速、内燃机械设备总功率以及 TBM 和皮带输送机散热需风量分别计算,取其中最大值作为控制风量。表 11-4 详细阐述了通风量计算参数的选取依据和步骤。

通 风 量 计 算　　　　　　　　　　　　　　表 11-4

序号	项　目	单位	参数	计算公式	备　注
1	工作人员需风量	m³/s	3.3	$Q_1 = V_0 \cdot M \cdot k / 60$	V_0:单人需风量3m³/(人·min);M = 60 人;k = 1.1
2	燃油机械需风量	m³/s	15.49	$Q_2 = V_1 \cdot k_1 \cdot k_2 \times N / 60$	k_1:内燃机利用率系数,0.7;k_2:内燃机出功率,0.7;N:洞内施工内燃机功率之和,考虑洞内最多3台内燃机车(单台155kW,3台465kW),每千瓦需新鲜空气4.08m³/min
3	洞内允许最小风速	m³/s	8~66	$Q_3 = S \cdot V_2$	S:隧道最大开挖面积16~131m²;V_2 = 0.5m/s
4	TBM、皮带输送机散热需风量	m³/s	15	$Q_4 = P \cdot V_3$	通常按设备总装机功率每1000kVA需要2.5m³/s风量计算
5	控制风量	m³/s	15.49	Q_5	4.5m≤D<6.3m(D为洞径,燃油机械需风量15.49m³/s洞径6.3m隧道)
			15.49~66	$Q_6 = \pi(D/2)^2 \cdot V_2$	6.3m≤D≤12.9m,主要与洞内允许最小风速有关
6	风机供风量	m³/s	21~33	$Q = Q_5/(1-P)^{(L/100)}$	4.5m≤D<6.3m;P:风筒每百米漏风率0.3%;L:施工长度10~25km
			21~140	$Q = Q_6/(1-P)^{(L/100)}$ $= \pi(D/2)^2 \cdot V_2/(1-P)^{(L/100)}$	6.3m≤D≤12.9m;P:风筒每百米漏风率0.3%;L:施工长度10~25km

注:因每个隧道通风设计都有区别,表中叙述的主要工况:标准大气压下,工作人员60人,燃油机械465kW,洞内允许最小风速0.5m/s,TBM和皮带输送机总装机功率1000kV·A,百米漏风率0.3%。

2)计算结论

(1)当4.5m≤洞径<6.3m时,风机控制风量为燃油机械需风量,与洞径无关,为固定值。风机供风量主要与施工长度呈函数关系,见图11-2a)。

(2)当6.3m≤洞径≤12.9m时,风机控制风量与隧道最低风速和洞径有关。风机供风量与洞径和施工长度呈函数关系,见图11-2b)。

3)结论可视化

MATLAB软件主要面对科学计算、可视化以及交互式程序设计的高科技计算环境,其将数值分析、矩阵计算、科学数据可视化以及非线性动态系统的建模和仿真等诸多强大功能集成在一个易于使用的视窗环境中,为科学研究、工程设计以及必须进行有效数值计算的众多科学领域提供了一种全面的解决方案。MATLAB为三大数学软件之一,可进行行矩阵运算、绘制函数和数据、实现算法、创建用户界面。

通过通风量计算和结论,利用MATLAB将风机供风量函数可视化,通过洞室直径和施工长度可以得出风机供风量,为选型提供理论指导。当 4.5m≤洞径<6.3m 时,采用图 11-2a)确定风机供风量;当 6.3m≤洞径≤12.9m 时,采用图 11-2b)确定风机供风量。

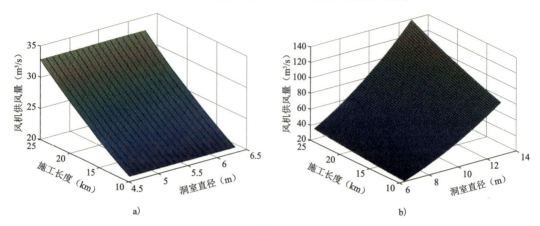

图 11-2 风机供风量

11.3.3 风压计算

本节风压计算以风筒直径 2.2m 和 3.0m 计算为例,风压计算见表 11-5,由表可知,在风筒和风机选取过程中应充分考虑风压,切勿盲目选取。风筒直径 2.2m 和 3.0m 风压汇总分别见表 11-6 和表 11-7,其他风筒直径可按照表中数据插值法取值。

风压计算 表 11-5

序号	项目	单位	计算公式	备注
1	动风压	Pa	$p_{动} = \dfrac{1}{2} \cdot \rho \cdot v^2$	v:风管内风速(m/s);ρ:空气密度(kg/m³),取 1.29kg/m³
2	静风压	Pa	$p_{静} = \dfrac{1}{2} \cdot \rho \cdot v^2 \cdot \dfrac{L}{D_1} \cdot \lambda$	v:风管内风速(m/s);ρ:空气密度(kg/m³),取 1.29kg/m³;L:风管长度 10~25km;D_1:风管直径(m),选取 2.2 和 3.0m;λ:摩擦阻力系数,0.0014
3	风压损失	Pa	$p_w = \xi \cdot p_{动}$	ξ 取 0.2
4	全压计算	Pa	$p = p_{静} + p_{动} + p_w$	

风筒直径 2.2m 风压汇总(单位:Pa) 表 11-6

洞长(km)	洞径(m)						
	6.3	7	8	9	10	11	12	12.9
10	2155	3285	5604	8977	13682	20031	28370	37887
15	4069	6202	10580	16947	25830	37818	53561	71529
20	6841	10427	17788	28494	43429	63584	90054	120264
25	10804	16466	28091	44996	68581	100409	142209	189916

风筒直径 3.0m 风压汇总(单位:Pa)　　　　　　　　　　　表 11-7

洞长(km)	洞径(m)							
	6.3	7	8	9	10	11	12	12.9
10	615	937	1599	2561	3904	5715	8095	10810
15	1161	1769	3019	4835	7370	10790	15282	20409
20	1952	2975	5075	8130	12391	18142	25694	34314
25	3082	4698	8015	12838	19568	28649	40575	54187

11.3.4　功率计算

根据相关规范要求,取设计保证率 $K=1.05$,电机功率因数 $\eta=0.8$。通风机功率 $W=QPK/\eta$。通过比较,洞长和洞径不变时,风筒直径越大,所需功率越小,但会影响隧道交通。故在选取风筒和风机时,应根据隧道长度、直径、交通运输、风筒断面和通风机功率比对后选取最优值。风筒直径 2.2m 和 3.0m 功率汇总分别见表 11-8、表 11-9,其他风筒直径对应通风机功率可按照表 11-8 和表 11-9 采用插值法取值。

风筒直径 2.2m 功率汇总(单位:kW)　　　　　　　　　　表 11-8

洞长(km)	洞径(m)							
	6.3	7	8	9	10	11	12	12.9
10	60	112	250	506	952	1686	2842	4386
15	112	211	471	955	1797	3183	5366	8281
20	189	355	792	1606	3021	5352	9022	13923
25	298	561	1251	2536	4771	8452	14247	21987

风筒直径 3.0m 功率汇总(单位:kW)　　　　　　　　　　表 11-9

洞长(km)	洞径(m)							
	6.3	7	8	9	10	11	12	12.9
10	17	32	71	144	272	481	811	1252
15	32	60	134	272	513	908	1531	2363
20	54	101	226	458	862	1527	2574	3973
25	85	160	357	723	1361	2412	4065	6273

11.4　通风设备选择

11.4.1　风机选择原则

(1)风机应能满足最大送风距离的供风需要。
(2)风机工作点不能处在喘振区(喘振:叶片式压缩机在流量减少到一定程度时所发生的

一种非正常工况下的振动),应在合理的工作范围内并尽可能靠近最高效率点。

(3)选择低噪、高效节能风机。

(4)瓦斯隧道应选择防爆型风机。

(5)机壳内焊接导流板,调整空气输送方向,减少涡流、旋转、抖动等不利于远距离送风的空气运行因素。转鼓是铸钢材质,动平衡误差不得超过1.5g,且允许风机超高速运行60~70Hz而不发生安全事故或故障。

(6)叶片为铸铝,可调角度。叶片与机壳之间的最大允许间隙不超过1.5mm。

(7)允许抖动最大幅度符合《机械振动 转子平衡 第11部分:刚性转子的程序和公差》(ISO 21940—11:2016)标准。

(8)风机防锈保护烤漆采用多层环氧树脂漆+聚氨酯漆,确保在恶劣环境中防腐蚀、防紫外线、耐高温、耐严寒。

(9)TBM法施工通风距离变化速度较快,为此通风系统应采用变频通风机。

11.4.2 风筒选择原则

隧道施工通风中常用的风管有软风管、硬风管和伸缩性风管。目前TBM隧道施工通风中应用最多的是拉链软风管。在选取风筒时需要满足以下要求:

(1)风管布的阻燃性能满足《建筑产品和部件燃烧性能的分类 第一部分:根据燃烧试验反应的试验数据进行分类》(EN 13501-1)标准,阻燃指标测试燃烧温度达到2700°C以上(不得使用焰心温度仅1000°C的酒精喷灯)。

(2)所有的接缝100%热合焊接,包括拉链安装、拉链接头必须设有内外密封保护衬,防止漏风,并有单独的挂钩设计。

(3)风管布具备止裂筋,如遇损伤,可防止损伤部位进一步扩大。

(4)为了减小风阻,隧道内所有的转弯、分岔以及洞口风机相连接的风管不得使用螺旋钢丝的负压风管。

11.5 运行维护

为保证通风系统良好地运行,要对通风系统进行实时监控,并安排人员进行现场巡视。及时对相关数据进行测定收集整理,方便在通风系统运行时减少损耗,延长寿命和节约用电,以达到健康的运行状态。运行维护主要包括通风系统监测、风机用电统计、风筒布置及延伸、风筒修补技术和通风智能化管控系统等。

11.5.1 通风系统监测

通风系统监测包括数据收集、处理、通风机功率调整等内容,具体见表11-10。

通风系统监测统计 表 11-10

序号	步骤	监测要点
1	数据收集	风机进口处风速、风压测定,风筒出口处风速、风压测定,风机功率及耗电量确定;将上述数据收集后填入通风系统数据收集表中
2	数据处理	数据收集后主要用于通风机功率调整、漏风率及电机功率效率因数测定、通风机功率-供风长度函数拟合以及通风机用电统计
3	通风机功率调整	对比实测出风口风速与理论出风口风速,结合实测通风机功率,调整通风机的功率。具体如下:在初期数据不足,未能形成大数据库及拟合出功率-通风长度函数前,只能使用试验法调整风机功率;调整原则为在满足施工用风要求的前提下,使用相对较小的功率,降低成本。若在数据库及功率-通风长度函数拟合完成后,可直接根据函数查询实际调整功率
4	实际漏风率计算	风筒的漏风率对通风系统效率影响极大,故保证风筒的漏风率在合理的范围内意义重大。根据实测进风口风速和实测出风口风速,反算百米漏风率,若与设计百米漏风率出入较大,则应对风筒进行检查,寻找大的漏风点
5	通风机实际功率效率因数计算	通过出口处实测风压及实测风速测定,计算实际做功功率,再结合风机的输出功率,计算实际的效率因数,监视风机运行状况
6	绘制功率-通风长度函数	根据每周测定的数据,绘制拟合功率-通风长度函数,并根据实际数据验证、调整函数,简化通风机功率调整等工作

11.5.2 风机用电统计

为风机安装独立电表,统计记录风机实际耗电量,方便进行成本核算。

11.5.3 风筒布置及延伸

TBM 掘进速度快,传统的钻爆法进行风筒延伸的方法已不能满足 TBM 法施工生产的要求。TBM 风筒连续延伸主要包括风筒节延伸和风筒节节内延伸。

(1) 风筒节延伸

风筒每节为 300~600m,根据 TBM 掘进长度提前布置风筒节延伸事宜。施工时风筒置于风筒储存仓内,在每节风筒快使用完时,安排人员将新一节风筒折叠装进备用风筒储存仓,并及时更换设备上风筒储存仓,每节风筒之间使用拉链连接。

(2) 风筒节节内延伸

在施工班组中专门安排 1 人进行风筒节节内延伸。通过打设在拱顶的风筒挂钩以及挂钩内的钢丝绳固定风筒。具体操作为风筒延伸人员从 TBM 末端开始打设风筒挂钩,并将钢丝绳与风筒相连,使风筒随着 TBM 掘进自动延伸。

11.5.4 风筒修补技术

风筒破损后应及时进行修复,破损严重不能修复时要及时更换。风筒修补步骤如下:
(1) 检查破孔大小,修补套覆盖的外缘至少要超过破孔处 0.5m。

(2)将即将被修补套覆盖处的风管挂钩从钢丝绳上取下。

(3)用修补套把风管的相应部位包起来,确认破孔被覆盖,且保持拉链至少离开破孔0.5m。

(4)在正对着悬挂钢丝绳的修补套部位确定风管挂钩位置用小刀切口,使得挂钩能够穿过修补套。

(5)把挂钩从切口处拉出来,重新挂到悬挂钢丝绳上。

(6)把拉链拉上,修补完成。

11.5.5　通风智能化管控系统

通风智能化管控系统,其模块主要包含空气环境监测、精准测风和风机变频调节。通过此系统可提高隧道通风的安全性、可靠性和风量调控的精准性,降低通风能耗,减少通风管理人员工作量。

(1)空气环境监测系统

采用空气监测仪对隧道空气监测,监测仪采用高灵敏度电化学传感器原理,可连续监测出隧道中的 SO_2、NO_2、CO、H_2S、NH_3 等气体,全面显示需要的测量数据,测量数据需及时反馈到环境监测系统。

(2)精准测风系统

此系统改变了以点带面的测风方式,以大距离超声测风技术测量隧道中线风速来代表整个隧道的平均风速,极大地提高了隧道风速测量的准确性和实时性。超声波风速仪采用时差超声测速原理,利用声波在流体中顺流、逆流传播相同距离时存在时间差,而传播时间的差异与被测流体的流动速度有关,由此测出时间的差异而得出流体的流速。风速仪包括超声波传感器、控制器、分线装置、声光报警器和 LED 显示屏等。其中具体风速由传感器通过 2 个超声波探头对风速进行信号采集,再经过主控板分析处理及计算得出。

精准测风系统解决了以下问题:井下不同测风站或测风点的测风不同时问题,规避了系统风量不收敛问题;规避了不同测风人员由于测风技术水平而造成的测量误差问题。

(3)风机变频调节系统

风机调速系统是在空气监测系统和精准测风系统数据汇总的基础上而执行的操作,原理是采用调节风机工作频率的方式来改变风机的供风量,主要特点是在调节时不需要暂停风机工作,即在变频风机运行的状态下通过改变风机工作频率来控制其转速,进而改变风量,实现无级调频,使得通风系统中的风量可连续调节,使得风量满足实际要求。

11.6　一洞双机 TBM 隧道通风案例

因独头掘进压入式通风的案例很多,读者可参考相关文献,本节主要介绍某工程一洞双机 TBM 法施工通风技术。

11.6.1 工程概况

主洞位于地下200m,由斜井入主洞交叉洞,TBM从交叉洞向两端掘进。掘进时两台TBM的所有物料及配套设施均有斜井供应,坡度为12.9%,长度为1.8km。主洞直径7.0m,上下游长度分别为17km和12km。

11.6.2 通风方式

通风方式为压吸混合式通风,即洞外至TBM尾端为压入式通风,TBM尾端至TBM主机区为吸入式通风。

11.6.3 通风管布置

为保证上下游两台TBM设备通风系统互不干扰,从斜井洞口布置2套独立的通风系统,风筒直径2.2m。斜井和主洞转弯处包含了直角转弯,风管单节长度300m,采用拉链连接。斜井和主洞风筒布置分别见图11-3和图11-4。主洞TBM段风筒及主洞交叉风筒布置见图11-5。

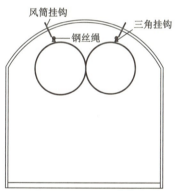
图11-3 斜井风筒布置示意图

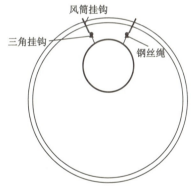
图11-4 主洞风筒布置示意图

a)

b)

图11-5 主洞TBM段风筒、主洞交叉洞风筒布置

11.6.4　通风风机选择

风机选择 2 台多级风机。根据计算,出口风量 $48.3 m^3/s$,风压 5514Pa,选择符合要求的风机。

11.6.5　通风效果

本工程在深埋长距离 TBM 法掘进施工时舍弃了传统的竖井通风,采用了以大功率变频通风机为基础的通风系统,配合完整的通风监测系统,二次风机增压系统,通风维护系统以及应急发电系统,并根据洞室开挖尺寸选择最大直径的风筒,通过数据收集整理,为类似的深埋长距离 TBM 法掘进施工通风系统积累经验。

本讲参考文献

[1] 朱齐平,郭京波,赖涤泉.辽宁大伙房输水隧洞 TBM1 段通风技术研究[J].石家庄铁道学院学报,2004(04):13-16,56.
[2] 朱齐平,刘进志,赖涤泉.特长隧洞 TBM 施工通风系统设计[J].现代隧道技术,2007(03):50-53.
[3] 沈熙智,苏利军,付卫新,等.引大济湟引水长隧洞 TBM 施工通风研究[J].人民长江,2008(03):19-21.
[4] 李宏亮.中天山特长隧道 TBM 施工通风技术[J].铁道建筑技术,2009(11):8-10,17.
[5] 刘洪碧.煤矿斜井 TBM 施工通风系统设计方案[J].铁道建筑技术,2014(S1):126-129,154.

第12讲　TBM施工供电与通信

12.1　TBM施工供电

TBM施工用电量大,用电设备多,高压进洞供电距离长,供电系统复杂,安全性要求高。因此,施工供电技术也是需要重点考虑的问题之一,故TBM施工供电需要有专项供电设计方案。

12.1.1　供电系统设计

由建设单位提供或利用既有10-35kV电源,引入施工现场专用变电站。TBM项目施工中,供电主要分为两部分,一部分为地面供电,另一部分为TBM隧道供电。地面供电采用TN-S系统供电,主要包括洞外施工用电、生活用电、通风用电、排水用电等。TBM隧道供电主要包括TBM用电、隧道照明用电、隧道内排水用电等。为满足施工生产需要,地面配备一套应急发电设备,在供电系统停电的情况下,保障TBM施工通风、排水供电、照明供电。一套应急发电设备包括两路高压电和一路备用高压发电,供电系统设计如图12-1所示。

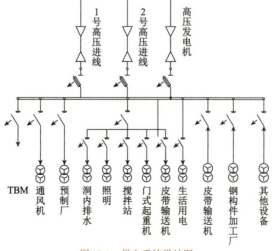

图12-1　供电系统设计图

12.1.2　施工安全用电管理

1）用电原则

(1)施工现场临时用电必须统一进行设计,有统一的临时用电施工方案,确保一个取电电源,一个临时用电施工、安装、维修及管理队伍,严禁私拉乱接线路,多头取电。

(2)配备和使用经过安全用电基本知识培训、了解所有设备性能、具有上岗资格的电气技术人员,建立完整的临时用电安全技术资料,建立定期检查制度,做好电气设备日常维护、电阻测试、电工维修记录。

(3)施工现场所有用电设备,除作保护接零外,必须在设备负荷侧的首端设置漏电保护装置,同时要求开关箱中必须设置漏电保护器。

(4)配电系统应设置总配电箱、分配电箱和开关箱。按照总配电箱—分配电箱—开关箱的送电顺序,形成完整的三级用电系统,便于现场用电管理和电气故障处理。总配电箱设在靠近电源侧,分配电箱应装设在用电设备或负荷相对集中的区域。配电箱及开关箱应装设在干燥、通风及常温的场所,远离易受外来固体物撞击、强烈震动的场所,或做好安全防护,配电箱应设有门、锁、防雨及防尘措施。

(5)配电箱和开关箱必须用铁板或者优质绝缘材料制作,并且装设端正、牢固,下底与地面垂直距离 $1.3m<h<1.5m$。移动配电箱和开关箱应装设在坚固的支架上,下底与地面垂直距离 $0.6m<h<1.5m$。

(6)每台用电设备必须设置各自专用的开关箱,开关箱内设置专用的隔离开关和漏电保护器,不得同一个开关箱、同一个开关直接控制2台以上用电设备,即"一机、一箱、一闸、一漏"4个装设原则。同时,开关额定值与控制用电的额定值要相匹配,开关箱内不得放置任何杂物,进出线口必须设在箱体下底部。

2）用电安全隐患

(1)施工现场环境复杂,如风吹日晒、尘土飞扬和季节性阴雨潮湿,使工地用电设备绝缘性能降低。同时施工人员多为非专业电气人员,用电安全知识缺乏,有时甚至不遵守安全规程,违章作业,如施工环境温度高,人体多汗绝缘阻抗下降,凡此种种均易导致电气故障及触电事故。

(2)洞内工作面多,空间较小,洞内空气潮湿,用电设备较多,供电电压等级较高,线路较多,客观上存在安全用电隐患。

(3)现场作业人员安全意识差极易引起触电事故。

3）用电安全措施

(1)严格执行《施工现场临时用电安全技术规范》(JGJ 46—2005)相关规定,根据临时用电负荷计算,按尽可能遵循靠近负荷中心且不引起电网过载的原则,在公用低压配电适当点设置临时变压器或专用总配电箱。电器类型及导线选择,既要满足供电要求,又能保护可靠动作。

(2)接地连接。对施工现场用电设备(如电焊机、门式起重机、塔式起重机等)金属外壳或金属构件做可靠接地连接,可减小电气火灾及触电事故发生。

(3)施工临时线路架设严格按照规范要求使用支架或墙上架设,同时满足架设安全距离,对地面电缆线路采用穿管埋设,以避免冲击或碾压。

(4)施工现场各级配电箱总开关必须选用能同时断开相线和中性线的四极开关,单相回路采用两极开关。现场电气设备和线路必须在各级漏电保护器保护之下,开关与保护电器的选择应预留一定容量,以满足新增负荷需求。

(5)加强施工用电设备及线路日常维护、检查。施工现场用电设备及供电线路的安装与使用变化频繁,用电期间应由专业电工负责,做好经常性维护和定期检查,并做好详细记录,对不合格项及时进行整改验收。其主要检查项目如下:

①线路是否满足安全距离要求。
②设备及线路绝缘与接地是否良好。
③熔体额定值与断路器整定值是否准确。
④级间保护是否匹配,各级漏电保护器是否有效动作。
⑤设备避雷器是否良好等。

(6)加强现场电气作业人员理论知识及安全知识培训,不断提高现场电气作业人员业务能力及安全意识,以保证电气作业安全。

12.1.3　用电负荷计算

用电设备主要为 TBM、通风机、洞内排水、照明、搅拌站、预制厂、钢构件加工厂、皮带输送机、门式起重机、生活用电和其他设备。各种设备用电负荷计算如下:

1)TBM 用电

TBM 用电设备多,同时用电负荷量大,供电距离远,采用 10-35kV 高压进洞,经 TBM 自带变压器供电。TBM 主要用电设备见表 12-1。

TBM 用电设备　　　　　　　　　表 12-1

设备类型	功率(kW)	设备类型	功率(kW)
刀盘驱动系统	3200	先导系统	15
主推液压缸系统	120	1 号皮带输送机系统	45
辅推液压缸系统	120	液压油过滤	30
管片安装机液压系统	45	主驱动润滑系统	15
油脂集中润滑系统	30	同步注浆系统	30
砂浆搅拌	30	通风、除尘系统	145
二次通风	90	后配套排污泵	90
盾体排污泵	30	2 号皮带输送机	90
豆砾石喷射系统	30	管片吊机	45
空气压缩机	225	豆砾石吊机	45
回填注浆系统及搅拌	30	刀盘除尘、工业用水	15
超前钻机	45	内循环冷却系统	30
合计			P_1

注:本表以某项目用电设备进行统计,具体要根据 TBM 实际工况选取。

由上表可得:用电总功率 P_1,取功率因数 $\cos\phi = 0.8$。
视在功率 $S_1 = P/\cos\phi = Q/0.8(\mathrm{kW})$。
因此,TBM 用电容量需满足 $Q/0.8(\mathrm{kW})$。
2)隧道用电
隧道用电包括排水、照明以及通风等。
(1)排水
排水系统常规排水泵及应急排水泵组成,总功率为 P_2,排水用电容量需满足最大同时用电负荷。
取功率因数 $\cos\phi = 0.8$,需要系数 $K = 0.85$。
$S_{排水} = P_2 \times 0.85/0.8$。
(2)照明
斜井照明选用功率为 P_3 防爆荧光灯,共需 n 个。
$P = P_3 \times n$,取功率因数 $\cos\phi = 0.9$。
$S_{照明} = P_3 \times n/0.9$。
(3)通风
在始发井口安装隧道通风机对隧道进行通风,总功率为 P_4。
取功率因数 $\cos\phi = 0.8$,需要系数 $K = 0.9$。
$S_{通风} = P_4 \times 0.9/0.8$。
(4)皮带输送机
在始发井口安装隧道和交叉口安装皮带输送机,总功率为 P_5。
取功率因数 $\cos\phi = 0.8$,需要系数 $K = 0.9$。
$S_{皮带输送机} = P_5 \times 0.9/0.8$。
(5)用电总计
$S_2 = S_{排水} + S_{照明} + S_{通风} + S_{皮带输送机} = P_2 \times 0.85/0.8 + P_3 \times n/0.9 + P_4 \times 0.9/0.8 + P_5 \times 0.9/0.8$。
因此,隧道施工用排水、照明、通风总用电容量需满足 S。为应对突发停电事故对隧道施工排水、照明、通风产生的影响,在施工现场应配备大功率发电机且容量不小于 $S_{应急}$。

$S_{应急} = S_{排水} + S_{照明} + S_{通风} = P_2 \times 0.85/0.8 + P_3 \times n/0.9 + P_4 \times 0.9/0.8$。
3)地面施工设备用电
地面用电包括门式起重机、搅拌站、钢构件加工厂、预制厂等施工、充电间等施工用电和办公生活用电见表12-2。

地面用电负荷　　　　　　　表12-2

设备类型	功率(kW)	设备类型	功率(kW)
门式起重机	120	搅拌站	45
钢构件加工厂	150	预制厂	50
修刀车间	45	充电间	30
办公生活区	300	其他	200
合计			P_6

取功率因数 $\cos\phi = 0.8$，用电同时系数 $K = 0.9$。

$S_3 = P_6 \times 0.9/0.8$。

4）用电合计

用电负荷总量见表 12-3。

用电负荷总量 表 12-3

名　称	负荷(kV·A)
TBM	S_1
隧道用电	S_2
地面施工设备用电	S_3
合计	$S = S_1 + S_2 + S_3$

综上，TBM 施工总用电量为 S。

12.1.4　变电站及变压器选型

根据总用电 S、TBM 用电 S_1、隧道用电 S_2、地面施工设备用电 S_3 以及应急用电 $S_{应急}$ 负荷计算，合理地选择变电站变压器、现场变压器以及应急发电机的型号及数量配置。

12.1.5　发电机并机供电

对于电网不稳定或缺电地区，或电力系统供电质量不满足设备正常掘进要求时，可采用两台或两台以上机组柴油发电机组组成的高压发电系统进行供电，以满足正常施工要求。并机供电系统的优点如下：

（1）两台或两台以上发电机并机后相当一台大功率的发电机向负载供电，能平衡各路负载，峰谷互补，可根据负载的大小而决定开几台发电机（机组在额定负载 75% 的工况下耗油率最低），从而达到节省柴油降低发电机成本的目的。

（2）可实现不间断电源，发电机组间运行交换，保障 TBM 施工的正常生产，机组转换使用时，可将备用机组并入运行系统，之后将负载全部转到已运行的备用机组上，再停止原运行机组，中途完全无须停电。

（3）两台或两台以上机组并联运行，在负载突然增加时，电流冲击由两台或两台以上机组平均分担，各单机间负荷互助、互补，抗冲击性能强，使每台机受力减少，在负载冲击较大情况下，能承受比单机运行更大的冲击，同时电压及频率稳定，可延长机组的工作寿命。

12.1.6　临时施工用电

临时施工用电总体思路是以现场现有条件为基础，结合工程施工点的具体情况，采用电网供电与自发电相结合的方式。各施工区域内临时用电条件便利，各工点施工用电和生活用电采用接入市政电力系统的方式，主体工程施工用电进场后向业主及供电部门办理变压器报装等有关用电手续,并尽快实施完成。工程所在地区无地方用电线路,则采用自发电解决前期施工、生活用电情况,待用电专线贯通后为 TBM 主机供电。此外根据施工要求考虑自发电以备应急使用。

12.2 TBM 施工通信

TBM 施工通信的目的是传递消息,但需解决隧道内场强覆盖问题,以达到系统稳定可靠、日常维护量小,且要求系统工程造价低。良好、完善的井下通信体系的建立对 TBM 作业的安全性和稳定性均具有关键作用,一旦出现特殊地质灾害时,借助通信便能将信息传输给相关作业人员,为他们的撤离争取大量时间尽快处理,降低损失;遇人员受伤等紧急事件时,通信可帮助管理层做出正确的决策,减免对事故的错误估计,使得救援工作得以顺利进行,降低了事故伤亡成本。

TBM 施工通信等分为有线、无线和 5G 通信。

12.2.1 有线通信

有线通信是利用线型、管型材料作为信道传输媒质或媒质界面进行通信的方式,即以导行波作为信号能量主要传输模式的通信方式,能传输声音、文字、数据和图像等。与无线通信相比,其传输质量高,保密性较好,信号不易受干扰或被截获,但受传输线路限制,机动性差。

12.2.2 无线通信

无线通信系统指的是通过无线协议实现通信的一种方式。无线通信是利用电波信号可在自由空间中传播的特性进行信息交换的一种通信方式。在移动中实现的无线通信又统称为移动通信,人们把二者合称为无线移动通信。简单来说,无线通信是仅利用电磁波而不通过线缆进行的通信方式。

无线通信组网方式解决隧道无线通信问题必须符合国家无线电频谱管理规划及当地无线电管理部门允许的频率使用范围,且应结合本通信网的用途及规模来进行组网设计。以下是几种无线通信组网方式:

(1)单基站、中继器、泄漏电缆方式。该方式电波传播系统由泄漏电缆、多信道中继器、分路器、合路器等组成。在隧道口设集群基站、监测总机,基站信号通过吊挂在隧道壁泄漏电缆传送到隧道内,每隔 1.5km 左右设一个中继器对信号进行放大。该方式在铁路无线列调中应用最广泛。优点是通信质量稳定、场强分布均匀。缺点是系统、设备构成复杂,施工难度大,抗灾能力差,使用、维护不方便,系统组成如图 12-2 所示。

集群基站设置于管理所一侧的隧道口,集群基站采用 450MHz 模拟信号,4 个信道分别供隧道调度、维修、防灾、救援等情况使用。集群基站由分路器将信号分成 3 路:1 路接全向(或定向)天线,覆盖管理所一侧的服务范围;2 路分别送至上、下行隧道的泄漏电缆,多信道中继器设置于连通隧道壁洞中,每 1.5km 增设一个多信道中继器。洞末中继器直接反馈给定向(或全向)天线,覆盖隧道另一侧的服务区。

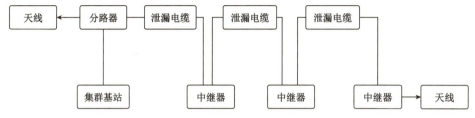

图 12-2　单基站中继器漏泄电缆方式示意图

(2)单基站、光缆、光中继器方式。该方式电波传播系统由光近端机、光中继器、分路器等组成。该方式是利用光传输系统宽频带利于射频传输的特性,通过光中继器将信号延伸到远处的弱场强区,增大基站信号的覆盖范围,是目前最为先进的解决弱场强的方案。该方案通过光传输系统传输基站信号,提高了被传输的基站信号质量,可大大延伸基站信号的距离。系统解决方案如图 12-3 所示。

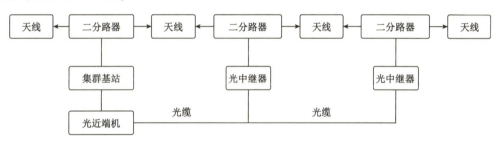

图 12-3　单基站光缆光中继器方式示意图

12.2.3　5G 通信

随着科学技术的不断发展,5G 与人工智能和互联网技术的融合程度也将越来越高。5G 技术是具有高速率、低延时和大连接特点的新一代宽带移动通信技术,是实现人、机、物互联的网络基础设施。

TBM 5G 通信需根据工程现场网络环境实施,若工程所在区域覆盖 5G 网络,则可利用地理优势将 5G 信号接入洞内,实现 TBM 5G 网络通信;若工程所在区域无 5G 网络信号,鉴于 5G 移动通信技术的能源消耗和资源供给等方面成本均较低,因此可在工程所在一定区域建立 5G 小基站,实现洞内外 5G 通信。

TBM 实现 5G 通信,实现 TBM 施工信息和互联网的连接,能够及时地监控工程建设的质量和设备状况,减少风险问题的发生概率,使建设、施工等单位能够及时了解工程进展、设备状态、安全质量等信息,技术管理人员实现远程控制、增强现实(AR)辅助装配、自动驾驶、超高清视频、设备感知、物料信息采集、环境信息采集、远程设备故障处理、设备预测性维护等,并将各项信息发送至云端,设备维护人员还可记录并监测所有设备的状态,更有利于人员了解设备故障情况或其健康情况。

本讲参考文献

[1] 汪洪泉. 超长水工隧洞 TBM 法开挖施工供电方法探讨[J]. 中国水能及电气化, 2015, 121(04):22-24.

[2] 刘洪碧. 煤矿斜井 TBM 施工通风系统设计方案[J]. 铁道建筑技术, 2014, 244(S1):126-129,154.

[3] 栾纯立, 陈桐, 汉景山, 等. 敞开式 TBM 特长隧洞施工供电技术[J]. 云南水力发电, 2016, 32(01):95-98.

[4] 袁兴泽, 李文富, 赵玉辉. TBM 掘进速度及影响因素浅析[J]. 水利建设与管理, 2009, 29(04):75-77,82.

[5] 吴欧俣, 曹爽, 旦仓. 长隧洞 TBM 与 DBM 相结合的施工技术[J]. 云南水力发电, 2021, 37(07):188-194.

第13讲 TBM施工供排水及污水处理

TBM在掘进过程中需大量的施工用水,同时也将产生很多的污水。因此,设计合理的施工供排水系统是TBM高效运行的必要条件之一。施工中通过富水复杂地质地段时,可能出现突涌水,因此合理的排水方案必不可少。隧道内排出的污水经污水处理工艺后,达到标准后方可进行排放或再利用。

13.1 TBM施工供水

13.1.1 TBM供水系统布置

根据施工条件,依据TBM设计相关技术参数,不同开挖直径的TBM所需用的水方量也不尽相同。在距洞口合理位置处设置充足供水水源点,在供水水源点附近通过管道增压泵为TBM高位储水池补水。高位储水池(容量500m^3)位于洞口合适位置,中间设置格挡一分为二,分别为常用和备用水池。在池里放置液位计与给储水池供水管道上自动蝶阀连接,通过蝶阀自动控制供水。TBM施工用水由储水池利用自然高差通过管道自流进入主(支)洞,因支洞存在高差与坡度,故主洞供水水压可达2.0MPa。若TBM设备进水压力不大于1.0MPa,需在主洞供水管路设置减压阀。因支洞水压较大,主洞水压在减压后水压较小,故支洞水管可采用法兰连接,主洞水管可采用管箍连接,以满足经济性、高效性要求。

因TBM施工距离较长,水压较大,水头损失较多,选取DN150钢管为供水管,在满足长距离供水的同时还可在遇突涌水情况下满足应急排水要求。

13.1.2 TBM主机用水

TBM主驱动装置和变频器等设备需利用内循环纯净水冷却,而此内循环纯净水则需要洞外提供的工业水进行冷却带走热量。同时,TBM施工需要消耗大量工业用水,对水温、水质均有一定的要求,还需要考虑供水距离、水压和水量要求,因此合理设计整个供水系统,是确保

TBM 安全高效运行的必要条件之一。洞外工业用水通过洞壁布置的管路供到台车上与水管卷筒相连接,从而构成隧道供水系统。TBM 供水系统主要由水管卷盘、水泵、水箱、过滤器、阀、管路、热交换器等组成。

一方面,隧道用水主要用于施工消耗用水,如刀盘喷水、皮带输送机降尘喷水、清洗设备用水等,另一方面需要通过热交换器与内循环水进行热交换,从而冷却设备。内循环水系统为封闭水系统,主要冷却驱动电机及减速机、刀盘驱动变频控制柜和各液压泵站液压油。TBM 消耗用水及冷却用水如图 13-1 所示。

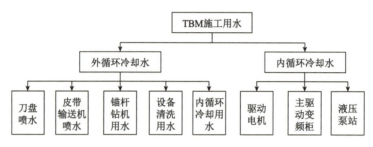

图 13-1　TBM 消耗用水及冷却用水示意图

13.2　TBM 反坡排水

设备下方积水太多会严重影响施工和地质稳定,故要将产生的污水及时排出。TBM 设计制造时提供了主机及后配套系统的排水设备,但仍需要解决后配套系统尾部至洞外的排水系统设置及污水处理排放问题。因此,除了需要排除施工污水以外,还要充分预估隧道本身涌水量,排水方案的设计还需要考虑 TBM 顺坡掘进情况下,反坡排水的特殊性。隧道工程排水施工不到位不仅会导致 TBM 掘进机的严重损坏,也会严重影响工程进度,同时增加工程的费用投入。故向洞外反坡排水时,在考虑隧道出水量、水泵扬程等的情况下,通过排水系统一级一级地排水,把施工过程中的废水及涌水排到洞外污水处理系统,确保了 TBM 设备的正常掘进,也提高了工程的经济效益。

13.2.1　反坡排水作用

隧道反坡施工时,洞内水向掘进低洼处汇集,必须及时排出,尤其在应对富水隧道突涌水、水量大的情况下,科学的反坡排水施工方案,能有效防止施工掌子面水汇积过深,保障围岩的稳定性及施工人员和设备安全。

13.2.2　反坡排水参数计算

1) 计算依据

(1) 根据水文地质资料及设计文件,可得到隧道施工段落的总涌水量,排水系统按照 1.5

倍安全系数储备,计算确定最大排水量。

(2)由于隧道道存在一定的坡度或高差,排水设计时需要考虑水泵能否满足相应的压力要求。

(3)当管路距离过长时,则供排水在设计时需考虑管道阻力,避免水泵无法满足要求。

2)管径及扬程计算

(1)管径计算

已知流量,根据表13-1管径和经济流速对照查询,选择适合的管径,按式(13-1)计算流速,流速值应不大于表中对应经济流速,否则重新选择。

$$y = \frac{4Q}{3600\pi d^2} \tag{13-1}$$

式中:Q——流量(m^3/h);

d——管道内径(m);

v——流速(m/s)。

管径和经济流速对照 表13-1

管径(mm)	50	80	100	125	150	200	250	300	400
流速(m/s)	0.8~1.0	1.1~1.4	1.2~1.6	1.4~1.8	1.5~2.0	1.6~2.3	1.7~2.4	1.7~2.4	1.8~2.3

(2)计算沿程阻力确定水泵扬程

根据达西公式沿程阻力:

$$h_f = \lambda \times \frac{l}{d} \times \frac{v^2}{2g} \tag{13-2}$$

式中:λ——沿程摩阻系数,经验值0.015~0.025(管径范围50~300mm);

l——管长(m);

d——管道内径(m);

v——流速(m/s);

g——重力加速度(m/s^2),取9.8m/s^2。

如果沿程阻力过大,可选择更大管径,再次计算。

总阻力按式(13-3)计算。

$$h = h_f + h_1 + h_2 + h_3 \tag{13-3}$$

式中:h——水泵扬程(m);

h_f——沿程阻力(m);

h_1——局部阻力(m),取沿程阻力的15%~20%;

h_2——水泵到管路末端的高差(m);

h_3——TBM进水压力需求(m),通常10m。

3)供排水设备选型配置依据

(1)水泵选型配置

水泵应能满足供排水计算的基本要求,水泵扬程应超过总阻力,排量超过允许流量。根据上述计算,参考相关文献选用水泵。供水系统应采用水泵供水方式,为保证供水压力,多选用恒压变频控制。

(2)管路选型配置

水管可选用螺旋焊缝钢管或无缝钢管,选择合适壁厚,确保水管工作耐压能力大于供水压力。水管采用焊接法兰或铸铁卡箍接头连接。

13.2.3 反坡排水方案设计

在排水施工过程中采取强排措施,将顺坡汇集的洞内渗涌水和施工废水收集到TBM设备主机位置,并采用潜污泵将其抽排到TBM掘进机后配套设置的水箱,完成TBM设备区间排水。通过初步沉淀后,采用高扬程水泵分级泵排到洞外污水处理系统,污水处理能力不小于$50m^3/h$,TBM内设备排水见图13-2。长隧道大埋深TBM施工过程中隧道距离长,坡度较大,因此排水系统应该满足对应工程一定高度扬程要求,采取强排方式用多级固定水箱逐级抽排,支洞或斜井排水系统总布置见图13-3。

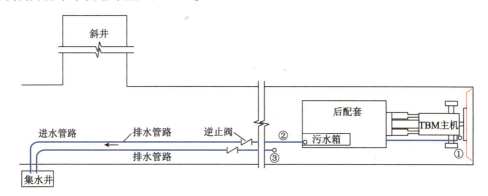

图13-2 TBM内设备排水示意图
①-主机区一级污水泵;②-污水箱;③-备用污水水泵

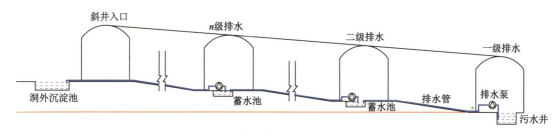

图13-3 斜井排水系统总布置示意图

注意事项:

排水系统采取多重保险措施来保证排水系统安全稳定运行,避免TBM设备被淹发生受损。

(1)备用排水设备

各级固定水箱之间设置备用管路,保证在大涌水突发情况下,当一条排水管路排水不及时,备用排水管路能立即进入工作状态。

(2)双重水泵保险

为保证排水系统的安全运行,每级固定水箱按一用一备的原则设置2套水泵。

(3) 双回路供电线路

为避免线路断电导致排水系统无法工作,水泵的供电线路均采用智能切换的双回路供电线路。

(4) 应急备用发电站

在紧急情况下施工现场应设置一套应急备用发电系统,能够为隧道的通风以及强排系统提供发电设备和升压变压器。

13.2.4 反坡排水工程案例

1) 供排水参数选型配置

某工程敞开式 TBM 需水量 $20.4\text{m}^3/\text{h}$,输水管路长度 9565m,坡度(反坡)1/2500。

(1) 管径计算

查表 13-1,管径取 80mm,则流速 1.12m/s,在经济流速允许范围。

管径取 100mm,则流速 0.71m/s,小于经济流速,满足要求。

(2) 扬程计算

管径 80mm,沿程阻力 $h_f = 0.025 \times 9565 \times 1.12^2 + (2 \times 0.08 \times 9.8) = 191(\text{m})$;

管径 100mm,沿程阻力 $h_f = 0.025 \times 9565 \times 0.71^2 + (2 \times 0.1 \times 9.8) = 61(\text{m})$;

对比上述沿程阻力,选择管径 100mm。

$H_1 = 9\text{m}, h_2 = 5\text{m}$,总阻力 $h = 61 + 9 + 5 + 10 = 85(\text{m})$。

(3) 水泵选型

根据需水量 $20.4\text{m}^3/\text{h}$,总阻力 72m,选择水泵扬程 100m,流量 $30\text{m}^3/\text{h}$。

2) 反坡排水方案设计案例

某隧道斜井长 3760m,坡度 7.92%,高差 280m;斜井最大涌水量 $9200\text{m}^3/\text{d}$,正洞期间最大涌水量约 $8500\text{m}^3/\text{d}$,排水能力按照 1.5 倍系数设置,斜井、正洞涌水量计算为 $17588\text{m}^2/\text{d}$,折合为 $1100\text{m}^2/\text{h}$。斜井反坡排水泵站设计见图 13-4。

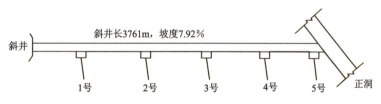

图 13-4 斜井反坡排水泵站设计示意图

(1) 水仓设置

水仓设置于斜井缓坡段,根据斜井坡度、水泵扬程,2~3 级缓坡段设置一个水仓。水仓分清水仓和污水仓,清水仓设置体积不小于 200m^3,污水仓不小于 50m^3。缓坡段水仓设计见图 13-5。

(2) 水泵、水管选择

清水仓使用离心泵,污水仓使用渣浆泵。清水仓配置 3 根 $\phi300\text{mm}$ 排水管,污水仓配置 1 根 $\phi300\text{mm}$ 排水管,排水管采用 $\phi300\text{mm} \times 8\text{m}$ 无缝钢管,每根排水管连接两台水泵。

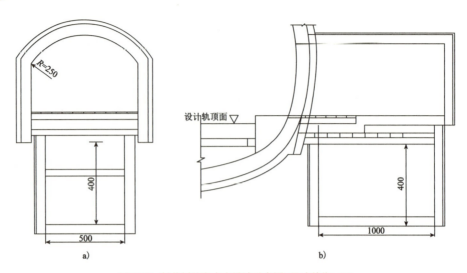

图 13-5 斜井缓坡段水仓设计示意图(尺寸单位:cm)

(3) 用电

反坡排水必须采用两路电源有效连接,除正常使用外,洞口配置自发电机组,为减少损耗,将发电机并网设置,其总功率不小于 3000kW。

表 13-2 为斜井缓坡段水泵配置。

斜井缓坡段水泵配置 表 13-2

泵站编号	里程位置	高差(m)	水泵型号(流量-扬程-功率)				功率(kW)	变压器kV·A
			清水仓	数量	污水仓	数量		
1号	K3+205	45.1	MZD300-65-75	3	100ZJ-300-65-75	1	300	500
2号	K2+335	68.9	MZD300-95-132	3	100ZJ-300-95-132	1	528	630
3号	K1+465	68.9	MZD300-95-132	3	100ZJ-300-95-132	1	528	630
4号	K0+595	68.9	MZD300-95-132	3	100ZJ-300-95-132	1	528	630
5号	K0+15	45.9	MZD300-65-75	3	100ZJ-300-65-75	1	300	500

(4) 注意事项

水泵与水管尽可能大角度连接避免呈现垂直以减小损耗。排水管内正确安装逆止阀,泵站需设置专职检修人员。

13.3 TBM 施工污水处理

隧道施工过程中产生的废水,应满足环境影响报告的要求。隧道废水由隧道内排出时,经过三级沉淀池进行初次沉淀,沉淀过后流入平流沉淀池,经污水处理站处理后,将清水排出或再利用,应结合实际情况,采用先进工艺,建设合理经济的废水处理设施,确保施工废水处理完成达标后再排放回收利用。

13.3.1 污水处理特点

TBM法施工属于机械作业,能同时完成破岩、出渣、通风除尘、支护衬砌等作业,具有连续、高效的特点。TBM法施工不仅避免使用炸药,且粉尘和隧道涌水及围岩渗水产生量也少。因TBM属于大型机械作业,因此需要冷却和润滑,此过程会产生一定量的石油类污染物。

TBM法施工污水来源主要是隧道涌水与围岩渗水。隧道涌水与围岩渗水是在隧道施工过程中,由于岩石的破坏、开挖、松动而导致的存在于地下裂隙中的天然水涌出,其类型多为基岩或岩溶裂隙地下潜水或承压水等。隧道涌水与围岩渗水水量变化幅度较大,但水质总体稳定,一般属于无人为污染的天然水。其水质取决于原生地质环境,可能会因原生地质环境而存在特殊的盐或重金属污染物。

13.3.2 污水处理工艺原理

隧道施工污水的特点是固体悬浮物(SS)、酸碱度(pH值)相对较高,且含有氨氮、石油类等污染物,故污水处理工艺因地制宜采取物理和化学相结合的方法。隧道施工污水基本处理工艺为沉淀、絮凝、气浮、过滤、吸附、中和等,其设计应针对隧道污水污染物特点,选择适宜的处理工艺模式或组合模式。

(1)酸碱度(pH值)控制

酸碱度一般采用中和法调节。混凝沉淀投加的絮凝剂一般呈酸性,对中和碱性污水有一定作用。酸性絮凝剂无法满足需要时,投加酸性物质中和。

(2)悬浮物(SS)去除

隧道施工污水中的悬浮物通常是非常细小的岩屑和少量有机质。常用的絮凝沉淀法通过投加絮凝剂和助凝剂去除悬浮微粒,通过吸附作用去除有机物,缺点是泥渣较多,但泥渣的疏水性较好,相对稳定,可进行填埋处置。

(3)氨氮去除

隧道施工污水中氨氮浓度变化较大,产生于钻爆法施工中硝氨炸药瞬时爆炸,与隧道涌水和围岩渗水混合后,浓度大幅度降低。一般采用混凝与沉淀相结合的方法去除少量氨氮。

(4)石油类去除

石油类物质的去除。石油类物质的去除方法主要有气浮法、混凝沉淀法、臭氧氧化法、过滤法以及吸附法等。为使出水石油类物质达到地表水环境质量Ⅲ类及以上标准,可考虑采用重力隔油和活性炭吸附方法进一步减少出水石油类物质的产生。施工过程废水选择以物理化学法为主,建议采用以下方法:

①施工过程废水—混凝沉淀—石英砂滤—沸石吸附—排放。

②施工过程废水—混凝沉淀—石英砂滤—活性炭吸附—排放。

工艺①主要针对氨氮的去除;工艺②主要针对石油类物质的去除。通过上述两种工艺的处理,施工过程废水处理出水可达到地表水环境质量Ⅲ类及以上标准。

13.3.3 污水处理的工艺流程

隧道施工污水处理工艺主要包括中和、混凝、沉淀、气浮、过滤等,投药时可对混凝剂、中和药剂合并考虑,工艺流程见图13-6。

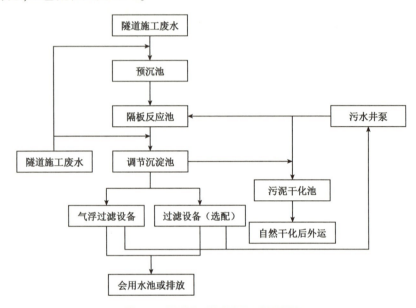

图13-6 隧道施工污水处理工艺流程图

13.3.4 TBM污水处理施工案例

本节以某引水隧道TBM项目为例展开叙述,针对污染情况进行分类处理。TBM施工污水主要分为TBM施工过程中的刀盘、皮带等系统的冷却、降尘、冲洗用水,洞壁渗漏水,洞外转渣皮带系统冲洗、润滑、降尘用水,洞外施工场地所产生的污水等。污水中含有大量的悬浮物(SS)和少量油污。

1)污水处理方案

洞外产生的施工污水包括洞外转渣皮带系统冲洗、润滑、降尘用水和施工场地所产生的污水,其悬浮物浓度较高,故将其分流引至1号池,经过一次沉淀进入2号池后,采用板框式污水处理设备进行净化处理。板框式污水处理设备出水管道设置三通分流至3号池和5号池,即清水排至5号池,特殊情况出现浑浊的水时可排至3号池过滤后再处理。

洞内产生的施工污水包括TBM施工过程中的刀盘、皮带等系统的冷却、降尘、冲洗用水和洞壁渗漏水,由于经过了隧道长距离自然排水沉淀的作用,使得悬浮物浓度相对较低。因此,将其分流引至1号和4号池中,浓度较高时可排入1号池,浓度低时可排入4号池。4号池污水采用一体化污水处理设备进行净化处理,清水直接排入6号池,泥水排入3号池重新过滤再处理。组合式污水处理设备布置见图13-7。

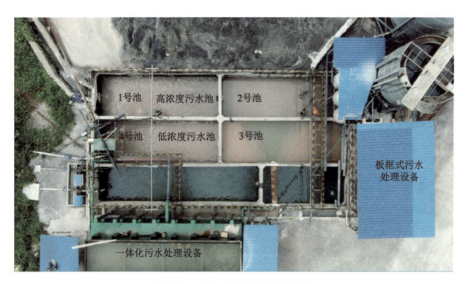

图 13-7 组合式污水处理设备布置

2) 污水处理施工工艺

(1) 施工工艺流程

工艺流程见图 13-6。

(2) 污水处理设备

①板框式压滤机

板与框相间排列而成,在滤板的两侧覆有滤布,用压紧装置把板与框压紧,即在板与框之间构成压滤室。在板与框的上端中间相同部位开有小孔,压紧后成为一条通道,加压至 0.2~0.4MPa 的污泥,由该通道进入压滤室,滤板的表面刻有沟槽,下端钻有供滤液排出的孔道,滤液在压力下,通过滤布、沿沟槽与孔道排出滤机,使污泥脱水。

②一体化污水处理设备

水进入静态混合器前的水压宜不小于 0.07MPa。一体化自动污水处理设备前设置静态管道混合器,水处理药剂(聚合氯化铝)通过药房内的加药装置配制完成,并由计量泵送至管道混合器内,混合器通过自身结构的剪切、搅拌作用,使其混合均匀,再进入一体化自动污水处理设备。

原水在进入一体化自动污水处理设备后,先进入装置底部的配水区,进行均匀布水,水流速度降低,并缓慢进入高浓度絮凝区,进行彻底的混凝反应。在斜管导流区的导流作用下,污水沿斜管倾斜方向往上流动,进入沉降区内,沉积下来的污泥在重力作用下,沿斜管倾斜方向往下滑落,同时滑落的矾花在导流斜管的水力作用下,被推进净水装置的排泥斗内,而通过斜管澄清后的水则由一体化自动污水处理设备上部进入过滤室内,并自上而下通过滤层进行过滤,则水中的矾花被滤层拦截、过滤。过滤后的清水通过滤头汇集至装置底部的清水区,并由连通管返至装置顶部的清水层。原水在一体化自动污水处理设备内净化后流入清水池,之后送往用水点。

设备排泥及反洗排污:一体化自动污水处理设备里沉淀下的泥渣,经排泥系统定时自动排除,排出的泥浆以及过滤反冲洗水接至下水道或泥浆坑进行干化处理。

排泥：当净水装置运行一定时间后，电磁阀通过中央控制柜所给信号进行自动排泥一次，原水浊度低于 500mg/L 时排泥周期 $T=6\sim12h$ 为宜，且排泥周期可调。

反冲洗排污：污水经过过滤一定时间后，过滤层的阻力逐渐增大，当水位上升至一定高度时，即开始形成自动反洗，过滤区内存水在上部清水层的静压下迅速加速反冲洗，装置内清水按照正常运行路径反向返回，当清水经过过滤区时即开始对滤层进行反冲洗，反洗历时 3～5min 后，当清水区水位下降至一定水位时自动停止反冲洗。反洗污水排至排污槽内，并由排污管引至泥浆坑。

经过处理合格的水可直接抽排至指定排放点，而污泥堆放至临时弃渣场，待后期集中外运。

(3) 洞外施工污水处理

洞外施工污水主要由洞外转渣皮带系统冲洗、润滑、降尘用水以及洞外施工场地所产生的污水等组成，悬浮物浓度较高，采用板框式污水处理设备进行处理。将污水集中引至 1 号池（高浓度污水沉淀池），经过一次沉淀进入 2 号池（沉淀池）后，抽排至混合罐中，抽水同时开启高分子絮凝剂（PAM）、沉淀絮凝剂（PAC）两种药剂的药剂泵，将混合罐自动搅拌装置开启，使污水与药剂进行充分反应，反应同时启动板框压滤机以下为处理步骤：

①启动油泵，同时检查油泵是否正常工作。

②将所有滤板移至止推板端，并使其位于两横梁中间。

③启动压紧按钮，活塞推动压紧板，将所有滤板压紧，达到压值后（液压值见压力表）之后进行保压按关闭按钮，油泵停止工作。

④暗流：打开滤液阀放液体。明流：开启水嘴放液，同时开启进料阀，进行过滤。

⑤待满后，关闭进料阀，停止过滤。

⑥开启水嘴，再开启洗涤水阀门，进水洗涤。

⑦启动油泵，按下压紧按钮，待锁紧螺母后，即将螺母旋至活塞杆前端（压紧板端），再按松开按钮，活塞待压紧后扳回至合适工作间隙后，关闭电机。

⑧移动拉板进行卸料。

⑨检查滤布、滤板，清理结合面上的残渣。如无问题方可进入下一个工作循环。板框式污水处理设备出水管道设置三通分流至 2 号池（沉淀池）和 5 号池（清水池），即清水排至 5 号池，特殊情况出现浑浊的水时可排至 2 号池（沉淀池）进行过滤再处理。

经过处理合格的水可直接抽排至指定排放点，污泥堆放至临时弃渣场，待后期集中外运。

(4) 洞内施工污水处理

洞内产生的施工污水主要由 TBM 施工过程中的刀盘、皮带等系统的冷却、降尘、冲洗用水以及洞壁渗漏水等组成。由于其经过了隧道长距离自然排水沉淀过程，使得污水中所含悬浮物浓度相对较低。因此，将其主要引流至 4 号池（低浓度污水沉淀池）中，采用一体化污水处理设备进行净化处理，清水直接排入 6 号池（清水池），污泥排入 3 号池（泥浆池）进行再处理。另外，洞里污水管路做三通引流至 1 号池（高浓度污水沉淀池），作为备用管路，以便在污水悬浮物浓度较高时可排入 1 号池（高浓度污水沉淀池），采用板框式污水处理设备进行净化处理。

（5）现场水样指标

处理后的施工污水经过现场监测合格后方可由外排管道排放至指定地点，处理后合格水样悬浮物为 14.916mg/L、pH 值为 8；未经处理的低浓度水样悬浮物为 343.577mg/L、pH 值为 9.4；未经处理的高浓度水样悬浮物为 1.14×10^4 mg/L、pH 值为 11.5。

本讲参考文献

[1] 邹春华.煤矿斜井 TBM 施工长距离反坡排水技术[J].国防交通工程与技术,2013,11(03):11-13,10.

[2] 薛永庆.引汉济渭工程 TBM 卡机脱困技术[J].铁道建筑技术,2017(08):106-110.

[3] 加尔恒·多那依.长距离、大坡度隧道 TBM 施工排水系统设计浅析[J].陕西水利,2019(09):186-187,192.

第14讲 TBM工程测量

工程测量技术是TBM建设的关键技术之一。本讲对TBM长大隧道贯通误差、洞内外控制网设计进行了阐述,提出了陀螺定向复核导线方位角的方案,从而提高了贯通精度,总结了TBM导向系统控制要点、洞内外控制网布设及测量方法,完善了TBM长大隧道贯通测量技术体系,为同行业TBM特长隧道工程测量提供参考和借鉴。

14.1 TBM隧道贯通误差设计

14.1.1 隧道贯通误差来源

目前,隧道洞外平面控制测量采用GNSS网,洞内平面控制测量采用导线网或边角网进行控制。洞内、洞外高程控制测量,一般采用精密电子水准测量或光电测距三角高程测量两种方式进行。隧道贯通误差包括横向、纵向及竖向三个方向的误差,贯通误差按来源环境又分为洞外贯通误差、洞内贯通误差,贯通误差分类及来源见表14-1。

贯通误差分类及来源　　　　表14-1

分类	来源
横向误差	洞外GNSS网测量及洞内测距引起
纵向误差	洞外GNSS网测量、联系测量及洞内导线测量引起,主要误差有测距、测角误差、垂线偏差、对中误差及旁折光误差
竖向误差	电子水准仪的精度、大气折光等因素引起或采用三角高程测量时的照准误差、折光系数误差及地球曲率影响引起

14.1.2 隧道贯通误差值确定

《水利水电工程施工测量规范》(SL 52—2015)首次对长度超过20km的隧道贯通精度做出明确要求,给出了开挖长度50km以下隧道贯通容许极限误差,见表14-2。当在主斜洞内贯通时,纵向误差按横向误差值的大小确定,对于上下两端相向开挖的竖井,其极限误差值不超过±200mm。

TBM 隧道开挖贯通测量容许极限误差值　　　　　　　　　　　表 14-2

项目		横向贯通误差								
相向开挖长度(km)		<5	5~10	10~15	15~20	20~25	25~30	30~35	35~40	40~45	45~50
极限贯通误差(mm)	横向	±100	±150	±220	±300	±400	±500	±620	±740	±880	±1000
	纵向	±100	±150	±220	±300	±400	±500	±620	±740	±880	±1000
	竖向	±40	±56	±76	±100	±124	±150	±176	±200	±224	±250

注:由表中可以看出,横向和纵向贯通容许极限误差取值相同,但竖向贯通要求极其严格。

进行隧道贯通测量设计时,一般取极限误差的 1/2 作为贯通面上的贯通中误差。在规范中,根据隧道相向开挖的长度,横向、竖向及纵向的贯通容许极限误差值和贯通测量中误差值按权函数法进行分配并做了适当的调整。隧道开挖时各项贯通中误差分配值见表 14-3。

TBM 隧道开挖贯通中误差分配值　　　　　　　　　　　表 14-3

相向开挖长度(km)	贯通中误差(mm)								
	横向			纵向			竖向		
	地面	地下	贯通面	地面	地下	贯通面	地面	地下	贯通面
<5	±20	±50	±54	±20	±50	±54	±15	±15	±21
5~10	±30	±75	±81	±30	±75	±81	±20	±20	±28
10~15	±44	±110	±118	±44	±110	±118	±27	±27	±38
15~20	±60	±150	±162	±60	±150	±162	±35	±35	±49
20~25	±80	±200	±215	±80	±200	±215	±44	±44	±62
25~30	±100	±250	±269	±100	±250	±269	±53	±53	±75
30~35	±124	±310	±334	±124	±310	±334	±62	±62	±88
35~40	±148	±370	±399	±148	±370	±399	±71	±71	±100
40~45	±176	±440	±474	±176	±440	±474	±79	±79	±112
45~50	±200	±500	±539	±200	±500	±539	±88	±88	±124

14.1.3　隧道外控制网贯通误差设计

隧道外控制网采用全球定位系统(GPS)进行测量,洞外横向贯通误差(M)主要根据 GPS 测量的洞口联系边测量精度及其定位点坐标精度计算求得,计算公式如下:

$$M^2 = m_J^2 + m_C^2 + \left(\frac{L_J \cos\theta \times m_{\alpha J}}{\rho}\right)^2 + \left(\frac{L_C \cos\varphi \times m_{\alpha C}}{\rho}\right)^2 \tag{14-1}$$

式中:m_J, m_C——进、出口 GPS 控制点的 Y 坐标误差(mm);

L_J, L_C——进、出口 GPS 控制点至贯通点的长度(min);

$m_{\alpha J}, m_{\alpha C}$——进、出口 GPS 联系边的方位中误差(mm);

θ, φ——进、出口控制点至贯通点连线与贯通点线路切线的夹角(°);

ρ——角度常数,$\rho = 206265''$。

14.1.4 隧道内导线控制网贯通误差设计

隧道内控制网采用导线网进行测量,边长过长或过短,都会影响导线测量的精度,洞内导线网及其边长对于保证隧道准确贯通至关重要,而隧道洞内横向贯通误差(M_Y)主要受测角误差和测边误差的影响,其对贯通误差的影响可按照下式计算:

$$M_Y = \pm \sqrt{(m_{Y\beta}^2 + m_{YL}^2)} \tag{14-2}$$

$$m_{Y\beta} = \pm \frac{m_\beta}{\rho} \sqrt{\sum R_{Xi}^2}$$

$$m_{YL} = \pm \frac{m_L}{\rho} \sqrt{\sum d_{Yi}^2}$$

式中:$m_{Y\beta}$——测角误差影响在贯通面上产生的横向中误差(mm);
m_{YL}——测边误差影响在贯通面上产生的横向中误差(mm);
m_β——控制网设计的测角中误差(″);
R_{Xi}——控制网各点至贯通面的垂直距离(m);
d_{Yi}——控制网各边在贯通面上的投影长度(m),主要考虑洞外与洞内之间联系边的投影长度;
ρ——角度常数,$\rho = 206265″$。

14.1.5 竖井定向测量贯通误差设计

竖井定向测量引起的横向贯通中误差(M_{YO})可按下式计算:

$$M_{YO} = \frac{m_o D_X}{\rho} \tag{14-3}$$

式中:m_o——井下基边的定向中误差(mm);
D_X——井下基边至横向贯通面(Y)的垂直距离(m)。

14.1.6 洞内外控制测量误差设计

对贯通面横向中误差总的影响可按下式计算:

$$M_n = \pm \sqrt{M^2 + M_Y^2 + M_{YO}^2} \tag{14-4}$$

式中:符号含义同前。

14.1.7 地面和地下高程控制测量误差设计

对竖向贯通的影响可按式计算:

$$M_n = \pm \sqrt{m_h^2 + m_h'^2} \tag{14-5}$$

$$m_h = \pm M_\Delta \sqrt{L}$$

$$m_h' = \pm M_\Delta' \sqrt{L'}$$

式中：m_h、m_h'——地面、地下高程测量中误差(mm)；
　　　M_Δ、M_Δ'——地面、地下1km路线长度的高程测量高差中数中误差(mm)；
　　　L、L'——地面、地下两洞口间水准路线长度(km)。

14.2　TBM隧道控制测量设计

14.2.1　控制网网形设计

1）洞外控制网

（1）平面控制网

洞外平面控制测量可布设 GPS 网、导线网、三角网。当采用 GPS 进行控制测量时，若两点间距离超过 20km 时，应采用精密星历进行数据解算。高程控制网可布设成闭合水准路线、附合水准路线。控制网的等级可根据隧道相向开挖长度按表 14-4 的规定进行选择。平面及高程控制测量的技术要求按相关规范执行。

地面控制网等级选择　　　　　　　　　　　　　　表 14-4

隧道长度(km)	三角网测量	导线测量	GPS 测量	水准测量
<5	三等	三等	三等、四等	三等、四等
5～10	二等	二等	二等、三等	二等、三等
10～20	—	—	二等	二等、三等
20～30	—	—	二等	二等
30～50	—	—	二等	二等

（2）高程控制网

高程控制网测量采用水准测量、光电测距三角高程测量或 GPS 拟合高程测量等方法，鉴于 TBM 施工贯通距离长，故一般采用水准测量方法。水准测量的主要技术按相关规范执行。

2）洞内控制网

（1）导线控制网

洞内平面控制测量宜布设光电测距导线，洞内导线一般采用主副双导线或交叉双导线网，导线布设边长的选择应根据隧道长度、贯通误差预设计进行选择。双导线网见图 14-1。洞内基本导线测量和水准测量的等级可根据隧道相向开挖长度按表 14-5 规定执行。

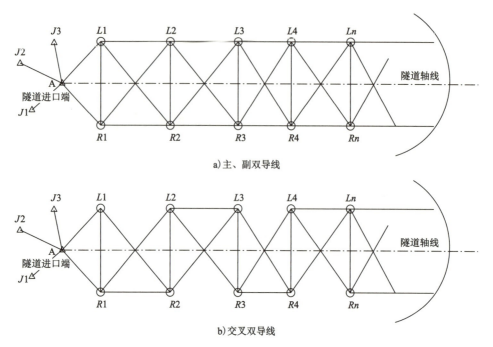

图 14-1 双导线网示意图

洞内控制网等级选择　　　　　　　　　　　　　　　表 14-5

隧道长度(km)	导 线 等 级	水 准 等 级
<5	三等	三等、四等
5~10	二等	二等、三等
10~20	二等	二等、三等
20~30	二等	二等
30~50	二等	二等

为消除人为因素带来的对中误差,提高仪器架设精度,导线点测量标志布置为导线强制对中标志,导线强制对中标志见图 14-2。

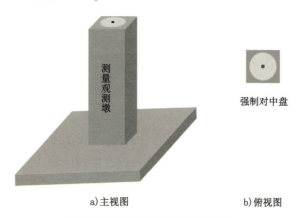

a) 主视图　　　　　　b) 俯视图

图 14-2 导线强制对中标志示意图

152

(2) 高程控制网

洞内高程控制网测量可采用水准测量、光电测距三角高程测量,一般采用水准测量方法。水准测量的等级可根据隧道相向开挖长度按表 14-5 的规定执行。

14.2.2 控制测量技术要求

洞内平面控制测量采用光电测距导线测量,水平角采用方向观测法,其主要技术要求按相关规范执行;洞内高程控制网测量采用水准测量时,水准测量及测站技术要求按相关规范执行,水工隧道施工按照《水利水电工程施工测量规范》(SL 52—2015)执行。

14.2.3 陀螺仪定向

陀螺仪以系统性能良好、快速、高效、独立、精度高等优势逐渐被应用到长大隧道等地下工程中。其不仅可测定导线边的定向,也可用于隧道内控制测量延伸点或井下始发基线的定向,从而减小了控制导线测量方向误差的积累,也校核了导线测量中测角粗差,进而大幅度提高了 TBM 长大隧道贯通精度。

1) 陀螺仪工作原理

GAT 高精度磁悬浮陀螺全站仪的主要功能是通过陀螺敏感地球角动量,测定任意测线的陀螺方位角,如图 14-3 所示。OT 即为陀螺确定的正北方向;OM 为陀螺内部固定轴线方向(北向标识窗的法线方向);OL 为全站仪水平度盘零位方向;OC 为全站仪望远镜照准目标的测线方向。当陀螺寻北测量结束后,即可确定出 $\angle TOM$;再利用全站仪照准目标方向,依据方向法测量要求,测量目标方向线与全站仪水平度盘零位的夹角 $\angle LOC$;从而使陀螺方位角 $\angle A = \angle TOM + \angle LOC + \angle MOL$,其中 $\angle MOL$ 在仪器出厂时已通过标定,可将其限定为一个很小的值,理论上可通过度盘配置的方法使全站仪的水平度盘零位与陀螺内部的固定轴线方向重合,但由于各种因素影响,往往无法完全消除,继而会产生一个仪器常数 E。我国自主研发的 GAT 系列全自动陀螺全站仪,该系列全站式陀螺仪具有 20 余项国家专利及软件著作权,已成功广泛应用于国内重大工程的特长隧道、地铁、输水隧道及矿山贯通工程中。

2) GAT 陀螺全站仪

GAT 陀螺全站仪属下置式全自动型陀螺仪,主要部件见图 14-4。

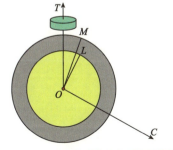

图 14-3 GAT 陀螺全站仪定向原理示意图

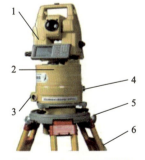

图 14-4 GAT 陀螺全站仪
1-全站仪;2-陀螺寻北仪;3-北向标识窗;4-数据传输窗口;5-整平圈;6-三角支架

系统特点如下：

（1）采用磁悬浮支撑技术、光电力矩反馈技术和精密测角回转技术，提高了仪器的使用寿命和测量稳定性。

（2）利用积分法测量，优于目前市场上的逆转点法设备，全自动实现快速高精度寻北。

（3）数据可实时下载到外接存储设备中，便于进行事后分析和处理。

（4）操作简便，寻北过程无须人工干预，无须零位观测。

（5）车载、强制对中或三脚架架设均可使用。

（6）进行了抗电磁干扰处理，以消除外界电磁场对陀螺仪精度造成的影响。

3）陀螺仪测量方案及案例

洞内控制网从支洞进入布设至下游主洞掌子面，支洞布设控制点 7 对，主洞布设控制点 45 对。导线已测设至第 45 对控制点。陀螺定向方位角测量采用地面已知边—地下检测边—地面已知边的测量程序，其中地面已知边为 $TZ12 \rightarrow TZ14$，地下检测边分别为 $TXZ21 \rightarrow TXY22$、$TXY43 \rightarrow TXZ44$。

4）结论与建议

（1）本次测量观测条件良好，观测成果可靠。从地面仪器常数边 $TO12 \rightarrow TO14$ 测线的测定情况来看，仪器常数中误差为 ±1.8″，表明地面控制网精度较好，地下导线定向边原始成果精度较高。

（2）从各测回测量结果评定本次陀螺定向一测回中误差为 ±1.7″，定向边方位误差为 ±2.6″，因此本次测量成果属于高精度测量成果，满足精度要求。

（3）案例说明，TBM 长大隧道中应用全站式陀螺仪定向，提高了隧道测量定向的精度，校核了控制导线测量方向误差的积累、测角粗差，减小了隧道横向贯通测量误差，为 TBM 长大隧道高精度贯通提供了保障。

14.3 TBM 施工测量

TBM 施工时，需通过引入洞内的控制导线网，向导向系统传递掘进导向的基准坐标。一般固定于围岩或管片上的后视棱镜、全站仪，将掘进导向的基准传递给 TBM 配置的激光靶，再由激光靶将基准坐标传递给中控台导向系统，导向系统软件对这些数据进行处理和调用，并模拟生成掘进中 TBM 的实际姿态（水平、竖向），并指导掘进。采用该法施工时，控制掘进导向用的后视棱镜、全站仪均应固定于稳定的围岩或管片上，确保其不会产生位移，且需经常校核，测量坐标转换导向姿态见图14-5。

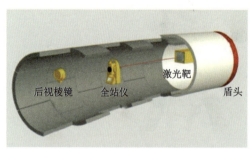

图 14-5　测量坐标转换导向姿态示意图

14.3.1 导向系统工作原理

导向系统采用了3种不同的坐标系统,具体如下:

(1)大地坐标系统即全球坐标系统,上文所述的地面控制测量、联系测量及地下控制测量,其目的就是将TBM掘进线路坐标纳入大地坐标系统。

(2)TBM自身坐标系统:以TBM前点为坐标原点;中心轴线为 X 轴,掘进方向为正;X 轴顺时针旋转 90° 为 Y 轴;垂直 X 轴、Y 轴平面为 Z 轴。TBM固定参考点的坐标采用TBM坐标系。根据参考点在大地坐标系统中的坐标及其TBM坐标确定TBM的实际位置,见图14-6。

(3)轴线(DTA)系统:通过以上两个系统转化,把测量坐标转换为机器语言,如图14-7所示,在系统中显示出TBM前后基准点的里程;显示TBM相对于轴线(DTA)的偏移值,即水平、垂直偏差值;显示TBM的趋势,即水平趋向、竖直趋向、滚动角、俯仰角;还可显示推进液压缸行程、设计轴线、全站仪工作状态、激光强度等信息。

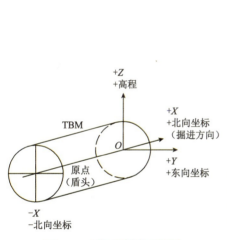

图14-6 坐标系统转换示意图

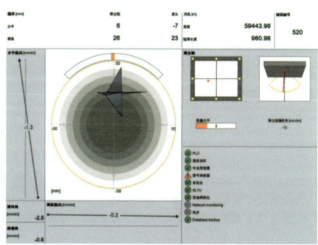

图14-7 实时姿态示意图

14.3.2 导向系统硬件组成

1)导向系统信息传输及处理

工业电脑导向系统软件给主控箱发出指令,主控箱将信号通过本地信号转换器无线传递给与远程信号转换器连接的全站仪。全站仪进行工作,激光靶接收到全站仪发出的激光定向光束,激光靶将接收到的数据通过主控箱分配传输到工业电脑进行汇总处理,就可确定TBM的精确姿态,导向系统信息传输及处理见图14-8。

2)硬件配置功能介绍

导向系统硬件配置及功能介绍见表14-6。

图 14-8　导向系统信息传输及处理示意图

导向系统硬件配置及功能介绍　　　　　　　　　　　　　　　　　　　　表 14-6

名　称	功　能	硬件照片
全站仪	具有自动马达,可自动照准目标和跟踪,并可发射激光束,主要用于后视定向,测量距离、水平角和竖直角,并和远程黄盒子 B 直接连接,将测量结果通过两个黄盒子传输到计算机	
激光靶	接收全站仪发射的激光束,测定水平和垂直方向的入射点。偏角由激光靶上激光的入射角确认,坡度由该系统内的倾斜仪测量。激光靶在 TBM 大体上的位置是确定的,即相对 TBM 自身坐标系的位置是确定的	
中央控制箱	为本地黄盒子 A 以及激光靶提供电源,同时回收全站仪和激光靶的数据,再进行综合分析,通过数据线传输到计算机	
本地黄盒子 A 和远程黄盒子 B	它主要为全站仪供电,保证全站仪工作和与计算机之间的通信和数据传输。其中黄盒子 A 和中央控制箱连接,无线接收黄盒子 B 的数据;黄盒子 B 和全站仪连接,为全站仪供电,并回收数据,进而无线传输给黄盒子 A	

续上表

名　　称	功　　能	硬件照片
工业计算机	自动导向系统数据处理和自动控制软件就安装工业计算机上面，通过计算机分别与全站仪和激光靶通信接收数据，再对数据进行调用	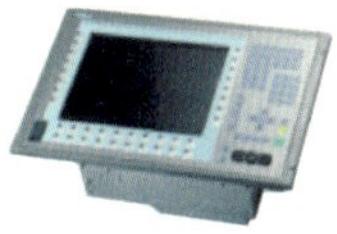
外置双轴倾斜仪	测定 TBM 的转角、倾角	

3）导向系统精度控制要点

（1）在掘进始发前进行 TBM 人工姿态测量，注意观测参考点的均匀分布、足数和有可能含粗差点的判定和剔除，以便精确计算盾构机初始姿态参数，保证导向系统正确初始化。

（2）在系统正确录入隧道中心三维坐标。

（3）提高地下控制导线的精度。

（4）随隧道掘进，及时对激光全站仪进行移站。根据 TBM 实际特点，受隧道净空限制，测量通道狭小，经常遇到通视受阻或全站仪站点、后视坐标与设备刮擦等情况，则视情况缩短移站距离。

（5）每月进行一次 TBM 人工姿态测量，以检核、修正激光导向系统的有关参数。

（6）由于掘进导向用的后视棱镜、全站仪均固定于洞壁或管片上，易发生变形位移，为保证掘进方向精确可靠，全站仪移站每前移 2~3 次，则导向系统进行一次人工复核全站仪站点、后视棱镜坐标，达到校核自动导向系统的测量数据，并复核 TBM 的位置、姿态，确保掘进方向准确性。

14.4　TBM 引水隧道控制测量案例

14.4.1　工程概况

某引水隧道主洞全长 46km，隧道纵坡 1/2583，支洞及辅助洞室为钻爆法施工。TBM 从支洞进入安装，第 1 台 TBM 掘进上游，总长为 24.8km；第 2 台 TBM 掘进下游，总长为 20.6km。其中支洞长 1.650km。工程布置见图 14-9。

图 14-9　工程布置示意图

14.4.2　TBM 隧道洞外控制测量

本隧道洞外采用 GPS 控制网，洞口地形较平坦，在进、出口各设置 4 个 GPS 点。定向点至洞口点间的距离在 300m 以上。

1）测量情况及设备

测量仪器采用天宝 R6 双频接收机 6 台套/组，标称精度为 5mm + 1ppm。

2）数据处理方法

（1）平差软件

基线处理采用 LGO7.0 软件，网平差采用 COSAGPS5.21 软件进行平差处理。

（2）GPS 网平差

GPS 二等网复测平差：GPS 点在基线解算满足规范要求后，首先在 WGS-84 椭球坐标系下进行三维无约束平差，符合精度并满足规范要求后，GPS 二等网使用两端的两个二等 GPS 点作为起算点进行二维约束平差，最弱边边长相对中误差≤1/150000，精度满足约束平差后，进行坐标较差对比，二等 GPS 点坐标较差均≤20mm 的坐标点位，采用原设计成果。

14.4.3　TBM 隧道洞内控制测量

1）洞内基本导线网布设形式

本隧道设计为支洞与主洞垂直相交，由支洞进入主洞分别从两边掘进，洞内导线边应在洞内环境允许的情况下尽可能采用长边，边长宜近似相等。根据本隧道实际情况，洞内导线边长 400m 左右，导线点成对布设，横向间距 2m 以上。洞内控制网布设为主、副双导线网，如图 14-10 所示。

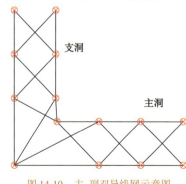

图 14-10　主、副双导线网示意图

2）洞内导线网测量采用仪器

根据相关规范要求，采用徕卡 TS16 全站仪，测角精度为 1″，测距精度为 $\pm(1mm + 1.5ppm \times D)$。洞内控制测量按二等导线精度，角度采用方向观测法内角观测 5 个测回、外角观测 4 个测回，距离采用对向观测法各观测 4 个测回，测回间的较差满足规范要求时，取平均值进行坐标推算。

3）高程控制测量

TBM 单向掘进长度长，洞内高程控制测量按二等水准网设计。采用徕卡 DNA03 水准仪,配 3m 条码尺,且洞内高程控制测量应进行往返测量,水准点采用右侧导线点,往返较差应符合二等水准测量的要求。

14.4.4 洞内外贯通误差计算

1)洞外控制测量对横向贯通误差的影响

洞外 GPS 平面网测量误差对隧道横向贯通的影响可按下式估算:

$$M^2 = m_J^2 + m_C^2 + \left(\frac{L_J \cos\theta \times m_{\alpha J}}{P}\right)^2 + \left(\frac{L_C \cos\varphi \times m_{\alpha C}}{P}\right)^2 \tag{14-6}$$

代入数值,计算得 $M^2 = 6.54\text{mm} \leqslant 50\text{mm}$。

由公式(14-6)可得出,提高洞外 GPS 测量精度可削弱洞外 GPS 平面网测量误差对隧道横向贯通的影响,并采取以下措施:

(1)洞口地形较平坦,在进、出口各设置 4 个 GPS 点,确保进洞联系边后视方向至少设置 2 个。

(2)进口进洞联系边长度分别为 650m 和 365m,出口进洞联系边长度分别为 597m 和 341m。

(3)所有观测点均采用强制观测墩消除对中误差。

(4)约束平差后,基线方位角中误差为 0.74″(<1.0″),最弱边边长相对中误差为 1/270000(<1/250000),控制网精度优于铁路一等卫星定位测量控制网的精度。

2)支洞—下游导线网测边误差对横向贯通误差的影响值

$$m_{YL} = \frac{m_L}{L}\sqrt{\sum d_Y^2} = 56\text{mm}$$

$$m_l/l = 1/110000$$

导线网测角误差对横向贯通误差的影响值为:

$$\rho = 206265″, m_\beta = \pm 1.0″$$

$$M_{Y\beta} = \frac{m_\beta}{\rho″}\sqrt{\sum R_X^2} = 194\text{mm}$$

则由洞内测角和测距误差引起的横向贯通中误差:

$$m_{内} = \pm\sqrt{m_{Y\beta}^2 + m_{YL}^2} = \pm 202\text{mm}$$

由于隧道内布设的为双导线且 TBM 单边掘进长度长,相向开挖长度按单向的 2 倍来确定,因此 $\pm 202/\sqrt{2} = \pm 142\text{mm} < \pm 400\text{mm}$。

结论:该段控制网设计的测量精度满足隧道横向贯通误差要求。

3)高程控制测量误差,对竖向贯通($M_{\Delta h}$)的影响值为:

$$M_{\Delta h} = M_\Delta \sqrt{L} = 1 \times \sqrt{20.6} = 4.5\text{mm} < 76\text{mm}$$

结论:该段高程贯通设计精度满足《水利水电工程施工测量规范》(SL 52—2015)相关要求。

14.4.5 控制测量总结

（1）TBM长大隧道洞外平面控制网宜选用GPS控制网，隧道内平面控制网宜采用主副双导线网，洞内外高程控制网宜采用二等水准网。

（2）洞内外控制桩采用强制对中观测墩，消除对中误差。

（3）定期对洞内外控制网进行换手复测。

（4）运用全站式陀螺仪的特点对洞内导线边方位角进行复核，大幅度提高了TBM长大隧道高精度贯通。

（5）洞内导线控制网选用1″或0.5″级全自动测量机器人；二等水准测量宜用电子水准仪、条码尺进行测量。

（6）定期对导向系统姿态、全站仪，后视觇标基准点进行复核。

本讲参考文献

[1] 赵培亮.长大隧道贯通误差设计[J].城市建设理论研究(电子版),2012(10).

[2] 佚名.GAT高精度磁悬浮陀螺全站仪[J].矿山测量,2009(02):97.

[3] 王涛.GAT陀螺全站仪贯通测量一体化系统研究与开发[D].西安:长安大学,2008.

[4] 刘东亮,黄永康.盾构VMT导向系统[J].建筑机械,2003(01):60-61.

[5] 许双安.拉林铁路巴玉隧道施工控制测量及精度分析[J].高速铁路技术,2020,11(05):6.

[6] 吴连雄,徐一鸣,刘成龙.罗峰隧道施工GPS控制网建网及其贯通误差预计[J].黑龙江工程学院学报,2002,16(04):36-38,50.

[7] 向垂规,李有华.水利工程长隧道贯通测量方法研究[J].价值工程,2018,37(10):120-122.

[8] 陈党莹.双护盾TBM施工中VMT导向系统精度影响因素分析[J].水电站设计,2019,35(03):21-23.

第15讲　TBM超前地质预报与隧道监控量测

　　超前地质预报是在分析前期地质勘察资料的基础上,结合隧道开挖中的施工地质条件,采用地质分析法、地震波物探法和激发极化法等超前地质预报技术,超前探明掌子面前方地质,以便采取相对应的工程措施。监控量测是监控围岩稳定、检验设计与施工是否合理及安全的重要手段,把量测信息及时反馈到设计和施工中去,对初期支护、二次衬砌的施工方法做出修正,以达到安全、快速的施工目的。工程中通常把超前预报和监控量测作为施工工序,纳入施工管理。

15.1　TBM超前地质预报

　　TBM隧道施工超前地质预报是判别围岩地质情况的重要手段。目前用于TBM隧道施工的超前地质预报方法较少,准确预报不良地质成为对TBM隧道施工超前地质预报技术的重要考验。本节归纳总结了超前地质预报的几种常用方法,按探测方法,按预报空间位置,以及按预报距离分类介绍超前地质预报手段,并提出TBM综合超前精准预报技术。

15.1.1　超前地质预报主要内容

　　(1)地层岩性预报:主要是地层岩性分界、岩体的完整性,重点是对影响隧道稳定的软弱岩层、破碎岩层和特殊岩(土)体的分布、厚度、位置及岩性特征、结构特征进行预报。
　　(2)断裂构造预报:主要对断层、裂隙密集带、破碎带等的分布、规模、破碎程度、结构特征进行预报。
　　(3)地下水预报:主要对含水层、储水构造的分布、规模、富水程度进行预报。

15.1.2　超前地质预报分类

　　隧道超前地质预报方法分类有多种,可按预报方法手段、预报空间位置、预报距离等进行分类。

(1)按探测方法分类

按探测方法可分为地质素描法、物探法以及超前水平钻探法,探测方法见表 15-1。其中,地质素描法包括地面地质调查、掌子面地质调查等;物探法包括 TSP 地震反射波法、地质雷达法、高密度电法等;超前水平钻探法包括钻速测试法、超前导坑法以及水平钻机超前探测法。

探测方法　　　　　　　　　　　　　　　　　　　　表 15-1

探测方法	项目	频率及位置	探测目的	主要设备
地质素描法 (数码成像)	洞顶及洞壁	3 处/1m,左右侧洞壁、洞顶	地质构造	数码相机
	掌子面	1 张/10m	地质构造	数码相机
物探法	TSP203 地质预报	100m/次	地质构造、软弱夹层、断层等不良地质探测	TSP203 地质预报系统
	地质雷达	在 TSP203 预报有异常时	断层、富水带等	地质雷达
	地震反射波法	在 TSP203 预报有异常时	基底岩溶探测	地质雷达
	红外探水	每 30m 一次	富水情况	HY-303 红外线探水仪
超前水平钻探法	单孔水平钻探 (每次 40~60m)	花岗岩地段每 250m 一孔	地质构造、涌水量	地质钻机、三臂凿岩台车
	钻探孔内数码成像	水平钻探时	地质构造	地质钻机

(2)按预报空间位置分类

按预报空间位置可分为洞外与洞内预报。其中,洞外预报包括地面地质调查和高密度电法等;洞内预报包括掌子面地质调查、TSP 探测、地质雷达探测、超前水平钻探等。

(3)按预报距离分类

按预报距离可分为长距离预报、中距离预报与短距离预报。其中长距离预报包括地面地质调查、高密度电法等;中距离预报为 TSP 地震反射波法等;短距离预报包括掌子面地质调查、地质雷达法、红外探测法、超前钻探法等。具体内容见表 15-2。

超前地质预报按距离分类　　　　　　　　　　　　　　表 15-2

预报方法		预报地质	工作原理	检测方法
长距离 (100~150m) 超前地质预报	TRT、TSP、SAP	溶洞,暗河,断层,裂隙,围岩等级等	地震波超前预报法,当地震波遇到声学阻抗差异界面时,一部分信号反射回来被隧道边墙及顶部的传感器接收,一部分信号透射进入前方介质继续向前传播。声学阻抗的变化通常发生在地质岩层界面和岩体内不连续界面	靠近掌子面左右边墙分别布置两排震源点(每排 3 个,共 12 个),间距 2m,距离第二震源点 10~20m 开始布置检波器,共布置 4 排。第一排检波器 2 个;第二排检波器 3 个,分别位于左右拱底及拱顶;第 3、4 布置同 1、2。最后通过软件处理数据得出结果

续上表

预报方法		预报地质	工作原理	检测方法
中距离 (50~80m) 超前地质预报	瞬变电磁探测	测含水构造	基于岩土体与水体之间的电阻率差异，通过观测低频电磁波在水体中激发的二次感应电磁场来确定含水构造	利用电磁脉冲激发，不接地回线向地下发射一次场，在一次场断电后，测量由地下介质产生的感应二次场随时间的变化，通过观测、处理、分析这一随时间衰减的变化来了解介质的电性、规模、产状等
	钻探法	复核地质	超前水平地质钻	钻探、取芯
短距离 (30m) 超前地质预报	激发极化法、隧道空间叠加成像预报（TIP）、地质雷达	探水	通过测量分析地质体的激电效应实现探查。在电流激发作用下，因电化学作用引起地质介质电荷分离，从而产生随时间变化的二次电场现象。当供电电极 AB 供入稳定电流，测量电极 MN 之间电压 U 随时间变化，一般随着供电时间而增大并趋于稳定的饱和值，当断开供电电流，断电瞬间电压 U 急剧下降之后缓慢减小，一段时间后衰减到零附近	在掌子面后方移动探测。多同性源供电原理，可减小 TBM 施工中电极附近异常体的干扰。向掌子面后方移动探测加大探测距离，无须在掌子面下面测量，保障人员安全，不随掌子面开挖进行连续探测，实现对异常体的三维成像，提高定位精确度

15.1.3　TBM 搭载超前地质预报技术

TBM 对超前地质预报技术的要求更高，我国在超前地质探测方面建立了适用于 TBM 以及钻爆施工隧道的综合化探测方案，综合采用三维地震预报、激发极化预报等超前探测技术，其各种预报方法的特点与优势见表 15-3。

预报方法的特点与优势　　　表 15-3

名　称	预报方法	工作原理图
地震波反射法	地震反射成像法超前探测。刀盘附近边墙设置 12 个激震点，后方边墙上布置 10 个传感器。利用检修间隙探测，无须对 TBM 机械进行改造	

续上表

名　　称	预 报 方 法	工 作 原 理 图
电磁波法	中频电磁波在含水岩体的电导率与电容率大大升高,电磁波在波阻抗差异界面形成反射;根据反射波相干能量与相干频率,对含水体的位置与含水量的大小进行预报。用于隧道围岩断裂带、岩溶、裂隙带等含水构造的超前探测	AB:发射电极；MN:接收电极；x:尽量小
电法（激发极化法预报）	通过将供电电极向隧道掌子面后方移动,使电极极距不断增加,实现了对前方不同距离水体信息的感知。刀盘上安装测量电极14个,护盾上安装供电电极20个。依靠液压控制系统实现电极伸缩。探测距离达30m	
微震监测	利用监测岩爆孕育过程岩体破裂而产生的弹性波。利用锚杆钻机钻孔;孔深3m、直径75mm、40m一环、一环3个孔	
钻探法	钻孔作业时,实时监测钻孔压力、钻孔速度、旋转速度等参数,通过随钻测量（MWD）软件分析可复原地质情况,绘制电子地质地图。TBM搭载超前钻机(超前钻孔30m),TBM搭载超前取芯钻机(50m)	

15.1.4 TBM 综合超前精准预报技术

根据不同岩体的物理特性,利用弹射波反射法、电磁波法等超前地质探测手段,能显示出围岩地质突变,能否做到精准预测,还需进一步验证。对异常区进行钻探,揭示不良地质情况,是岩是土、破碎是否完整、何处见水、有无岩溶等,做到 TBM 综合超前地质精准预报。超前地质预报应遵循"长、中、短"相结合的综合预报方法,钻探验证物探异常区域,为隧道施工安全做到靶向精准预报。

15.1.5 TBM 超前地质预报管理

在隧道建设过程中,应首先借助搭载于 TBM 的地震波探测系统以及激发极化探测系统对掌子面前方进行超前探测,探明掌子面前方的不良地质。根据解译结果,结合超前地质预报成果分析掌子面前方的地质情况,并在此基础上制订针对性的动态施工设计处置方案,从而保证施工人员与机械的安全,避免出现 TBM 卡机等事故。综合超前预报与施工管理流程如图 15-1 所示。

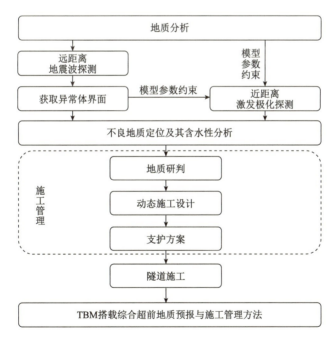

图 15-1 综合超前预报与施工管理流程图

通过采用"先超前预报,后施工管理,再掘进施工"的策略,在基本已知前方地质条件的情况下制订 TBM 施工方案,从而有效避免过去仅凭经验施工带来的局限性,并在很大程度上提高 TBM 施工的安全性。

15.2 TBM 施工隧道监控量测

监控量测是施工管理中的一个重要环节,也是施工安全和质量的保障,可为隧道的动态设计和信息化施工提供依据,为隧道设计理论的发展积累经验。目前隧道监测以传统监控量测为主,并向自动化监测方向发展。

15.2.1 传统监控量测

1)监控量测项目

监控量测项目包括必测和选测项目,具体见表15-4。

监控量测必(选)测项目 表15-4

序号	必/选测项	监控量测项目	监测设备/仪器	备 注
1	必测	洞内、外观察	数码相机、罗盘仪	必测项目是隧道工程应开展的日常监控量测项目,作为隧道施工工序,纳入施工管理
2		拱顶下沉	水准仪、钢挂尺或全站仪	
3		净空变化	收敛计、全站仪	
4		地表沉降	水准仪、钢钢尺或全站仪	
5	选测	围岩压力	压力盒	选测项目是根据隧道地质情况、埋深、支护措施、周边邻近物等因素综合选择的监控量测项目
6		钢架内力	钢筋计、应变计	
7		锚杆轴力	钢筋计	
8		围岩内部位移	多点位移计	
9		孔隙水压力	水压计	

2)监控量测断面布置

必测项目中拱顶下沉,净空变形收敛量测,根据围岩类别、隧道尺寸和埋深等,沿隧道纵向在拱顶和边墙布设测点,测点间距Ⅳ、Ⅴ级围岩不大于 $3d$(d 为隧道直径),Ⅲ级围岩一般不大于 $5d$,Ⅱ级不设量测断面,在断层段每 5m 设置一个监测断面。在监测过程中,根据各类围岩中的稳定性类别,调整断面间距,监测断面数量可能增加或减少。每个监测断面设 3~5 个收敛测点。

选测项目根据隧道地质情况、埋深、支护措施、周边邻近物等因素视情况进行断面布置。

3)监控量测技术要求

(1)量测频率

根据工况合理安排监测时间间隔,按变形速度或距开挖面距离拟定量测频率,量测频率分别见表15-5、表15-6。

量测频率（距开挖面距离） 表15-5

量测断面距开挖工作面的距离	量测频率
(0~1)B	1~2次/天
(1~2)B	1次/天
(2~5)B	1次/2天
>5B	1次/周

注：B为隧道开挖宽度。

量测频率（变形速度） 表15-6

位移速率监测内容	量测频率			
	≥5mm	1~5mm	0.2~1mm	<0.2mm
洞、内外观察	每次开挖后			
拱顶下沉	2次/天	1次/天	1次/3天	1次/7d
隧道净空收敛				
地表沉降				

注：现场监测将采用定时观测与跟踪观察相结合的方法进行；量测频率可根据监测数据变化大小进行适当调整；监测数据有突变时，量测频率加密到每天2~3次；各监测项目的开展、监测范围的扩展，随隧道施工进度不断推进。

（2）不同围岩级别监控量测控制标准

参照《铁路隧道监控量测技术规程》（CRQ 218—2015），跨度 $7m<B\leq12m$ 隧道初期支护极限相对位移及以往经验采用标准见表15-7。

隧道初期支护极限相对位移 表15-7

围岩级别	隧道埋深 h(m)		
	h≤50	50<h≤300	300<h≤500
周边收敛(%)			
Ⅱ	—	0.01~0.03	0.01~0.08
Ⅲ	0.03~0.10	0.08~0.40	0.30~0.60
Ⅳ	0.10~0.30	0.20~0.80	0.70~1.20
Ⅴ	0.20~0.5	0.40~2.00	1.80~3.00
拱顶下沉(%)			
Ⅱ	—	0.03~0.06	0.05~0.12
Ⅲ	0.03~0.06	0.04~0.15	0.12~0.30
Ⅳ	0.06~0.10	0.08~0.40	0.30~0.80
Ⅴ	0.08~0.16	0.14~1.10	0.80~1.40

注：相对位移指实测位移值与两点距离之比或拱顶下沉实测值与隧道宽度之比；脆性围岩取表中较小值，塑性围岩取表中较大值；墙腰水平相对净空变化极限值可按拱脚水平相对净空变化极限值乘以1.1~1.2倍。

隧道施工中出现下列情况之一时，应立即停工，并采取措施进行处理：量测数据有不断增大的趋势；支护结构变形过大或出现明显的受力裂缝且不断发展；时态曲线长时间没有变缓趋势。

4）监控量测数据分析原理

量测数据分析分为实时分析和阶段分析。实时分析是指每天根据监测数据与影响地层的施工参数进行实时分析,发现安全隐患,并及时反馈;阶段分析是指施工一段时间后,根据大量的量测数据进行综合分析,总结施工对地层影响的规律和结构的安全性,指导下一阶段施工。根据现场量测所得的数据包括量测日期、时刻、隧道内温度等,应及时绘制位移-时间曲线图或散点图。分析不同埋深、地质条件、支护参数等条件下,各工序的时间-空间效应。回归分析是目前最常用的统计分析的方法。在取得量测数据后,要及时进行整理、分析和总结。

(1)数据整理

把原始数据通过一定的方法,如大小顺序,用频率分布的形式把一组数据分布情况显示出来,进行数据的数字特征计算以及离群数据的取舍。

(2)数据分析和曲线拟合

采用比较法、作图法和数学、物理模型,分析各监测物理量值大小、变化规律、发展趋势,以便对工程的安全状态和应采取的措施进行评估决策。

绘制时间-位移曲线散点图和距离-位移曲线散点图,如图15-2所示。若位移的变化随时间(或距开挖面距离)而渐趋稳定,说明围岩处于稳定状态,支护系统是有效、可靠的,如图中的正常曲线所示。在图中的反常曲线中,出现反弯点,这说明位移出现反常的急骤增长现象,表明围岩和支护已呈不稳定状态,应立即采取相应的工程措施。

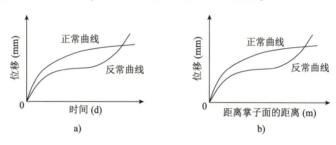

图15-2 时间-位移曲线、距离-位移曲线图

在取得足够的数据后,还应根据散点图的数据分布状况,选择合适的函数,对监测结果进行回归分析,以预测该测点可能出现的最大位移值,预测结构和建筑物的安全状况。

每次测量时要做好详细的量测记录,并及时根据现场测量数据绘制时态曲线和空间关系曲线。当位移时间曲线趋于平缓时,及时进行量测数据的回归分析,以推求最终位移和掌握位移变化的规律。目前,常采用的回归函数如下:

对数函数:

$$U = A\lg[(B+t)/(B+t_0)]$$
$$U = A\lg(1+t) \tag{15-1}$$

指数函数:

$$U = Ae^{-B/t}$$
$$U = A(e^{-BT} - e^{-Bt_0}) \tag{15-2}$$

双曲线函数:

$$U = t/(A+Bt) \tag{15-3}$$

上述式中:U——变形值(mm);

A、B——回归系数;

t——量测时间(d);

t_0——测点初读数时距开挖时的时间(d);

T——量测时距开挖时的时间(d)。

及时对现场量测数据绘制时态曲线(或散点图)和空间关系曲线。当位移-时间曲线出现反弯点时,则表明围岩和支护已发生了突变,呈不稳定状态,此时应密切监视围岩动态,并加强支护,必要时暂停开挖。

15.2.2 自动化监测

自动化监测集合了物联网、云计算、传感器、无线通信等技术,组成一套智能、安全、快捷的隧道健康自动化在线监测系统,为隧道施工者、管理养护者提供有效的数据支持和安全保障。

1)隧道自动化监测项目

自动化监测传感器及技术指标见表15-8。

自动化监测传感器及技术指标 表15-8

监测项目设备名称	工作原理	技术指标	测点布设	设备图片
沉降、收敛（激光测距仪）	每监测断面设2个激光测距仪,分别指向拱腰、拱顶,测量边长变化得出沉降、收敛值	量程:0.5~30m; 精度:±1.5mm; 信号输出:RS485输出	每断面设2个激光测距仪	
围岩内位移（多点位移计）	包括振弦检测元件和一根消除了应力的弹簧组成。弹簧一端连接振弦,另一端连接滑动杆。随着滑动杆的拉动,传感器检测到此位移变化	规格:3/4/5点; 量程:50mm; 灵敏度:0.1%FS; 工作温度:-20~80℃	每断面3~7个测点,布置在拱顶和拱腰位置	
应力应变（应变计）	振弦式应变计由夹弦器、钢弦、线圈、安装头组成,根据经典弦原理,通过钢弦频率的变化,可知结构物的应变变化量	测量范围±3000; 灵敏度:0.5; 非线性:≤1%FS; 工作温度:-20~70℃	每断面5个测点,布置在拱顶、拱腰和拱脚	
锚杆轴力（钢筋计）	由振弦丝、夹弦器、感应线圈和连接口等组成。根据经典弦原理,通过测量钢弦频率的变化,可知钢筋受力情况	测量范围:200MPa; 分辨率:0.07%FS; 非线性:≤1%FS; 工作温度:-20~70℃	每断面5个测点,布置在拱顶、拱腰和拱脚	

续上表

监测项目 设备名称	工作原理	技术指标	测点布设	设备图片
土压力 （土压力计）	由承压膜、夹弦器、钢弦及线圈组成。根据经典弦原理，通过测量钢弦固有频率的变化，可知土体应力	量程：0~0.2/0.4MPa； 分辨率：0.1%FS； 工作温度：-20~70℃	每断面5个测点，布置在拱顶、拱腰和拱脚	
裂缝 （裂缝计）	由铁心、衔铁、初级线圈、次级线圈组成，当衔铁在线圈内部移动并偏离中心位置时，两个线圈产生的感应电动势不等，有电压输出，其电压大小取决于位移量的大小	供电电压：9~28V； 量程：10/25/50/100mm； 精度：±0.25%FS； 工作温度：-20~80℃	选择代表裂缝监测，对裂缝密集处，多布置测点	
环境温湿度监测 （温湿度传感器）	利用物体随温度变化的规律把温度转换为可用输出信号。当水蒸气吸附在感湿膜上时，元件的电阻率和电阻值都发生变化，即可测量湿度	范围：-40~125℃； 工作电压：12V（DC）； 温度精度：±0.3℃； 湿度：0~100%RH； 湿度精度：±2.0%RH	—	

2）自动化监测与传统监控量测对比

随着TBM的发展，监测的需求也相应提高，传统人工监测的方法越来越难以满足监测实际需求。而自动化监测系统作为实时在线监测手段，相对人工检测优势明显，传统人工检测与自动化监测的特性对比见表15-9。

自动化监测与传统监控量测特性对比　　　　表15-9

特　性	传统监控量测	自动化监测
实时性	采集频率低，工作量大	能够全天候24h实时监测，确保数据的连续性
稳定性	恶劣环境难以保证数据准确稳定	在恶劣环境下仍保证数据稳定
可实施性	施工期监测过程受TBM设备限制	能保证监测工作照常进行
连续性	前后数据连续性及可比性差	前后数据连续，数据可视化便于比较相关性
安全性	监测人员安全无法保障	设备实现自动化在线运行，不涉及人员安全
智能性	数据量大、繁琐复杂	数据准确可靠，后台可实现专家库科学评估
经济性	需大量的人力物力现场采集数据	自动化采集，减少人员投入

3）自动化监测原理

自动化监测系统主要由感知层、采集层、传输层、云服务器和人机交互几部分组成，在隧道各关键部位安装各类传感器后，将数据接入到采集设备，采集设备初步运算后通过4G无线网络或有线网络将数据输出到云服务器，云服务器将数据进行分析处理后下发至后端监测平台，自动化监测原理见图15-3。

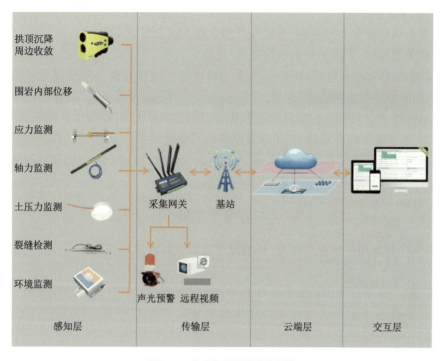

图 15-3　自动化监测原理示意图

4) TBM 隧道自动化监测方案

TBM 隧道自动化监测方案主要由变形监测、受力监测及环境监测组成。变形监测包括拱顶沉降、周边收敛、围岩内部位移;受力监测包括应力监测、锚杆轴力监测、土压力监测、裂缝监测;环境监测包括温湿度监测、有害气体监测。具体布置见图 15-4。

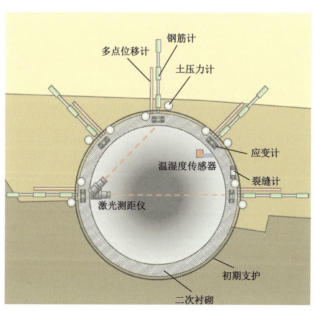

图 15-4　自动化监测布置示意图

自动化监测方案特点：

（1）能够实现远程自动化监控，无须人员多次进入施工现场。

（2）实现无线传输，无须长距离布设线缆、光缆。

（3）实现测试数据信息化管理，相关人员可以通过不同权限登入系统或者利用手机取得现场结构安全数据及安全评估信息。

（4）通过传感器得到丰富的荷载效应等数据，通过系统分析，并与计算结果进行对比，可得出结构的实际状态变化发展趋势，了解双结构的安全状况。

（5）当结构出现异常信息时，系统自动进行预报警，通过短信方式将信息及时转达给相关管理人员，并提示后台及时对结构当前状态进行安全评估。

本讲参考文献

[1] 中铁二院工程集团有限责任公司.铁路隧道监控量测技术规程[M].北京:中国铁道出版社,2007.

[2] 杨延有.输水隧洞自动化监测系统与应用[J].测绘科学,2010(S1):226-227.

[3] 韩易.远程通讯技术在地铁隧道自动化监测系统中的应用[J].测绘与空间地理信息,2016,39(04):162-163,165.

[4] 赵帮亚,黄侃.超大断面隧道施工监控量测技术[J].现代交通技术,2013,10(05):63-66,81.

[5] 李熙乾,韩鹏程,谭聪睿,等.监控量测在TBM施工洞段中的应用[J].水利水电工程设计,2015,34(03):31-32,50,55.

第16讲 特殊地质地段TBM施工技术

随着TBM长大隧道建设越来越多,特殊地质条件(如岩溶地层、高磨蚀地层、有毒有害气体条件、软岩大变形、富水段落、断层破碎带坍塌、岩爆和高地温段落等)下的隧道工程也逐渐增多,工程建设难度罕见,建设推进极其困难。本讲针对软岩大变形、富水段落、断层破碎带坍塌、岩爆和高地温地段等特殊地质产生的危害、形成的机理、应对措施和方案进行阐述、归纳和总结,可供TBM隧道工程设计、管理和施工人员参考使用。

16.1 注浆技术

特殊地质段落因经常发生涌水涌泥、塌方变形造成TBM卡机,使施工安全、成本、进度变得不可控,因注浆具有补强、压密、充填、防渗等作用故在隧道工程广泛应用。本节主要介绍注浆技术在特殊地质地段中的应用。

16.1.1 注浆机理

注浆机理主要有三种:压密注浆、劈裂注浆和渗透注浆,如图16-1所示。

a) 压密注浆　　b) 劈裂注浆　　c) 渗透注浆

图 16-1　注浆机理

(1) 压密注浆

压密注浆是指通过钻孔将不易流动的惰性注浆材料压入地层中,在形成均匀凝固结浆泡的同时,压密周围土体的方法。该注浆方法常用于中砂地基,若黏土地基有适宜的排水条件也可采用此法。

(2)劈裂注浆

浆液在较高压力(相对渗透、填充注浆)的作用下,似利斧劈入土层,通常土颗粒的粒径小于0.01mm,产生劈裂面,浆液的劈裂路线呈纵横交叉的脉状网络,故此又称脉状注浆。但劈裂注浆会破坏被注对象的原始结构面而渗透注浆从而达不到该效果。该注浆方法一般用在第四系细砂及黏性土中、溶洞填充物、断层带断层泥中。

(3)渗透注浆

渗透注浆是指在压力作用下使浆液充填围岩裂隙,排挤出空隙中存在的自由水和气体,通过物理化学反应,浆液在空隙中形成具有一定强度和低透水性的结石体,堵塞或充填空隙,起到加固和防渗作用,此方法一般只适用于中砂以上的砂性土和有裂隙的岩石,此外该注浆方法还用在均质的粗砂、砂卵石、砾石地层中。

16.1.2 浆液类型

(1)水泥浆

水泥浆液具有胶结性能好,结石强度高的特点,施工也较为方便,适用于注浆宽度大于0.15mm的缝隙或渗透系数大于1m/d的岩层。对具有宽大缝隙的岩石或构筑物、地下水流速或耗浆量很大的岩层进行注浆时,常在水泥浆中掺入砂子,以减小浆体结硬时的收缩变形,增加黏结力并减少浆体流失。

此外,水泥浆凝固速度快,且抗压强度比其他种类的砂浆高,故多用于围岩的加固、充填注浆、防渗堵漏、接缝处理等。水泥进场使用前,应分批对其强度、安定性进行复验,水泥物理力学性能可参考《通用硅酸盐水泥》(GB 175—2007)。

(2)水泥-水玻璃双液浆

以硅酸钠(水玻璃)为主要原料的化学浆液,其相对于有机材料而言比较便宜,且有双液法和单液法两种灌注方法。双液法是将硅酸钠和氯化钙两种溶液先后压入,化合后结石强度较高,但由于所用硅酸盐溶液的黏度比较大,一般用于渗透系数为2~80m/d的砂质土的加固及防渗,也用于灌注比较大的裂缝。裂缝单液法采用比较稀的硅酸钠溶液,其黏度和强度都较低,用于对抗渗要求比较低的部位。

此外,此类注浆材料非常适合碱性环境,但它的固化速度较有机材料反应较慢,故注浆要慢而匀速,使浆液双组份充分反应。单液法主要针对渗透量较小的情况,如潮湿状态的注浆,水泥-水玻璃双液浆物理力学性能详见《水泥-水玻璃灌浆材料》(JC/T 2536—2019)。

(3)环氧树脂材料

以环氧树脂为主体,加入一定比例的固化剂、稀释剂、增韧剂等混合而成。环氧树脂硬化后黏结力强,收缩小,稳定性好,强度高,是结构混凝土的主要补强材料。对于需要结构补强的部位,多采用环氧树脂注浆。近年来多将此材料用于漏水裂缝的处理。

此外,环氧树脂是一种近刚性的材料,主要针对需要结构补强的部位。因比例对固化速度和强度都影响较大,故双组份的比例要控制严格,环氧树脂材料物理力学性能指标详见《混凝土裂缝用环氧树脂灌浆材料》(JC/T 1041—2007)。

(4)丙烯酸盐注浆材料

丙烯酸盐注浆液是一种以丙烯酸类单体为主剂,以水为稀释剂,在一定的引发剂与促进剂作用下形成的一种高弹性凝胶体。丙烯酸盐注浆液不含有丙凝中的有毒成分,属于环保型堵水防渗的化学注浆材料,其黏度低,渗透能力强,主要用于细小裂缝的注浆。凝胶体具有很好的抗渗性、黏弹性及耐老化性能等主要应用于经常有水环境的部位。

此外,丙烯酸材料固化后形成含水的胶体,适合经常潮湿的部位,但失水后会收缩、变硬,不适合经常干湿变化的场合。丙烯酸盐注浆材料物理性能指标详见《丙烯酸盐灌浆材料》(JC/T 2037—2010)。

(5)聚氨酯材料

水溶性聚氨酯注浆材料是由环氧乙烷和环氧丙烷开环共聚的聚醚与异氰酸酯合成制得的一种不溶于水的单组分注浆材料。水溶性聚氨酯注浆材料与水混合后黏度小,可灌性好,形成的凝胶为含水的弹性固体,有良好的适应变形能力,且有一定的黏结强度。该材料适用于各种地下工程、人防工程、隧道等变形缝的防水堵漏。

此外,聚氨酯与水反应放出大量气体,边凝固边膨胀,但反应时间较长,要考虑材料的后期膨胀性,注浆速度太快,膨胀压力增大会使裂缝进一步扩大,损坏了混凝土结构,应当根据膨胀状态慢慢地灌注,降低后膨胀性,聚氨酯材料物理性能指标详见《聚氨酯灌浆材料》(JC/T 2041—2020)。

16.1.3 常用注浆类型

注浆技术在地下结构防渗、基坑加固、地面沉降、已建构筑物地基处理等方面起着重要作用。在隧道工程中,通过加固注浆、帷幕注浆、充填注浆、高压喷射注浆、化学注浆等方式达到围岩充填、加固和抗渗的目的。

(1)加固注浆

加固注浆适用于风化岩体、碎石类土、砂类土、黏性土和人工填土等地基及边坡加固处理。在隧道施工中,加固注浆是利用钻孔将水泥浆液或化学浆液压入围岩中,使之封闭裂隙,加强基岩的完整性,以达到提高岩体强度和刚度的目的,加固注浆参数选择及工艺见表16-1。

加固注浆参数选择及工艺 表16-1

项 目	工 艺 内 容
参数选择	(1)注浆水灰比可采用0.5~1.0,也可加入粉煤灰、水玻璃等添加剂。 (2)劈裂注浆,在砂土、黏土中的注浆压力宜为0.2~0.5MPa。压密注浆,当采用水泥砂浆时注浆压力宜为1.0~7.0MPa;当采用水泥-水玻璃双液浆时,注浆压力不应大于1.0MPa。 (3)对压力注浆,在设计最大注浆压力下,注浆流量不大于1L/min后,继续注浆30min,可结束注浆;对无压注浆,当注浆量达到设计要求时,停止注浆后,浆液在10~15min内不再下沉时,可结束注浆
施工工艺	钻孔→裂隙冲洗→压水试验→注浆→注浆质量检查
注浆设备	多功能钻机、空气压缩机、注浆泵、浆液搅拌桶和储浆桶等

(2) 帷幕注浆

帷幕注浆是通过低压注浆形成一道连续防渗帷幕的注浆方法,适用于有明确水流方向、补给范围广、围岩级别较低(Ⅴ~Ⅵ级),有一定的自稳能力的地层,帷幕注浆参数选择及工艺见表16-2。

帷幕注浆参数选择及工艺 表16-2

项 目	工 艺 内 容
参数选择	(1)岩体帷幕注浆前应采用压力水或全孔一次冲洗岩体裂隙,直至回水清净时止。冲洗压力可为注浆压力的80%,并不大于1MPa;不返水时,冲洗时间不少于30min。 (2)帷幕注浆前应进行简易压水试验,试验压力为注浆压力的80%,且不大于1MPa;压水时间为20min,每5min测读一次压力和流量,应取最后的流量值作为计算流量。当终孔段透水率或单位注浆量大于设计规定值时,宜加深注浆孔。 (3)注浆水灰比宜采用0.5~5.0,可加入水玻璃等添加剂。 (4)帷幕注浆结束标准:采用自上而下分段注浆法时,注浆段在最大设计压力下,流量不大于1L/min后,继续注浆60min,可结束注浆;采用自下而上分段注浆法时,在该注浆段最大设计压力下,流量不大于1L/min后,继续注浆30min,可结束注浆
施工工艺	钻孔→裂隙冲洗→压水试验→注浆→注浆质量检查
注浆设备	钻机、注浆设备、制浆设备、混合器等

(3) 充填注浆

充填注浆主要将配置好的充填物或浆液注入采空区或洞穴等空洞中,适用于溶洞、洞穴、土洞、采空区和裂缝等注浆。在隧道施工中,充填注浆可填充衬砌与围岩之间的空隙,使之紧密结合,共同受力,以发挥围岩的弹性抗力作用,并减少渗漏,充填注浆参数选择及工艺见表16-3。

充填注浆参数选择及工艺 表16-3

项 目	工 艺 内 容
参数选择	(1)前期注浆压力宜为0.2~0.5MPa,当体积较大且空洞内无充填物时,可采用无压充填。 (2)注浆终止压力宜为1.0~1.5MPa,中间孔宜为2.0~2.5MPa。 (3)当满足下列条件之一时,可终止注浆;注浆管管口压力升至0.5MPa以上,稳定15min;注浆管管口压力未升至0.5MPa以上,但进浆量小于70L/min,且持续15min;浆液从空洞最高处冒出
施工工艺	定位孔→安放固定钻机→钻孔→注浆→封孔
注浆设备	钻机、搅拌桶、灌浆泵、辅助设备等

(4) 高压喷射注浆

利用钻机钻孔将带有喷嘴的注浆管置入钻孔内预定的深度后,采用高压设备使浆液、水、空气成为高压流,从喷嘴中喷射出来冲击破坏土体,部分细小的土料随着浆液冒出孔口,其余土粒在冲击力、离心力和重力等作用下,与浆液搅拌混合,并按一定的浆土比例有规律地重新排列,浆液凝固形成水泥土加固体的注浆方法为高压喷射注浆法。

高压喷射注浆适用于淤泥、淤泥质土、流塑—可塑的黏性土、粉土、砂土、黄土、素填土和碎石土等地基处理、围岩加固和防渗帷幕工程作业中,高压喷射注浆参数选择及工艺见表16-4。

第16讲 特殊地质地段TBM施工技术

高压喷射注浆参数选择及工艺 表16-4

项 目	工 艺 内 容
参数选择	浆液注浆压力为25~40MPa,流量65~150L/min,喷嘴孔径2.0~14mm,喷嘴个数1~2个,密度1.4~1.7g/cm³,回浆密度≥1.3g/cm³。注浆管提升速度6~20cm/min,旋转速度10~20r/min,外径42~90mm
施工工艺	钻机就位→钻孔→地面试喷→下喷射管→旋喷(摆喷、定喷)喷射→提升→成桩(墙、板)→冲洗
注浆设备	高压泥浆泵、高压水泵、钻机、泥浆泵、空气压缩机、泥浆搅拌罐、单管、二重管、三重管、高压胶管、匀速卷扬机

(5)化学注浆

化学注浆是将化学材料(无机或有机材料)配制成溶液,用化学注浆泵等压送设备将其灌入地层或缝隙内,使其渗透、扩散、胶凝或固化,以增加围岩强度、降低地层渗透性、防止地层变形,是进行混凝土建筑物裂缝修补的一项加固围岩、防水堵漏和混凝土缺陷补强技术。本节主要是对TBM特殊地质地段施工中遇到的围岩稳定性、突水涌泥等特殊情况的预防和治理手段。

16.1.4 注浆方案

在实际注浆施工过程中,针对不同的注浆对象和目的,需要采取不同的应对措施,针对围岩的特殊情况,相对应的注浆方案可参考表16-5。

注浆方案选择 表16-5

围 岩	注浆机理	注浆方法	常用注浆材料	
			防渗注浆	加固注浆
卵砾石	渗透注浆	袖阀管法自上而下分段钻注浆	黏土水泥浆或粉煤灰水泥浆	水泥浆或硅粉水泥浆
砂	渗透、劈裂注浆	袖阀管法自上而下分段钻注浆	酸性水玻璃、水泥系浆材	酸性水玻璃、水泥浆或硅粉水泥浆
黏性土	劈裂、压密注浆	袖阀管法自上而下分段钻注浆	水泥黏土浆或粉煤灰水泥浆	水泥浆、硅粉水泥浆、水玻璃水泥浆
岩层	渗透或劈裂注浆	自上而下分段注浆	水泥浆或粉煤灰水泥浆	水泥浆或硅粉水泥浆
断层破碎带	渗透或劈裂注浆	自上而下分段注浆	水泥浆或先灌水泥浆后化学注浆	水泥浆或先灌水泥浆后改性环氧树脂或聚氨酯树脂
混凝土内裂缝	渗透注浆	自上而下分段注浆	环氧树脂或聚氨酯树脂	环氧树脂
动水封堵	采用水泥水玻璃等快凝材料,必要时在浆液中掺入砂石等粗料,在流速特大的情况下,尚可用取特殊措施,例如在水中预填石块或级配砂石后再注浆			

16.1.5 注浆过程中特殊情况应对

(1)注浆过程中发现冒浆、漏浆时,应根据具体情况采用嵌缝、表面封堵、低压、浓浆、限流、限量、间歇、待凝、复灌等方法进行处理。

（2）注浆过程中发生串浆时，应阻塞串浆孔，待注浆孔注浆结束后，再对串浆孔进行扫孔、冲洗、注浆。如注入率不大，且串浆孔具备注浆条件，也可一泵一孔同时注浆。

（3）注浆必须连续进行，若因故中断，应按下列原则处理：

①应尽快恢复注浆。若无条件在短时间内恢复注浆时，应立即冲洗钻孔，再恢复注浆。

②若无法冲洗或冲洗无效，则应先进行扫孔，再恢复注浆。

③恢复注浆时，应使用开灌比级的水泥浆进行注浆。

④若注入率与中断前相近，即可采用中断前水泥浆的比例继续灌注，如注入率较中断前减少较多，应逐级加浓浆液继续灌注；如注入率较中断前减少很多，且在短时间内停止吸浆，应采取补救措施。

（4）孔口有涌水的注浆孔段，注浆前应测记涌水压力和涌水量。根据涌水情况，可选用下列措施综合处理：自上而下分段注浆、缩短注浆段长、提高注浆压力、改用纯压式注浆、灌注浓浆、灌注速凝浆液、屏浆、闭浆、待凝、复灌。

（5）注浆段注入量大而难以结束时，应先结合地勘资料或先导孔资料查明原因。根据具体情况，可选用以下措施处理：低压、浓浆、限流、间歇注浆、灌注速凝浆液、灌注混合浆液或膏状浆液。

（6）注浆过程中若回浆失水变浓，可选用下列措施处理：

适当加大注浆压力、采用分段阻塞循环式灌注、换用相同水灰比的新浆灌注、加密注浆孔。若回浆变浓现象普遍，上述处理措施效果不明显，应研究改用细水泥浆、水泥膨润土浆或化学浆液灌注。

（7）注浆孔段遇特殊情况，无论采用何种措施处理，均应进行扫孔后复注，复注后应达到规定的结束要求。

16.2 TBM 富水段落施工

在雨量充沛或地下水丰富的地区，隧道穿过断层破碎带、节理密集带或岩溶发育地段时，施工中往往会发生地下水和承压水大量涌出的现象，严重影响隧道施工安全和进度。尤其是隧道反坡施工时，若遇到突水突泥等灾害，不仅会导致 TBM 淹机而使施工设备破坏，严重的还会危及施工人员的人身安全，也可能导致围岩出现失稳坍塌。

16.2.1 突涌水危害

隧道位于区域地下水位线以下时，地下水会在不同程度上降低围岩强度和稳定性，恶化围岩的工程地质条件，对 TBM 掘进具有很大的危害性。此情况不仅会造成 TBM 掘进受阻，还会影响人员及设备安全。TBM 掘进中突涌水常会带来以下不良影响：

（1）围岩强度降低，自稳能力下降

由于水压作用，围岩强度降低，自稳能力显著下降，致使发生坍塌，从而降低 TBM 掘进效率。隧道已开挖段在水流冲刷甚至冲击下,如不及时进行可靠支护,亦可能造成隧道拱顶及边墙等部位发生围岩失稳坍塌情况。

(2)涌水造成设备损坏

TBM 配有大量的电子和电气设备,当掘进过程中突然遭遇涌水时,地下水将直接冲淋或浸泡设备,损坏设备元器件,减少设备使用寿命,而且可能造成液压及润滑系统因进水而使油品变质,降低系统工作效率,增加设备故障率,影响正常掘进施工。较大突涌水甚至会威胁设备和人员的安全,制约 TBM 掘进速度;反坡排水时,若遇到大量涌水无法及时排出,则 TBM 存在被淹没的危险。

(3)涌水造成材料运输困难

洞底大量积水,淹没编组列车运行轨道,导致材料与人员运输困难,影响 TBM 掘进,并且存在较大安全隐患,将会造成设备异常损坏。

(4)主机区域及输送带积水严重

掌子面发生大量涌水时,TBM 掘进过程中,大量被刀盘铲斗铲起的水夹杂岩渣带两侧冲落到主机或盾体底部,造成主机或盾体底部存留大量渣水,直接影响钢拱架安装或管片拼装,落入皮带输送机必须进行清理,但现有技术清理效率很低。

刀盘前方突涌水,石渣会带有大量水,将造成连续皮带输送机积水严重,沿线渣水滑落,淹没运输线路,有可能造成有轨运输交通中断。连续皮带输送机积水如图 16-2 所示,转渣点处积水、积渣如图 16-3 所示。

图 16-2 皮带运输积水情况

图 16-3 皮带运输转渣点积水、积渣情况

(5)涌水造成钢枕或仰拱块铺设困难

发生高压大涌水时,刀盘前方的渣体在高压水冲击下,粒径在 10cm 以下的细小岩渣会从刀盘前方被冲出,堆积到钢枕或仰拱块作业区,导致钢枕或仰拱块无法铺设,造成钢枕或仰拱块铺设工效明显下降。

(6)涌水造成支护及衬砌困难

涌水地段水量大,水压高,造成隧道洞壁喷射混凝土困难,注浆施作困难且效果较差,只能先封堵止水,无形中加大了支护的作业难度和工作量,同时也对后期衬砌防水造成直接影响。

(7)引起地面塌陷、沉降及水资源流失

对于浅埋软岩或岩溶隧道,地下水位急剧变化会引起上覆松散土层内有效应力改变和动水压力增加,造成地面塌陷或沉降,这一情况在地铁隧道中尤为突出。地下水流失也会造成农田受损,居民生活和生产水源将遭到严重破坏。

(8) 造成工期延误、施工成本增加

由于隧道存在的高压、大流量突涌水,一旦揭露将严重影响 TBM 掘进作业,需消耗大量时间处理,导致了加大劳动强度、制约施工进度、延长工期等一系列问题。此外,隧道突涌水封堵和引排会导致施工成本的增加,且对施工人员的作业安全产生不利影响。总之,高压大流量涌水会延误工期、增加施工成本。

16.2.2 突涌水易发地段

隧道掘进过程中,难免会对含水或潜在含水围岩、部分导水通道造成破坏,在这种破坏作用下,一旦地下水或与之有水力联系的其他水体(地表水、地下暗河及溶洞水等)暴露或突然涌入,就会发生涌水或突水灾害。隧道施工中的突涌水与地下水赋存有着直接联系,而地下水赋存与地层岩性构造发育情况密切相关。一般情况下,下列地质构造带地下水比较丰富,在TBM 法隧道施工中应引起特别注意。

(1) 强弱透水性岩层的接触带。一般情况下,砂岩、灰岩、白云岩,以及裂隙、溶隙比较发育的岩体透水性较强,常构成透水层,而黏土岩、页岩、板岩等透水性较差,常成为相对不透水层。

(2) 可溶性岩层与非可溶性岩层交接带。可溶性岩主要指碳酸盐岩(如石灰岩、白云岩等)、硫酸盐岩(石膏等)和卤化物岩(岩盐)。

(3) 岩溶发育地区,常会出现含水溶洞、地下河、充水岩溶管道、充水溶缝等。

(4) 向斜构造的核部与背斜构造的两翼,特别是向斜构造盆地,其轴部往往富含地下水。

(5) 节理密集发育破碎岩体。一般储水量有限,涌水量由大变小直至枯竭,水质清。对于大型密集节理发育破碎岩体含水体,由于含水体涌水量大、涌水时间长,极易对洞内施工机具设备、材料物资和施工人员构成威胁,通常需全断面预注浆堵水。

(6) 断层破碎带,尤其是深大断裂带。一般来说,发育于弹脆性岩层中的张性断裂具有良好的储水和导水性能,而黏塑性岩层中的张性断裂则因构造岩被泥质充填而导水不良;扭性断裂次之,但其两侧常发育多组平行的张性和扭性的次级断层或节理,其储水和导水性能相对于压性断裂略强;各种岩层中发育的压性断裂,由于断裂中心部位多为透水性很差的糜棱岩和断层泥等,故储水和导水性能较弱。

16.2.3 涌水量预测

针对富水地段,可采用地质雷达法、瞬变电磁法、激发激化法,必要时还可以结合超前钻孔的方法进行地下水预测。本节将当前广泛应用的隧道涌水量预测计算方法分类总结为 4 种:经验公式法、解析公式法、数值计算法和物理模拟法。经验公式法多来源于大量工程案例的总结,着重于相似地质条件下隧道涌水量计算;解析公式法则基于严密的理论推导过程,计算过程快速简洁;数值计算法适用于复杂水文地质条件下涌水问题的计算;物理模拟法借助于试验的手段,直观地显现出隧道的涌水规律。

16.2.4 涌水量等级划分

由于突涌水常具有水量大,水压高、突发性强等特点,因此经常会导致围岩失稳,出现塌方,甚至淹没隧道,危及洞内施工人员及设备安全。隧道突涌水存在复杂性和多变性,目前对于岩溶突涌水的预测还达不到足够的精度。因此,隧道涌水量是影响 TBM 施工对于岩溶突涌水适应性的重要因素。

根据现场实测资料,单位涌水量越大,表明隧道遇到突涌水灾害的风险越高,TBM 施工对地质的适应性也就越差。根据相关研究,将隧道的涌水量分为 5 个等级,具体可参考表 16-6 中的内容,其中,涌水量 <10L/s 的分值最高,为 5;涌水量 >100L/s 的分值最低,为 0。通常预测 TBM 的性能时,取涌水量小于 20L/s 的折减系数为 1,20~50L/s 的折减系数为 0.8,涌水量 ≥50L/s 的折减系数为 0.5。TBM 适应性与最大涌水量关系见表 16-6。

TBM 适应性与最大涌水量关系　　　　　　表 16-6

适应程度	差	一般	中等	较好	好
涌水量(L/s)	>100	70~100	30~70	10~30	<10

根据《矿区水文地质工程地质勘探规范》(GB 12719—2001)和《煤矿防治水规定》(2009年)均要求按照钻孔单位涌水量将含水层分为弱、中等、强和极强 4 级。含水层富水层等级见表 16-7。

含水层富水性等级　　　　　　表 16-7

富水性等级	极强富水性	强富水性	中等富水性	弱富水性
单位涌水量 [L/(s·m)]	>5.0	1.0~5.0	0.1~1.0	<0.1

16.2.5 富水地段技术方案

1)不同类型涌水处理方法

隧道突涌水多发生在断层破碎带及侵入岩接触带,根据设计地勘资料,一般利用物探方法初步判断掌子面前方岩层含水情况,再利用超前钻探确定刀盘前方一定范围内的断层和含水情况,接近含水体时利用超前钻孔测定水量和水压,判断水的方向及突水、涌泥的危险程度,根据涌水量和水压确定治水方案,在长期的工程实践中应用最广泛的方法为钻孔注浆堵水。本节主要介绍 TBM 超前钻孔注浆堵水技术,刀盘及护盾后方初期支护部位突水情况如图 16-4 所示。

为控制地下水的出水量,减少地下水流向隧道,根据涌水特点,对于不同类型、不同流量、不同压力、不同部位的地下水,分别制订有针对性的措施。一般在 TBM 通过后进行封堵处理,不同类型涌水处理方法可参考表 16-8。

a)　　　　　　　　　　　　　　　　　　b)

图 16-4　刀盘及护盾后方初期支护部位突水情况

不同类型涌水处理方法　　　　　　　　　　　　　表 16-8

涌水类型	处理方法	应用范围
低压小流量地下水封堵	对掘进中遇到的低压小流量的渗滴水、线状渗水等情况,涌水压力不高,可通过分流孔分流泄压及侧向注浆等措施封堵	弱富水性
高压小流量集中涌水封堵	对揭露出水量相对较小的高压集中涌水,采用钻孔的方式分流泄压,孔口安装导流管和阀门,截取部分岩溶或裂隙水从导流管排出,使原涌水点水量减小,再进行注浆封堵	中等富水性
高压大流量管道集中出水的控制与封堵	施工中,揭露出的高压大流量管道集中出水点,若注浆材料直接注入已发生大涌水的通道中,其封堵作用十分有限。当揭露集中涌水后,可在集中出水点周边埋设带有截止阀的管道,让涌水仅由管道排出。再由周边开始逐步向出水点注浆封堵;或者浇筑混凝土进行封堵,再择机关闭截止阀,最终封堵	强富水性
大面积溶蚀裂隙出水封堵	对揭示的出水面积较大的涌水段,采用多布置孔口管装置,整体洞身注浆堵水。注浆压力应遵循先低压后高压、步步加压的原则,直到形成一定厚度的注浆结石体,此时可有效封堵	极强富水性

2)渗漏涌水间断导引处理方案

(1)隧道内地下水渗出呈不连续滴水点,采用喷射混凝土封堵。

(2)隧道内地下水沿岩面裂隙缓慢渗出,岩面湿润,经过长时间汇集成水滴,可先用高压风吹净岩面的滴水,再立即喷射混凝土封堵。

(3)隧道内地下水沿岩面裂隙呈线状或股状出水时,在出水部位钻孔埋塑料软管将水引入洞底部,喷射混凝土封堵。喷射混凝土作业时,应以排水孔为中心由四周向中间喷射。埋管的孔口采用水泥和水玻璃封堵或用浸泡过的药卷锚固剂封堵。

(4)对于围岩稳定,但地下水渗漏大面积分布的洞段,为减小对施工的影响,将横截面为Ω形的软式半圆排水管布设在隧道洞壁圆周方向,排水管布设完后铺设防水层,将水导引至隧道底部排水沟。待此区段进入喷锚区域后,再拆除防水层注浆止水并喷锚支护。对于围岩不稳定,伴有小塌方的渗漏水洞段,采用钢筋网、锚杆支护再铺设防水板的方法处理,对于中、大型塌方富水洞段,则必须在架立钢拱架支撑时,用铁皮封闭渗漏水部位,让水从两侧汇入泄水孔将其引流到水沟内,铁皮封闭范围的顶部应预留注浆孔,待铁皮密封后注浆加固。

对于顺流至隧道底部的裂隙水,采用导引的方法,即在 TBM 盾体后部,施作积水坑,将涌水引入坑中,之后用水泵排出,确保 TBM 可以继续掘进。待 TBM 通过后再进行回填注浆或专项封堵处理。按照 TBM 正常排水和应急排水相结合的思路设计排水系统,在 TBM 主机部位配置应急排水设备,且排水系统能力要充足,排水泵布置位置合理。

3)长距离反坡排水方案

隧道长距离反坡排水应做专项排水设计,根据隧道最大渗、涌水量配置抽排水设备,避免 TBM 被淹,保证 TBM 设备及人员安全。反坡施工过程中应加强超前探水作业,提前按照设计和探测的最大涌水量配置排水设备及排水管路,并考虑富余抽水能力,设备与管路随 TBM 向前延伸,详见 13.2 讲 TBM 反坡排水。

4)注浆堵水方案

(1)堵水工艺流程:分流孔钻孔→表面封堵→表层封堵→浅层固结注浆→测定涌水量及压力→封堵注浆。

(2)孔位布置及钻孔顺序

根据施工要求的钻孔孔位、孔深、孔径、钻孔顺序进行钻孔,根据出水点位情况,设计在掌子面全断面布孔,孔位布置如图 16-5 所示。

按注浆程序分序分段钻孔,先在涌水区域中心钻孔,采用由内向外、由浅到深封堵围岩裂缝,先以注浆形成的胶凝浆液封堵掌子面正面区域围岩裂缝,再对周边钻孔由浅到深注浆,用大于涌水水头的注浆压力推移浆液沿裂缝延伸,封堵掌子面周围一定范围的水流通道。

(3)钻机安装就位

考虑到 TBM 配置的超前钻机无法实现全断面钻孔,另配置 1 台柱架式液压冲击钻,结合钻机尺寸及操作空间要求,TBM 主机后退 2.0m,根据掌子面空间进行布孔。钻进开孔部位应慢速

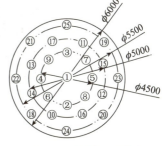

图 16-5 孔位布置示意图
注:图中编号从小到大即为注浆孔钻孔的顺序

低压钻进,钻孔过程中进行孔斜测量,并采取措施控制孔斜,其孔底偏差要符合施工图纸规定。

(4)安装止浆塞、注浆管

止浆塞采用胶囊注水式高压注浆塞,配置高压水管延至孔外手压泵,配置专用阀门,注水至胶囊内,注水压力使胶囊胀大与孔壁紧贴,之后关闭注水高压管接口处阀门,保持注浆塞胶囊压力,拆除手压泵。

(5)注浆

钻孔注浆采用 5m 梯度由浅到深施工,即参照《水工建筑物水泥注浆施工技术规范》(SL 62—2014)中基岩帷幕注浆(用浆液灌入岩体或土体的裂隙、孔隙,形成连续的阻水幕,以减小渗流量并降低渗透压力的注浆工程)方法自上而下实施分段孔口封闭注浆法。

5)富水段突水涌泥

(1)突水涌泥形成

①初始阶段。开挖形成临空面后,注浆固结圈外靠正洞侧的坍方体内积水,沿着注浆效果

稍差地段的孔隙流出,形成动水,在渗透压力作用下,将不断掏蚀和运移土体,空洞形成的管道不断扩大。

②发展阶段。经过初始阶段后,形成了一个较为顺畅的管道和临空面,使动水的运移速度加快,将引发中小规模的涌泥。随着涌泥不断地发展,原状土体被不断破坏,涌泥口在逐渐扩大,形成了新的更大临空面,同时涌泥前可听到坍塌声响,可判断加固圈外的松散土体在地下水及重力作用下,不断坍塌堆积,并且暂时封堵住涌泥口,形成暂时的平衡。随着空腔内不断聚集地下水和坍塌土体,超过平衡后涌泥口发生破坏将形成新一轮的涌泥。

③形成阶段。经过发展阶段的多次涌泥后,空腔体不断扩大,形成更大的临空面,进而使周边的含水松散土体在重力作用下向临空面方向汇聚,为更大规模的涌泥创造了条件,同时迂回导坑的空腔体和正洞坍塌体正逐步接近直至连通。该阶段特征表现为涌泥间隔时间更长、规模更大,处在爆发阶段。由于每次涌泥后在洞内形成的一定长度的涌泥体起到"塞子"的作用,而同时每次涌泥是坍塌体内的含水土体在重力作用下,不断向前次涌泥后形成的空腔内聚集,当累积到一定高度后,其形成的压力将打破洞内"塞子"平衡,继而发生再次涌泥,图16-6为突泥涌水工况主梁下方情况。

图16-6 突泥涌水工况主梁下方情况

(2)富水段突水涌泥预加固方案

目前国内外在应对突水涌泥、塌方、软弱构造带等不良地质时采用的预加固手段主要为超前帷幕注浆预加固、冻结法预加固及水平旋喷预加固3种方法。

16.3 TBM断层破碎带施工

16.3.1 断层破碎带危害

TBM掘进技术与地质条件关系十分密切,地质条件的好坏直接影响TBM的效率,TBM对断层破碎带、软弱夹层等不良地质条件的适应性较差。这些不良地质条件对TBM掘进会产生

较大影响,具体影响如下所述:

(1)由于断层破碎带导致的掌子面坍塌,可能发生在掌子面正前方,也可能发生在掌子面前上方,若坍塌规模较小,对TBM掘进施工影响亦较小,但会导致刀具异常损坏。若坍塌范围较大,坍塌体积大,可能造成刀盘被卡。

(2)对破碎带围岩扰动大,极易导致拱顶及边墙围岩松动,围岩自稳时间短,施工流程衔接不当,极易形成掉块或规模较大的塌方。边墙围岩差导致撑靴支撑力不够,首先会影响撑靴撑紧洞壁,围岩松散导致撑紧力不足,无法提供足够的推力和扭矩;超挖导致撑靴无法撑紧洞壁,TBM不能换步继续掘进。其次会影响TBM姿态和掘进方向,左右撑靴行程、撑紧力不同,会导致TBM主机姿态改变,掘进方向可能会严重偏离设计轴线。再次,坍塌体坠落,也会造成人员伤亡与设备损伤,并且延误施工进度。

(3)因围岩软硬不均,导致刀盘旋转时易产生振动,减少刀具的使用寿命;因围岩软硬不均,将会影响掘进速度,出渣量忽大忽小,从而对皮带输送机运转造成一定影响。

(4)出露护盾围岩松散破碎时,极易垮塌掉落至隧底,造成隧底大量积渣,支立拱架难度大,一是洞底积渣清理耗时长,二是拱架难以紧贴洞壁而影响支护效果。

(5)断层破碎带的软弱夹层会导致TBM掘进作业时间利用率降低,一旦发生灾害将对工程施工成本和进度造成较大的影响,频繁的塌方将导致支护量、人工清渣时间及辅助工作量增加,使掘进效率降低,甚至有可能出现TBM损坏和难以顺利通过的情况。

16.3.2 断层破碎带应对措施

通过对多个敞开式TBM穿越断层破碎带的实践总结,穿越断层破碎带的应对措施如下:

(1)减缓掘进速度,必要时停机进行围岩加固或超前支护处理后,再行推进。根据掘进参数的变化可推断前方围岩的变化情况,从而合理选择和调整掘进参数。

(2)洞壁发生小规模岩石剥落现象时,可在不停止掘进情况下,进行初期支护作业;在中等规模断层破碎带或节理密集带处发生较大规模的岩石塌落现象时,应停止掘进,及时进行初期支护;大规模的断层破碎带处,应停止掘进,对围岩进行超前加固或超前支护。

(3)对富水软弱破碎围岩,应采取防排水措施。预加固施工中一般可先采用超前钻孔排水、注浆堵水措施。

(4)采用人工喷射混凝土时,喷射混凝土必须从填充岩面空洞、裂缝开始。在钢拱架地段,钢架与围岩之间空隙必须用喷射混凝土填充密实,并及时包裹钢拱架。

(5)TBM施工过程中,通过各种不同的支护形式,支顶岩石、限制落石或对可能坍塌岩石进行预加固,主要支护形式有全圆钢支撑体系支护体系,辅助网片和钢筋棚架;锚网喷支护体系,辅助格栅钢架和槽钢钢架。

16.3.3 断层破碎带坍塌处理

1)TBM护盾前掌子面坍塌处理

当掌子面局部出现小型碎状岩石塌落时,TBM可正常掘进,待围岩在护盾后方出露后,根据围岩的表现形式与失稳程度,及时选取合适形式的加强支护措施。但若出现孤石或较大块层状剥落,如图16-7所示,则需引起高度重视,必要时停机处理。

a)

b)

图16-7 掌子面剥落块石及岩石处理

(1)掌子面坍塌对TBM掘进的主要影响

掌子面坍塌使刀具、刀盘与堵塞的块状岩之间发生剧烈撞击,刀具产生大幅度非正常振动,块状岩与设备的撞击将导致刀具发生损坏,同时出渣系统也会出现非正常情况磨损。

(2)处理措施

①块石破碎

首先破碎刀盘前方堆积的巨石,可采用风镐破碎,亦可采用微爆破处理,之后转动刀盘清理破碎后的岩渣,再掘进。

②刀具防护

刀具运动方向的前方安装防护块,避免块状岩石或凹凸不平掌子面冲击刀具,造成损伤。

2)TBM护盾上部区域坍塌处理

拱顶坍塌是敞开式TBM施工过程中经常会发生的围岩失稳形式,顶护盾上方塌腔如图16-8所示,护盾上部区域坍塌,应根据严重程度进行区别处理。

a)

b)

图16-8 顶护盾上部塌腔

(1) 小规模坍塌

施工工艺:危石清理→布设扇形支撑→清理盾体上方渣体→TBM 掘进→布设扇形支撑→危石处理→喷射混凝土。

①首先处理护盾顶部危石,再对裸露围岩施作喷射混凝土支护,封闭围岩,并清理盾体上方渣体。

②TBM 掘进。

③待塌腔脱离盾体后利用钢拱架安装器拼装全圆闭合钢拱架,拱架外侧施作工字钢或槽钢形成扇形支撑顶于岩壁上,支撑顶端焊接钢板、增加受力面积,支撑顶端需作用于完整岩石上,拱架背后焊接2mm厚钢板或立木模封闭塌腔。

④模板与塌腔之间存在的空隙灌注混凝土填充密实。

(2) 大规模坍塌

施工工艺:塌腔处理→危石处理→喷射混凝土→架设钢护拱→塌腔回填混凝土→掌子面超前注浆固结。

施工控制要点如下:

①塌腔加固

喷射混凝土封闭塌腔岩壁,后在塌腔内施作工字钢护拱,防止塌腔围岩继续变形、坍塌。

危石处理:通过高压风或其他杆状物清理塌腔岩层危石,确保施工人员的安全。

塌腔内喷射混凝土分为 3 个步骤:

第 1 步:初喷,向塌腔岩壁喷射混凝土封闭围岩,防止围岩持续风化,确保塌腔内围岩不再掉块,基本稳定围岩。

第 2 步:搭建平台,在护盾前、后及上方搭建施工平台。

第 3 步:复喷,利用工作平台,对塌腔周边围岩再次喷射混凝土直至达到设计厚度要求。

架设钢护拱:以护盾后部 3 榀拱架为支点,沿隧道轴线方向布设工字钢,环向间距不大于1m,工字钢在护盾后的部分焊接在拱架上,盾体上方工字钢采用方木支垫。在纵向工字钢上部布设环向工字钢钢护拱,拱脚座在两端拱腰处,每榀护拱两端施作锁脚锚杆,护拱拱架与纵向工字钢接触部分焊接固定,在护拱拱架上部铺设钢板,形成钢护拱,在护拱上设工字钢扇形支撑,形成对围岩的稳定支撑,如图 16-9、图 16-10 所示。

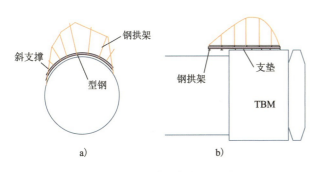

图 16-9 钢护拱及扇形支撑架设示意图

图 16-10 架设钢护拱

②塌腔回填

对塌腔处钢护拱上部沿两侧向中间分段回填混凝土,与围岩连成一体。为避免顶护盾承载过重,塌腔沿轴线方向每 1.5~2m 设定为一个灌注段,首次灌注厚度以不超过 50cm 为宜,待混凝土初凝或盾体通过该段后再对剩余部分塌腔分层回填。

③注浆加固

为避免 TBM 掘进时再次出现较大坍塌,可根据前方地质情况进行超前加固。先喷射混凝土封闭掌子面,之后利用超前钻机,在 TBM 开挖轮廓线外侧掌子面施作超前管棚或小导管(视岩层情况而定),超前注浆加固前方围岩。注浆可选用水泥-水玻璃双液浆或化学浆液。

3)TBM 护盾后方区域坍塌处理

通常,护盾后方坍塌现象很少,但一旦发生,其危害性往往较大,甚至导致发生安全事故,故 TBM 法施工过程中对此应高度重视,极力避免。一般地,此类灾害发生的原因有 3 种:一是未探明复杂地质条件,或者开挖支护后地质条件发生了改变;二是坍塌处理不当;三是初期支护不足。图 16-11、图 16-12 所示为护盾后方坍塌所造成的支护体系变形。

图 16-11　护盾后方上部支护体系失稳坍塌　　图 16-12　护盾后方边墙拱架变形失稳

(1)初期支护补强

①加大围岩变形量测密度,严密监视围岩收敛情况。

②为防止已拼装的钢拱架变形过大,应利用 TBM 主梁或其他结构作为支撑,用型钢对已拼装拱架进行竖向及斜向加固。相邻拱架间用型钢代做纵向连接,型钢间距 1m。

③在喷射混凝土开裂部位钢拱架间加密施作纵向连接,加密 L 形锚杆锁定拱架,防止钢架整体下沉、扭曲变形。

④在严重变形拱架处加设临时钢拱架。

(2)径向注浆加固深部围岩

采用自进式锚杆对深部围岩进行注浆加固,从而形成稳定固结环。

(3)更换变形限侵钢拱架、处理侵限围岩

①根据围岩收敛变形观测数据,待围岩变形趋于稳定后,更换变形侵限钢拱架,处理塌腔,重新施作初期支护,封闭成环并回填。

②做好初期支护补强,并在岩层深部注浆后对坍塌岩层进行处理。

③护盾后方支护变形且侵入衬砌施工界限的区段,全断面换拱,新支立钢拱架应采用加强

型钢拱架,拱架间距依据现场情况而定,不宜大于 45cm。新安装钢拱架布设在相邻两榀变形钢拱架之间,凿岩开槽安设。

④开槽扩挖前,在拱部 180°范围施作注浆小导管注浆加固围岩。

⑤开槽需严格控制隧道轴向开挖尺寸(开槽宽度以能拼装钢拱架为宜),深度以新安设钢拱架不侵限为准(考虑预留变形量),扩挖完成后立即架立钢拱架,钢拱架之间采用槽钢或工字钢纵向连接。

⑥换拱后钢拱架环向侧均匀设置锁脚锚管或锁脚锚杆。

⑦塌腔部位铺装钢板封闭,浇筑混凝土回填空腔。

16.3.4 断层破碎带涌泥卡机处理方案

通过对大量现场卡机处理经验进行归纳和总结,卡机处理方案如下:

1)第 1 阶段:加固及试脱困

(1)对盾尾主梁区域围岩进行初期支护加固可增设型钢竖撑,采用模筑混凝土加固。

(2)盾尾采用超前管棚注浆 + 掌子面化学注浆超前加固围岩。

(3)割除顶护盾部分限位块,回收顶护盾试掘进。

(4)超前钻孔探测不良地质类型及规模。若超前加固及超前钻探时频繁出现卡钻、泥浆裹钻、顶钻、钻孔涌泥等异常情况致使 TBM 脱困施工未成功,则进行第 2 阶段施工。

2)第 2 阶段:盾尾高位小导管、超前管棚

针对钻孔中存在的问题,分析主要原因为软弱岩体内赋存高压水,结合 TBM 脱困盾体区域加固及泄水降压需求,制订了在平导盾尾右侧开设高位小导洞 + 有工作洞室超前管棚注浆加固的综合处理方案,见图 16-13。而高位小导洞的主要功能是降压、泄水,并为进一步探测 TBM 前方地质情况提供空间,管棚工作洞室主要目的是超前加固及后续 TBM 脱困释放护盾刀盘。

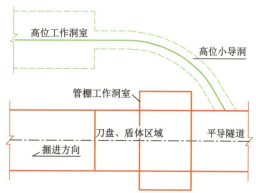

图 16-13 第 2 阶段方案平面示意图

高位小导洞底部位于平导坑底面以上,管棚洞室施工完成后施作超前管棚并注浆加固。高位小导洞施工完成后,尝试多种钻机进行地质钻探及泄水,高位小导洞钻孔将进一步探明构造带地质情况。

3)第 3 阶段:突水涌泥处理

在盾尾管棚工作室施工过程中,存在涌水携带大量泥沙涌出的情况。在出水稳定后,采用方木支撑、方木垛回填管棚工作室的方式对主梁区域围岩加固,方木垛有效支撑了围岩,同时也利于排水,防止二次坍塌造成 TBM 被埋,同时进行第 4 阶段施工。

4)第 4 阶段:迂回导坑

突涌泥发生后,利用平导隧道进行不良地质处置,若 TBM 脱困安全风险极高,已经无法实施,可在平导线路左侧增设迂回导坑 + 高位支洞泄水、加固的综合处理方案,即在 TBM 尾部增

设迂回导坑绕行至 TBM 前方,采用钻爆法处置该不良地质后采用 TBM 步进通过。迂回导坑沿平导左侧 30m 平行设置。

5) 第 5 阶段:就地脱困

平导 TBM 盾尾涌水量稳定在约 200m³/h 后,盾尾初期支护结构稳定、监控量测数据稳定无异常。现场随即启动对主梁区域围岩径向注浆加固,注浆加固后拆除方木支撑,高位导洞内增设泄水孔超前泄水并探测地质,再进行管棚洞室修复。

6) 第 6 阶段:脱困后掘进

经过侧向泄水及超前加固,该不良地质条件得到了一定改善,因此在掘进过程中地下水弱发育,围岩整体呈泥沙状。掘进时应注意控制掘进参数,低转速小推力掘进;必要的超前加固,通过刀盘、盾尾对掌子面进行循环超前化学注浆加固;初期支护加强,加密拱架,及时通过混凝土将初期支护模筑成环,并进行初期支护背后深孔径向注浆加固,从而确保整体结构稳定。

16.4　TBM 围岩大变形施工

16.4.1　大变形危害

大变形是指地下隧道或洞室周围岩体发生的形状与体积的变化及洞壁的变位,是发生蠕变、徐变、位移、沉降及底鼓的总称,容易造成初期支护开裂侵限、钢架变形直至折断、二次衬砌开裂、频繁换拱、施工进度缓慢等问题。软岩大变形施工现场情况如图 16-14 所示。采用 TBM 施工大变形段落易造成卡机、撑靴无法支撑等问题。因此,需要分析软弱围岩隧道的地质特点、隧道变形机理及面临的施工风险,并与 TBM 法隧道施工特点相结合,研究处置措施。

a) 整体变形

b) 钢架变形

图 16-14　围岩大变形

16.4.2 大变形机理

软岩一般是指单轴抗压强度小于 25MPa 的岩石。强度大于此标准但在工程力作用下能产生显著塑性变形的岩体也可称为工程软岩。通常认为隧道软岩大变形可分为两类，即挤压性大变形与膨胀性大变形。软岩一般分为以下几种，即膨胀型软岩（也称低强度软岩）、高应力型软岩、节理化型软岩……，由于其强度特性、泥质含量、结构面特点及其塑性变形特点差异很大，故产生大变形的机理有所区别。

(1) 膨胀型软岩是指含有黏土高膨胀性矿物、在较低应力水平（<25MPa）条件下即发生显著大变形的低强度工程岩体。产生大变形的机理是片架状黏土矿物发生滑移和膨胀。

(2) 高应力软岩是指在较高应力水平（>25MPa）条件下才发生显著大变形的中高强度的工程岩体。该软岩的强度一般高于 25MPa，其地质特征是泥质成分较少，但具有一定含量，砂质成分较多，如泥质粉砂岩、泥质砂岩等。其大变形的机理是处于高应力水平时，岩石骨架中的基质（黏土矿物）发生滑移和扩容，此后接连发生缺陷或裂纹的扩容和滑移塑性变形。

(3) 节理化软岩是指含泥质成分很少（或几乎不含）的岩体。该软岩发育了多组节理，其中岩块的强度颇高，呈硬岩力学特征，但整个工程岩体在隧道工程力的作用下则发生显著的大变形，呈现出软岩的特征，其大变形的机理是在工程力的作用下，结构面发生滑移和扩容变形。

16.4.3 大变形分级

勘察期间，采用现场量测或数值反演等方法获取详细地应力资料，在获得岩石、岩体强度测试资料后，计算岩体强度应力比 M，依据表 16-9（施工期间结合相对变形量和围岩变形特征进行分级），对隧道围岩进行构造软岩大变形详判。

软岩大变形分级标准　　　　　　　　　　　　　　　　　　　　　表 16-9

大变形等级	岩体强度应力比 M	围岩变形特征
Ⅰ级	0.50~0.25	围岩分级Ⅳ~Ⅵ级，开挖后围岩位移较大，持续时间较长，一般支护开裂或破损严重，相对变形量 3%~5%，围岩自稳时间短，以塑流型、弯曲型、滑移型变形模式为主，兼有剪切型变形
Ⅱ级	0.15~0.25	围岩分级Ⅳ~Ⅵ级，开挖后围岩位移较大，持续时间长，一般支护开裂或破损严重，相对变形量 5%~8%，围岩自稳时间很短，以塑流型、弯曲型、滑移型变形模式为主
Ⅲ级	<0.15	围岩分级Ⅳ~Ⅵ级，开挖后围岩位移很大，持续时间很长，一般支护开裂或破损很严重，相对变形量大于 8%，洞底有明显隆起现象，流变特征很明显，围岩自稳时间短，以塑流型为主

注：1. 相对变形量为变形量与隧道当量半径之比。
　　2. 参考《铁路隧道设计规范》(TB 10003—2016) 中"表 12.5.3 大变形分级表"确定Ⅰ级、Ⅱ级、Ⅲ级的划分区间及围岩变形特征描述。

16.4.4 大变形预测

勘察阶段通过围岩强度应力测算法等方法进行初步预测,且施工中应加强超前地质预报工作,采取地震波反射法等方法,根据超前地质预报的结果,并结合以往大变形段的地质情况,综合判别前方地质条件下是否易发生大变形,为隧道大变形施工技术措施提供依据。施工阶段通过收敛变形观测法加强隧道变形监测,通过现场监控量测监测围岩稳定、判断支护质量,也是施工安全规范的重要保障。

16.4.5 大变形设计施工原则

通过对大变形段落地质特性、变形机制及变形控制基本理念进行分析,为预防大变形地质灾害,软岩隧道施工应遵循以下原则:

(1)主动加固。过高的地应力和相对较差的岩性是挤压性大变形发生的内在原因。围岩中的初始地应力一般难以通过工程措施来改变,但隧道围岩性质往往可通过各种手段来加强。在施工时不能任由围岩压力释放,而要采取一定的方式来加固围岩,从源头上降低围岩压力。加固围岩常用的方式是采用注浆的方式,如径向注浆、掌子面超前注浆等,从而在隧道周围或前方形成一个加固区域,以发挥围岩承载能力。此外,隧道中打设锚杆后,可将围岩压力传递至远处的稳定岩体上,且锚杆本身可以将对破碎围岩起到悬吊、压缩作用,故也可达到加固围岩的效果。

(2)刚柔结合。"柔"要求初期支护具有一定的柔性,允许围岩发生一定的变形,从而消耗围岩中蕴含的能量,同时应设置具有一定刚度的钢拱架以抵抗围岩变形。二次衬砌则应是刚性的模筑混凝土,以承受剩余的围岩压力。挤压性围岩的稳定主要依靠长锚杆,喷射混凝土的作用是改善岩面,阻止围岩局部失稳。工程实际已证明,采用刚性支护方案不可取,为了达到消耗围岩能量的目的,亦可采用可缩式钢架或恒阻大变形锚杆等手段,在构造措施上可对初期支护结构设置纵缝,此举既可保持支护的柔性,又可保持喷层的完整性。

(3)抗放结合。抗放结合要求大变形隧道在施工中要随时根据隧道变形情况调整施工顺序和施工组织,由于初期支护为柔性结构,施作完初期支护后围岩将向洞壁内侧发生位移,而挤压性隧道初期支护收敛时间往往很长,在这种情况下,不可等到在初期支护变形完全稳定后再施作二次衬砌,此举后果是在高地应力的作用下围岩后期变形越来越大,隧道净空被大量压缩,最后难以控制变形。故要适量提前浇筑混凝土二次衬砌,且应根据情况对二次衬砌进行加强,一般通过提高混凝土标号和加大厚度的方法来加强,必要时可加强配筋。

(4)底部加强。一方面大变形隧道中应重视隧道底部的处理,应当对仰拱进行适当加强,并保证仰拱的及时浇筑,使隧道支护结构断面及时封闭成环。若仰拱无法及时施作,可考虑在底部设置长锚杆。另一方面,挤压性围岩的仰拱曲率较普通隧道应适当加大,以改善衬砌结构受力状态,当采用台阶法施工时,最好增设临时仰拱。

(5)优化断面。当地应力处于静水压状态时(侧压力系数 $k=1$),隧道以圆形断面受力最好,当水平地应力明显大于垂直地应力时,应采用长轴为水平方向的椭圆形断面,有条件时可根据如上原则对隧道断面进行优化。

（6）多重支护。在挤压作用比较强烈的大变形隧道中，一层初期支护结构往往难以起到较好的作用，且由于变形较大，一般初期支护喷射混凝土均会发生不同程度的开裂破损，在该情况下，若直接浇筑二次衬砌，一方面难以保证隧道施工质量，另一方面也会对二次衬砌安全性不利，如在后期运营阶段出现二次衬砌开裂等。故可采用多重支护，比如在第一次初期支护后，再次施作一层较薄的初期支护，以保证初期支护结构完整，从而保证二次衬砌安全，或也可在初期支护结构内设置一层刚性套衬，等变形较小后再施作二次衬砌。当然，多层支护的前提是要预留足够变形量，否则将无从谈起。

（7）留够变形量。高地应力软岩大变形隧道施工时必须预留足够的变形量，在这一点上应当宁多勿少，以防初期支护变形过大侵入二次衬砌净空。施工实践表明，在预留变形量不足的情况下进行隧道二次扩挖将会带来非常大的施工风险，且会造成巨大的经济损失和严重的工期延误，反不如在一开始就留够足够的变形量。

16.4.6 大变形应对措施

1）加强支护及时封闭

TBM 初期支护是复合式衬砌的重要组成部分，初期支护既要能与围岩共同变形，又要有足够的强度和刚度控制围岩变形。加强初期支护结构形式包括加密钢架支护、钢架间刚性连接、钢筋排支护、径向注浆等。施工过程中，根据监控量测数据，对设计参数和施工方法进行必要的调整和修改，以保证施工阶段的安全和支护体系有足够的安全性。

（1）加强支护

断层破碎较严重的情况下，拱架承受载荷较大。因此可连续地安装全圆钢拱架，适当加密拱架。同时钢架间设置工字钢作为劲性骨架，增强钢拱架的整体性，减缓围岩收敛，拱架安装前先在撑靴以上部位加密钢筋排，防止坍塌，隧道加强支护现场如图 16-15 所示。

a)   b)

图 16-15 隧道加强支护现场

拱架连接板与拱架焊接牢固，在围岩变形较大及断层破碎比较严重的情况下，拱架拱底最后连接处采用与拱架同型号的型钢连接，并焊接牢固，再通过连接板进行连接。

(2)及时封闭

一级大变形喷射混凝土采用C30早高强纤维混凝土,二级大变形采用C30早高强钢纤维混凝土。TBM开挖通过后,在出露的岩石洞段利用L1区设备进行钢拱架安装及连接,利用L1区超前喷混设备喷射早强混凝土以封闭岩面,减少岩石暴露时间,减缓塑性变形。

2)尽早施作衬砌

(1)二次衬砌施工应在围岩稳定后进行,围岩稳定应符合下列规定:隧道周边围岩变形趋于稳定。水平收敛(拱脚附近7d平均值)小于0.2mm/d、拱顶下沉速度小于0.15mm/d。

(2)根据对软岩大变形段提前施作二次衬砌的分析和研究,当隧道收敛变形速率达到1mm/d时提前施作二次衬砌;若二次衬砌施工段落距离大变形段较远时,经审核批准后,采用跳衬的施工方法,提前施工二次衬砌。

(3)衬砌在初期支护变形稳定后施工的,拆模时的混凝土强度不应小于10MPa;特殊环境下,拆模时的混凝土强度应符合设计要求;设计无要求时,拆模时的混凝土强度不应小于设计强度的100%。

3)刀盘扩挖,增加围岩与盾体间的间隙

(1)刀盘扩挖

TBM设计预留了一个扩挖刀座。当TBM施工过程中需要进行扩挖时可根据所需要扩挖量选择两种扩挖方式。一是通过常规增加垫片的方式将边滚刀外移实现顶部最大50mm扩挖;二是通过安装扩挖刀的方式实现顶部最大100mm扩挖,垫片扩挖方式如图16-16所示。

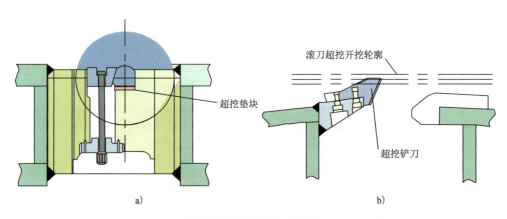

图16-16 垫片扩挖方式示意图

(2)主驱动抬升说明

TBM的扩挖均是通过改变边滚刀轨迹实现扩径,洞底最低点高程不变,拱顶最大,形成月牙形状扩挖。

因刀盘通过主驱动绕隧道轴线进行圆形开挖,若单一的增大刀盘的开挖直径会使刀盘底部被扩挖,为避免出现主机栽头等情况,需要在扩挖前实现主驱动抬升,但TBM仅做到顶部扩挖,如图16-17所示。TBM底护盾处设计有4根主驱动抬升液压缸,TBM扩挖前利用4根抬升液压缸将主驱动抬升至需要扩挖的抬升高度,如图16-18所示。

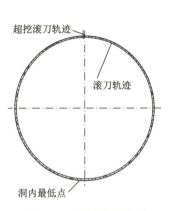

图 16-17　刀盘扩挖示意图　　图 16-18　主驱动抬升液压缸示意图

(3) 刀盘扩挖实施步骤
① TBM 掘进至待扩挖区域。
② 使用钻机在护盾顶部进行打钻扩挖,预留出护盾与顶部围岩的间隙以满足主驱动抬升的空间。
③ 利用底部护盾抬升液压缸将主驱动抬升至需要扩挖的高度。
④ 在刀盘最边缘滚刀刀座增加扩径大小的垫块。

16.5　TBM 岩爆段施工

在 TBM 开挖过程中,因开挖卸荷引起洞室周边围岩产生强烈的应力分异作用,储存于硬脆性围岩中的弹性应变能突然释放且产生爆裂脱落、剥离、弹射甚至抛掷性等破坏现象的一种常见动力失稳施工地质灾害称为岩爆,它直接威胁到施工人员、设备的安全,从而影响工程进度。

16.5.1　岩爆危害

1) 对施工人员安全的影响
岩爆多发生在拱部 120°范围内,发生岩爆将威胁人员安全,对作业人员心理造成不良影响。岩爆发生时伴有飞石或塌方,威胁作业人员安全,易造成作业人员产生"谈爆色变"的恐惧心理,不利于人员的身心健康和作业队伍稳定。

2) 对设备的影响
虽然已对 TBM 相关设备进行了防护,但若岩爆规模较大,则一般的防护措施不能起到很好的防护效果,机械设备也将面临被砸坏的风险,因此需要维修或重新购买配件更换。

(1)如掌子面岩爆,一方面岩块冲撞损伤刀具和铲斗齿,另一方面因岩爆造成掌子面凹凸不平,致使刀具、铲斗齿及刀盘易受冲击载荷发生非正常损坏。

(2)高地应力条件下,掌子面岩石的破裂及劈裂造成岩石不规则破坏,容易形成大块的岩石使其难以进入铲斗,从而形成岩块的二次碾磨,造成刀具的二次磨损甚至冲击破坏。

(3)岩爆过程中形成的岩渣易造成滚刀刀孔堵塞,影响滚刀正常转动,从而造成滚刀的异常磨损及轴承损坏。

(4)护盾顶部及后部的岩爆易造成锚杆钻机等设备毁坏。

3)对支护体系的影响

部分滞后时间较长的岩爆在初期支护完成后发生,对已完成支护造成破坏,需要对其重新进行施工,因此增加了工程量和施工成本。

4)对进度的影响

(1)掌子面发生岩爆,将造成掌子面凹凸不平,为降低对刀具的冲击,会降低TBM推进速度,掘进效率将大大降低。

(2)大量的塌方体堆积于TBM主机底部,清理耗时较长,会延迟施工进度。

(3)侧墙岩爆形成爆坑后,会导致TBM撑靴失去稳定支撑面,难以提供TBM推进的足够反力,会制约TBM掘进速度,并易造成TBM掘进方向失控。

(4)刀盘及护盾部位发生强烈岩爆或极强岩爆,大量塌方体会挤压刀盘或护盾,发生卡机。

岩爆现场见图16-19。

图16-19 岩爆现场

16.5.2 岩爆形成机理

岩爆是在高地应力区硬岩隧道建设中的一种地质现象,是指围岩在高地应力作用下,储藏在岩体内的应变能突然释放造成的围岩破裂现象。岩爆发生时,破坏后的岩石被弹裂出来,有时伴有人耳可闻的响声,轻微岩爆围岩呈片状剥离。

常规理论有能量理论、刚度理论、强度理论、分形维数理论、微重力理论、综合理论、失稳理论等。能量理论以岩石的单轴抗压强度为度量标准,从围岩的静力平衡条件出发,将各种强度准则作为岩爆的判据,该理论没有明确的机理作为依据,只是根据单轴试验现象得出依据,不能准确解释岩块(片)的弹射机理。然而岩爆的发生不仅取决于围岩的强度,地下围岩是处于一个复杂的应力体系中,不可能只受单轴力,其破坏方式也是十分复杂的。许多地下工程的围岩达到破裂状态,并没有进入极限状态,虽然围岩中的微裂隙已进入不稳定状态,但此时围岩的整体是稳定的,只是这种局部范围的不稳定状态可能导致岩爆。因此,为了更好地对岩石岩爆发生的可能性做出判断,故在此基础上综合考虑各方面的因素加以修正。刚度理论的产生源于刚性压力机,此理论由布莱克将其发展和完善,他认为矿体的刚度大于围岩的刚度是产生冲击地压的必要条件。但是由于该理论主要用于解释煤矿冲击地压和矿柱岩爆问题,故使用范围并不广泛。

还有许多理论如冲击倾向性理论、微重力理论、失稳理论以及综合理论等来阐述岩爆的发生机理。冲击倾向性理论是根据实验室实测岩体的物理力学性质指标为依据,对岩爆的发生进行预测;综合理论是我国煤炭部门提出的,它认为只有同时满足强度理论、冲击倾向理论、能量理论才能产生冲击地压,才能发生岩爆;微重力理论实际上是用物探的方法对岩爆进行预测,其理论基础是脆性岩石的"扩容"现象,即岩石在应力的作用下,力学参数会发生明显的变化,当其应变超过其临界值时,岩石的体积会突然增大;失稳理论是将围岩看成一个力学系统,将岩爆当作围岩组成的力学系统的动力失稳过程,即岩爆的发生是围岩组成的变形系统由不稳定平衡状态变成新的稳定状态的过程。

16.5.3 岩爆特性

(1)不确定和随机性。尽管对现场岩爆发生规律进行了总结,分析出了隧道断面易发岩爆的大致位置,但岩爆发生的具体位置、时间还是很难确定,并且在 TBM 掘进过程中经常伴随着岩爆的发生,其具有很明显的随机性。

(2)滞后性。在现场所能采集到的岩爆信息大多是滞后性质的岩爆,即岩爆经常在开挖后 1~2d 出现,发生的位置在掌子面后 6~40m 范围内,也有些滞后时间达到 15~20d,甚至有的达 2~3 个月。

(3)破坏性。对于 TBM 开挖隧道,岩爆的冲击能量和塌落的块石容易造成设备损坏,严重时造成刀盘卡机和人员伤亡,导致 TBM 停机,并且岩爆造成的塌腔和大量的石渣,往往需要采用手工方式处理,更增大了现场处理岩爆的难度。

(4)诱发性。刀盘前部发生的岩爆经常诱发护盾范围内的岩爆,有时由于撑靴巨大的作用力也会诱发撑靴附近位置的岩爆。

16.5.4 岩爆分级

《水利水电工程地质勘察规范》(GB 50487—2008)将岩爆分为 4 级,见表 16-10。简言之,围岩抗压强度影响岩爆,在一定范围内,抗压强度越大,发生岩爆的可能性越大;围岩完整性影响岩爆,岩爆均发生在新鲜完整围岩中。

岩爆等级分级　　　　　　　　　　表 16-10

岩爆分级	主要表现	围岩强度应力比
轻微岩爆（Ⅰ级）	围岩表层有爆裂脱落、剥离现象，内部有噼啪、撕裂声，人耳偶然可以听到。岩爆零星间断发生，一般影响深度 0.1~0.3m，对施工影响较小	4~7
中等岩爆（Ⅱ级）	围岩爆裂弹射现象明显，有似子弹射击的清脆爆裂声，有一定持续时间。破坏范围较大，一般影响深度 0.3~1.01m，对施工有一定影响，对人员及设备安全有一定威胁	2~4
强烈岩爆（Ⅲ级）	围岩大片爆裂，出现强烈弹射，发生岩块抛射及岩粉喷射现象，巨响，似爆破声，持续时间长，并向围岩深度发展，破坏范围和块度大，对施工影响较大	1~2
极强岩爆（Ⅳ级）	大部分围岩严重爆裂，大片岩块出现剧烈弹射，震动强烈，响声剧烈，似闷雷。迅速向围岩深处发展，破坏范围和块度大，一般影响深度大于 3m，乃至整个洞室遭受破坏。严重影响施工，最严重者可造成地面建筑物破坏	<1

16.5.5　岩爆预测

岩爆预测方法主要采用微震法，即基于微震监测的深埋隧道岩爆风险分析与预测方法。首先，通过综合类比在宏观上对岩爆风险作初步判断；其次，实时获取微震信息的时空演化规律，深入分析岩爆风险；之后，根据基于实例数据库的微震经验阈值做进一步的判断；最后，对岩爆风险进行动态综合预测，根据实际揭露的工程地质条件及微震实时监测信息不断地进行反馈分析。

16.5.6　岩爆通常应对措施

通过国内外大量工程实践的经验积累，目前已有许多有效防治岩爆的措施，归纳起来有以下几种：设法降低可能发生岩爆处的应力水平；将可能的震源推移至距掌子面或洞壁更远处；使岩体内积聚的应变势能均匀释放，从而避免破坏性极大的岩爆发生；改变可能发生岩爆处的岩体力学性质，从而改变岩体的破坏模式（如由猛烈破坏变为缓慢破坏）等。

岩爆防治措施一般分两步：一是开挖前主动的"防"；二是开挖后被动的"治"。TBM 前端配备有锚杆钻机、应急混凝土喷射设备、钢筋网及钢拱架安装器、超前钻机，可实现对围岩的及时支护和超前处理，可做到事前主动预防和事后治理岩爆。结合国内外 TBM 法隧道施工对岩爆的处理经验，对于不同等级的岩爆要采取不同的措施（或几种措施的合理组合），才能取得较为理想的效果。

1）超前预报

岩爆的发生不仅取决于地应力条件，还与岩性及其分布特征、岩体结构、断裂和地下水状况，以及其他扰动因素有关。应对岩爆，应根据已开挖完成的洞内地质资料（包括岩爆类型、规模、分布里程与岩爆具体位置）分析隧道地质，初步确定施工区域地应力的数量级，明确施工过程中易发生岩爆的部位并预测岩爆等级，优化施工支护顺序，为施工中岩爆的防治提供初步依据，提前做好岩爆防治技术准备等相关工作。同时，在施工过程中，应加强超前地质探测，如采用超前钻探、声反射等方法，同时利用隧道地质编录观察岩石特性，综合推断可能发生岩爆的范围。

在岩爆预测方面，目前国内外尚未形成完整准确的预测预报体系，因此很难达到精准预测到某个点位的程度。经过一段时期的现场试验，微震监测在 TBM 法隧道施工中预测岩爆具有一定的指导意义。根据微震监测所采集到的微震事件的多少和能量积聚程度，可大体判断岩爆发生的范围与方位，实现岩爆部分预警作用，当发现微震事件较多且能量较大时应减缓 TBM 掘进速度，加强系统支护。

2）改变或改善围岩力学性质和应力条件

诱发岩爆的基本要素之一是高地应力，即岩爆的动力来源是隧道开挖面周边存在的高地应力，从高地应力分布的角度分析，隧道掌子面一带是岩爆风险最高的位置，但是受 TBM 设备结构的限制，施工过程中无法对掌子面前方 3m 和掌子面后方 5m 的区域内实施有效的人工干预，同样受 TBM 设备结构与空间的限制，一旦发生大规模岩爆破坏，很难实施高效清理与强化支护措施，因此，积极主动的防治至关重要。

采取积极主动的防治方案与措施，将尽可能避免 TBM 掘进过程中发生强烈或极强岩爆，减缓因岩爆引起的溃决性塌方，若发生岩爆将严重影响施工安全与进度，故尽可能降低围岩承载结构的损坏程度，预防岩爆可采取如下措施：

（1）应力释放孔法

针对岩爆类型及大小，在掌子面施作超前应力释放孔，部分释放掌子面的高地应力，也可在隧道上半断面造设应力释放孔，增加洞壁岩体塑性，降低洞壁应力，使高应力峰值转移至深部围岩，达到降低岩爆等级乃至防止岩爆发生的目的。要求打孔的部位要精准，孔必须布置在应力集中的部位，并且要有一定的密度和深度，此外，孔径尽可能大。

应力释放孔对于减缓和防止轻微岩爆可发挥一定的效果，但在中等及以上岩爆洞段因打孔释放的能量有限，效果欠佳。同时，圆形孔的应力释放能力较差，仅能影响孔位周边较小范围。

（2）冲水减压法

在易发生岩爆洞段，通过向掌子面和开挖后的洞壁喷洒高压水，可在降温除尘的同时润湿岩面，提高表面围岩塑性，降低岩爆等级。

水可逐渐改变岩石状态，使其强度及变形特性发生变化。岩石在水作用下表现出的性质有渗透性、溶蚀性、软化性、膨胀性等，水能把岩石中某些组成物质带走，降低岩石致密程度、增大孔隙度，从而降低岩石强度。由于水分子的加入，岩石内部颗粒间的表面能会发生改变，致使岩石强度变低，塑性变形增加。同时水分子的水楔作用使颗粒间距加大，产生膨胀应变和膨胀压力。冲水减压法就是基于上述原理，通过在岩体表面冲水，让水渗透进岩体中，从而改变岩石的力学性能，降低岩石的强度，从岩爆发生的内因上治理岩爆。但工程实践表明，冲水减压法只能解决围岩浅层的轻微岩爆，且只适合于渗透性较好的岩体。

（3）注水减压法

注水减压法的原理和冲水减压法相似。其差异在于，冲水减压法是作用于岩体表面，注水减压法则是在岩体内部打孔注水，靠高压让水充分渗透入岩体中。在超前孔中注高压水，会在围岩内部形成一个低弹区，使开挖隧道临空面的切向应力达到均匀分布的状态，对主动预防岩爆将会更加有效。

从理论上说，注水减压法的效果要优于冲水减压法，但注水减压法需要增加注水设备，加大了施工组织难度，且往隧道顶拱注水的实施难度较大。

(4)爆破应力释放法

该法是在掌子面超前探孔内装药爆破，靠爆破的作用改变岩体力学特性。爆破形成爆破破碎圈、爆破松动圈和爆破震动圈，这3个圈内的应力状态因爆破作用而得以改变。施工中，有针对性地对可能发生岩爆的部位爆破释放应力，形成一圈弱应力范围，从而达到预防岩爆的目的。常规的爆破方法难以满足应力释放爆破的精度要求，目前在爆破精度方面最高的是精细爆破方法。

所谓精细爆破，即通过定量化的爆破设计和精心的爆破施工，以此达到爆炸能量释放与介质破碎、抛掷等过程的精密控制。该方法既能达到预定的爆破效果，又实现了对爆破有害因素的有效控制，具有安全可靠、绿色环保及经济合理的特点。精细爆破的内涵包括"定量设计、精心施工、实时监控、科学管理"，因此，精细爆破的理念和方法可以满足应力释放爆破的技术要求。

16.5.7　TBM 开挖过程中岩爆应对措施

(1)强岩爆洞段，由于围岩强度大、地应力高，TBM 掘进的扰动会持续不停地诱发岩爆，掌子面崩落的岩块多、能量大，致使滚刀崩口损坏现象激增，这种情况下需适当降低掘进推力，如选取类似地质条件下岩爆时推力的 1/2~2/3。

(2)撑靴撑紧力较大，伸出撑靴支撑洞壁和换步回缩撑靴时会发生外部压力的突变，极易诱发强烈岩爆，故换步时人员应撤离撑靴影响区域，同时减缓加压和卸压速度，给围岩应力一个缓慢调整的过程，减小诱发岩爆的概率。

(3)适当减小刀盘转速，减小大尺寸岩爆岩块对滚刀的损坏。

(4)岩爆洞段施工需对人员和设备采取必要的防护措施，如可采取在主机适当区域安装防护钢板，为人员配备钢盔和防弹背心。

16.6　TBM 高地温地段施工

随着 TBM 技术广泛运用于交通隧道及引水隧道的修建中，交通隧道及引水隧道也逐渐向长距离、高埋深的方向发展，其中，高地温已成为隧道工程较为常见的地质问题。为了保证隧道施工的高效性，一般需要通过设计性能较好的通风系统，才能创造舒适环境。而在隧道工程领域，若要在高地温条件下进行隧道工程施工，除了要提供一个可承受的工作气候环境外，还需要考虑高温、高湿环境对隧道衬砌结构物的影响，故采取合理有效的技术措施，从而有利于加快隧道施工进度，保障施工人员安全，减少工程投资。

16.6.1 高地温危害

深埋长隧道穿越的地层中坚硬岩占比较大,如花岗岩、片麻岩、混合岩、石英岩、板岩、灰岩等。这些坚硬、致密岩石的热导率较低,传热性能差,在岩体中容易聚集热能。因此随着隧道埋深的增加,地温一般也逐渐增加,这种增加的趋势是非线性的。

1) 对施工人员的影响

高温环境下工作对人体健康有重要影响,会降低工人劳动生产效率,严重时甚至影响施工人员的身体健康(体温调节、代谢功能等)和生命安全。在高温环境下,对人体具有以下不良影响:

(1) 体温调节障碍,主要表现为体温和皮温的升高。

(2) 水盐代谢紊乱,使机体的机能受到影响。

(3) 由于高温高湿下的机体大量失水,循环系统、消化系统、泌尿系统、神经系统等均会改变正常的状态,长期积累甚至发生病变。

(4) 在高温环境下,人易变得焦虑、烦躁。

(5) 高温环境中,人的中枢神经系统容易失调,从而感到精神恍惚、疲劳、周身无力、昏昏沉沉,这种精神状态往往又会带来事故的高发。统计表明,在高温隧道中,生产效率一般较低,部分隧道施工的相对劳动率仅为常温条件下的30%~40%。此外,隧道高温也是造成安全事故的不可忽视的因素。

图16-20为高温环境、作业人员和隧道间的相互关系。

2) 对TBM设备的影响

在高温环境下,极易造成TBM设备电气、液压、润滑等系统性能下降,致使施工设备功效降低,甚至停机,制约施工进度。主要体现在以下几方面:

(1) 对液压系统的影响

①高温使液压油黏度变小。液压油的黏度降低到一定程度,将导致液压系统泄漏增大,效率下降,甚至造成液压系统不能正常工作。

图16-20 高地温环境带来的危害

②高温使液压油的氧化作用加剧。高温使得液压油中逐渐生成一些酮类、酸类和胶质、沥青质等物质,污染液压油,缩短液压油使用寿命。当液压油氧化到一定程度时,液压油失效,不能使用。

③高温常常会造成钢和其他有色金属在液压油中的腐蚀加剧,造成零件表面损坏,同时产生腐蚀物。

④高温使液压系统中的橡胶密封件的性能变差,会造成橡胶溶胀、变软,加速橡胶老化,甚至密封失效。

(2) 对润滑系统的影响

①高温会造成摩擦副金属表面形成的润滑膜发生化学作用分解,导致润滑膜遭到破坏。

②高温更容易产生气泡,气泡会破坏润滑油膜,导致摩擦表面出现烧结或增加磨损。

(3) 对电气系统的影响

①对变频器的影响。变频器若通风散热不良,将造成模块温度超过设定值,此时变频器会保护跳停,严重时会引起模块损坏。

②对电接触的影响。电接触不良是导致许多电气设备故障的重要原因,而电接触部分的温度对电接触的良好性能影响极大。温度过高,电接触两导体表面会剧烈氧化,接触电阻明显增大,造成导体及其附件(零部件)温度升高,甚至可能使触头发生熔焊。由弹簧压紧的触头在温度升高后,也会发生弹簧压力下降的情况,造成电接触的稳定性变差,容易造成电气故障。

③对绝缘材料的影响。温度过高时,有机绝缘材料会变脆老化,绝缘性能下降,甚至发生击穿,将缩短材料的使用寿命。

3) 对支护结构的影响

高温环境下,会加速喷射混凝土中水分的蒸发,从而降低混凝土的黏结强度,使喷射混凝土易开裂或脱落。由于高温下水分的快速蒸发,会影响水泥的水化热反应,从而使混凝土的强度降低。同时,高温下混凝土水化热不易消散,进而在混凝土内产生附加温度应力而引起混凝土开裂、剥落。此外,高温下可能在围岩内部造成热脆效应,加剧岩爆现象的发生。

16.6.2 高地温形成机理

深埋长隧道穿越的地层中坚硬岩占比大,如花岗岩、片麻岩、混合岩、石英岩、板岩、灰岩等。这些坚硬、致密岩石的热导率较低,传热性能差,在岩体中容易聚集热能。因此随着隧道埋深的增加,地温一般也逐渐升高,该增加的趋势是呈非线性的。

16.6.3 高地温等级划分

隧道高地温段落等级分级见表16-11。

高地温段落等级分级　　　　　　　　　表 16-11

高地温段落等级	低高温带	中高温带	高高温带	超高温带
判别标准 (原始地层温度)	28℃ < t ≤ 37℃	37℃ < t ≤ 50℃	50℃ < t ≤ 60℃	t > 60℃

16.6.4 高地温应对措施

1) TBM 隧道降温

(1) 通风降温

对于高岩热TBM隧道,目前常采用加大通风量的降温方法。该隧道洞内外温差大,有利于同洞内环境进行热交换,降低隧道内环境温度。因通风距离长,供风过程中风筒内外热量交换明显,通风风筒可采用隔热风筒(双层隔热风筒或外包隔热材料的风筒等),减少供风过程中的热量交换,提高掌子面附近集中作业区域的降温效果。

TBM掌子面附近机械设备多且功率大,机械自身产生的热量高,施工通风具有一定的降温作用,但受风机最大供风量及功率的影响,其降温长度是有限的,若仅采用加大通风量的方式,难以使掌子面附近温度得到有效控制。因此,要降低 TBM 掌子面附近温度,还须结合其他降温措施。

(2)洒水降温

TBM 掘进时,为了降温除尘,可对刀盘进行洒水喷雾。根据现场情况,该隧道存在临近河流,有洒水降温水源可供利用,可直接用水泵将冷水输送至设在掌子面的空气冷却器。但当隧道内湿度较高时,采用洒水等措施无法通过水蒸发吸热来降低隧道内温度,同时,利用江水等天然冷源制冷具有较大的局限性,还需结合其他降温措施。

(3)制冷降温

目前常采用的制冷措施主要有人工制冰降温技术、空气压缩式制冷技术、人工制冷水降温技术和局部移动式降温系统等方法。该隧道热害主要来自岩热和地下温泉,在通风和局部喷淋措施效果不佳的情况下,或地温大于50℃时,可采用机械制冷降温。经初步研究,可配置两组制冷系统,采用通风制冷和局部区域制冷相结合的方式。图 16-21 为人工制冰降温现场。

2)TBM 设备降温

(1)电气设备

图 16-21 人工制冰降温现场

不同的电气元器件有各自相应的允许工作环境温度,当超过允许温度时,部分元器件工作效率降低,此时需特殊设计或降容使用,如软启动器(一般 40℃无降容,40~60℃降容使用)、断路器(一般 40℃无降容,40~70℃降容使用)等;部分元器件无法在较高温度时使用,如中央处理器(CPU)(一般 60~70℃)、变频器(一般 55℃)等。由此,施工时要及时监测相应元器件的工作温度,必要时可在设备区域增设冰块降温,使 TBM 设备元器件在其允许温度范围内工作。

(2)流体系统

常规主驱动密封允许温度 -20~80℃,特殊设计后允许温度 -20~100℃;常规主驱动齿轮油停机温度为60℃,高地温环境可采用黏稠度高的齿轮润滑油;地温高于40℃时,对风冷变压器、风冷空压机、风冷电机等影响较大,需考虑降容或采用冷水及冰块降温。

TBM 散热设计和部分电气、液压等系统需特殊考虑,应加强设备冷却和散热能力,降低进水温度,根据水温情况必要时对隧道进水管进行隔热防护,或在 TBM 施工段落主要工作区域放置冰块,以便设备冷却水维持较低温度,避免 TBM 设备过热造成停机无法掘进。设备设计选型阶段根据环境条件进行针对性设计,提高设备的允许作业温度。

3)支护体系隔热

(1)结构形式

合理的衬砌支护结构与材料,可有效地隔绝地热热源、减少热交换,保障洞内温度环境。对于实测地温未超过37℃的地段,可采用普通复合式衬砌结构形式;对于实测地温在 37~

50℃之间地段,宜采用复合式耐热衬砌结构;对实测地温超过50℃的地段,采用复合式隔热衬砌结构,考虑温度应力,衬砌采用加强配筋的钢筋混凝土材料。同时,应控制衬砌一次浇筑长度,以减轻开裂现象。

(2)支护材料

喷射混凝土:通过在普通喷射混凝土材料中掺加掺和料替代部分水泥,掺加减水剂,降低水灰比等措施以减小热害影响,包括使用高炉矿渣水泥、添加0.03%高效引气剂等。

二次衬砌:采用添加高性能外加剂、复合掺和料。衬砌混凝土优选掺和粉煤灰(25%)。

防水板:高地(水)热段落在岩热50℃以下时采用普通乙烯-醋酸乙烯共聚物(EVA)防水板;50℃以上应采用耐热型复合防水板。

隔热层:隔热材料有硬质聚氨酯泡沫塑料、干法硅酸铝纤维板和稀土隔热材料,三种材料各有优势,硬质聚氨酯泡沫塑料应用较多,且目前正在开展隔热材料的深入研究。

4)个体防护

高温环境需要增加个体防护措施,以保护施工人员。个体防护的制冷措施是穿冷却服,且个体防护的制冷成本仅为其他制冷成本的1/5左右。从冷却服的工作介质来看,有干冰、压缩空气、冷水及自冷却作用的冷却服。用冰作介质的冷却质量最为可靠,效果也最好,冷却时间只有2h左右(5kg冰)。

5)施工组织措施

(1)施工时间选择

合理安排高温作业时间,根据隧道内的高温程度、劳动强度和劳动效率,确定劳动工时,以保证施工人员的健康和安全。

(2)人员安排

根据施工现场实际,增加每个班组作业人员,缩短每班作业人员的作业时间。TBM区域设置低温室,内设空调、风扇及防暑用品等,供班组人员临时休息。

(3)局部加强空气对流

必要时在TBM主机区域、二次衬砌附近增加风扇或射流风机,加强空气对流,改善施工环境。

(4)做好劳动保护

所有施工人员定期体检,施工人员进出洞均采用空调车接送。

(5)防治中暑

在高温条件下施工除采用降温措施外,还应注意中暑症的防治工作,常备防暑药品,培训防暑及紧急救治技术。

(6)加强健康管理

高温隧道施工时可能出现热水喷涌的情况,应加强管理,尽可能避免发生此类事故。现场应设置具备相关医疗条件的医务室,及时对可能出现的烫伤患者开展临时治疗。有高血压、心脏病的患者,在高温作业时有引起症状恶化的风险。疲劳、空腹、睡眠不足、酒醉等症状易诱发中暑症,应禁止此类人员参加劳动。在高温作业时,易发生维生素、水分、盐类的不足,需及时补充。为缓解疲劳,必要时,需在工作区域附近设置适温适湿的休息场所。

16.6.5　高地温综合防治方案

将该隧道热害段分为4个等级,结合隧道施工工法、洞内外环境温度差、邻近水源情况等制订了一套完整的隧道高地温热害分级防治方案,高地温TBM隧道综合防治方案见表16-12。

高地温 TBM 隧道综合防治方案　　　表 16-12

控制措施	28~37℃ I	37~50℃ II	50~60℃ III	>60℃ IV
加强通风	应采用	应采用	应采用	应采用
洒水喷雾降温	应采用			
TBM 设备冷却	宜采用			
个体防护	宜采用			
冰块降温	可采用			
隔热管排水	可采用			
超前帷幕注浆	可采用			
局部径向注浆	可采用			
TBM 制冷降温		宜采用		
机械制冷降温		可采用		
衬砌结构	普通复合式衬砌	耐热衬砌	隔热衬砌	
防水板形式	普通 EVA 防水板		耐热型复合防水板	

注:应采用为一定条件下应当采用此方法;可采用为一定条件下可以采用此方法;宜采用为条件许可时推荐采用此方法。

16.7　TBM 卡机脱困

对于深埋长距离隧道,其地应力较大、围岩地质条件复杂,故 TBM 施工中常发生卡机事故。本节对 TBM 卡机原因、脱困措施进行了系统的整理归纳,提出了更为有效的处理 TBM 卡机的措施,可供相关工程参考。

16.7.1　TBM 卡机机理

当 TBM 通过不良地质时其适应性比钻爆法差,这是由于不良地质软弱围岩通常抗压、抗剪强度低,变形模量小,易产生较大变形,水理性差,遇水易软化,并可能产生崩解、膨胀现象,流变效应明显等特性,以及断层或破裂面组成的地带,将出现断层泥、断层角砾岩、碎裂岩等现象。

由于岩石单轴抗压强度在10MPa以下,围岩具有较高的塑性和较低力学强度。在围岩的竖向自重压力下,其层间结合部位,最容易开裂下沉,造成护盾顶部外来压力大大超过原有设计的负荷,使护盾受压严重变形,最终导致TBM护盾、刀盘均被死死卡住。

16.7.2　TBM卡机类型

1) 卡刀盘

在隧道的挖掘过程中,掌子面围岩因破碎之后无法自稳而出现坍塌,从而大量的石块、石渣将镶嵌TBM刀盘各个部位,此时皮带输送机的出渣量会突然增加,刀盘扭矩和电机的电流急剧增加,最终导致刀盘无法转动,皮带输送机因过载而无法启动。

2) 卡护盾

当TBM掘进过程中遇见炭质页岩、凝灰质砂岩等松散、软弱不良地质围岩洞段时,就会出现围岩松动甚至坍塌的现象。若再加上TBM停机时间过长时,TBM护盾上方围岩应力释放,使TBM推进力小于护盾摩擦力和后配套拖拉力的总和时,就会导致TBM出现卡护盾的现象。而造成卡护盾的原因有以下三种情况:

(1) 围岩坍塌将盾壳卡死,围岩稳定性极差,导致盾壳的上部围岩将护盾掩埋,致使盾壳被卡死。

(2) 围岩收敛将盾壳抱死,在TBM通过软弱断裂层带时由于地应力较大,软弱围岩塑性收敛变形过快,在TBM护盾还没有通过该段围岩时出现盾壳抱死现象。

3) 刀盘与盾体同时卡滞

刀盘盾体同时卡滞经常发生于断层破碎带及软岩大变形段,TBM掘进时如遇掌子面发生较大坍塌,极易影响盾体外侧围岩的稳定,从而导致刀盘与盾体区域均发生大面积坍塌,使得刀盘与盾体同时发生卡滞。

16.7.3　卡机预防措施

TBM卡机,掘进受阻,同时还可能导致TBM掘进方向偏移等问题,为避免TBM在断层破碎带掘进时出现卡机情况,应提前采取预处理措施,如TBM针对性设计、动态调整掘进支护、增大开挖直径等。

1) 加强地质勘察

详细准确的地质勘察是TBM施工工法选择成功的关键,无论是在设计阶段还是在施工阶段均能有效地降低TBM施工风险。通过提高地质人员的判断力、勘探设备的精准度,做到精准化地形观察、钻探勘察,甚至通过空、天、地一体勘察技术,采用单一或者相结合的方式,提高地质勘察的准确性。

2) 选择合适的预报方法

针对不良地质体的特征,进行地质复杂程度分级,选择合适的预报方法。对于地质条件简单段落,采用地质素描或者TBM搭载地震波超前预报法,若采用地质素描时发现异常,应采用其他预报方法;对于较复杂的断层,采用TSP、多同性源阵列激发极化法、TIP等,根据断层的突水突泥的可能性，必要时采用超前水平钻探相结合的方式，从而保证预报的准确性及隧道安全施工。

3）动态调整掘进支护

"慢掘进、强支护、小停机、盯参数、低转速、大扭矩、小推力、强支护、看压力、勤掘进"是解决通过软弱围岩等不良地质防止卡机的重要手段。在支护时，首先需要采取加密钢筋排、缩小拱架间距，使用槽钢作连接筋等加强支护措施，其次在撑靴无法撑紧的部位还需要进行立模、浇筑混凝土处理，再加上混凝土等强时间，从而导致 TBM 停机时间过长。因此，通过实际施工经验，采取立模、浇筑混凝土与 TBM 掘进、支护同时进行，且当 TBM 停机时，时刻观察顶护盾、左护盾、右护盾压力变化，合理地安排掘进时间，不可一味追求进尺，故使 TBM 保持间歇性的掘进是防止卡盾现象出现的最好方法。当 TBM 推进压力达到最大、掘进速度、贯入度几乎为零时，可能出现卡盾的现象。此时，可采取大幅度调节导向，使护盾左右、上下晃动达到缓慢前进的目的。

4）增大开挖直径

工程实践表明，TBM 在通过"大埋深、高围压、断层、破碎带、软弱围岩"等不良地段时经常出现的卡机问题，造成了施工风险增大、施工进度延误、施工成本提高，因此亟须从机制、施工和装备设计等多个方面进行解决。

TBM 刀盘开挖直径决定了理论开挖洞径，其由最外侧边缘滚刀开挖轮廓直径确定。正常情况下，忽略滚刀磨损的影响，刀盘开挖直径选定后一般是唯一固定的，但出于工程需要，通过增大最外侧边缘滚刀开挖轮廓直径的方式可使刀盘具备一定的扩挖能力。TBM 刀盘变径扩挖常用的技术手段一般有更换大尺寸的刀盘边块、安装液压扩挖刀、边滚刀加高外移、预留扩挖刀箱。为实现较好的扩挖效果，往往会多种扩挖手段组合使用。

5）TBM 针对性设计

TBM 针对特殊地质情况或施工工况，将对 TBM 部分部件结构进行有利于 TBM 施工的方面设计或添加部分功能。例如，为提高敞开式 TBM 脱困能力和适应快速掘进性能，敞开式 TBM 在不影响 TBM 正常结构的情况下减少护盾的长度，增加锚杆钻机纵向移动长度；在具有岩爆等的情况下，为提高 TBM 施工安全性，操作区域增加具有承载力的防护板。在断层破碎带软弱围岩等不良地质情况下，未提供 TBM 处置能力，搭载超前钻注一体机，护盾设计超前预留孔等针对性设计为 TBM 隧道施工提高了其适应性。

6）及时观察揭露围岩

在 TBM 掘进过程中要做到及时观察围岩、适速调整参数的掘进措施。掌握掌子面及其刀盘、护盾上方围岩稳定性，防止由于快速掘进而过量出渣，也不能因为长时间停机而使护盾、刀盘承压。在 TBM 循环掘进中间停机时间，应及时观察刀盘前方以及刀盘上面围岩是否完整，此方法在实际工程中可有效地防止出现卡机。

16.7.4　TBM 卡机处理方案

目前国内外针对 TBM 卡机问题，可从卡护盾和卡刀盘两方面进行解决，主要采取的方案措施有刀盘周边清理、超前注浆加固、迂回导洞开挖等，可根据不同的卡机类型、成因选用单一或组合方案处理。

1) 刀盘周边清理方案

适用条件:围岩弱风化具有一定强度,掌子面围岩节理裂隙发育局部破碎掉块垮塌,致使刀盘被大块石渣相楔,造成刀盘转动时转矩达到极限,造成卡机。

施工流程:注浆加固→刀盘周边清渣→启动刀盘→控制掘进参数→恢复掘进→揭露围岩支护加固。

方案简述:通过刀孔、盾尾向掌子面及刀盘盾体周边顶部注化学浆液进行加固之后,人工在刀盘内、刀盘周边(前方)以及护盾两侧人工开挖侧导洞清理堆积渣体,减小刀盘转动阻力直至脱困。破碎围岩揭露后钢筋排支护并应急喷浆封闭,控制掘进参数掘进通过,破碎段喷浆封闭后径向注浆加固,富水区域打设泄水孔,撑靴部位模筑混凝土。

2) 注浆加固方案

当塌方规模较大,刀盘后退有可能引起更大坍塌时(常见于软岩地层),刀盘不可后退。此时刀盘应维持原位不动,用超前注浆加固破碎岩体。对掌子面破碎岩体超前注浆采用刀盘内注浆、超前小导管或大管棚加固岩体,超前加固完成后清理刀盘内及周边渣体,恢复掘进,TBM 开挖完成后及时施作初期支护。

(1) 刀盘内注浆加固

可在刀盘内通过边刀孔、铲斗孔向掌子面前方及径向注浆加固围岩,布孔位置如图 16-22 所示。刀盘前方不可安装钢管,以免损伤刀盘刀具,可采用自进式玻璃纤维锚杆作为注浆管,由于刀盘内部作业空间狭窄,单节玻璃纤维锚杆长度一般为 1m,后续采用套管连接加长。采用手持式风钻或改造后的气腿式风钻(气腿长度 1~1.5m)将玻璃纤维锚杆钻进至松散体内,深度 2~5m,注浆加固掌子面破碎岩体。为确保注浆效果,掌子面注浆材料优先考虑化学浆液(一般分为堵水型和加固型),富水段注浆以堵水为主。

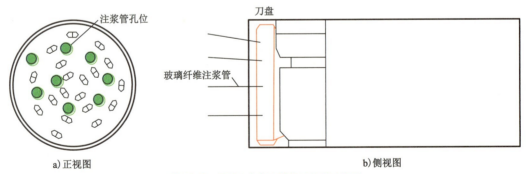

a) 正视图 b) 侧视图

图 16-22 刀盘内注浆加固布孔位置示意图

刀盘内注浆加固掌子面前方围岩,加固范围较小,仅在其他加固措施无效时选用。

(2) 护盾外侧注浆加固

若盾体外侧岩体较为松散,需对其固结加固,以防脱离盾体区域时坍塌,同时也可避免长久停机时岩体沉降挤压盾体造成卡机。

通过护盾尾部拱顶外侧斜向上布设注浆管,注浆管环向呈放射性向两侧布设,间距不大于 0.4m,注浆管可采用 $\phi 42mm$ 钢管,外插角选择以固结盾体上部岩体为准。

根据岩体破碎情况注浆材料可选择单液浆,也可选择双液浆或化学浆液。若岩体较为破碎,宜优先选用双液浆或化学浆液。为避免注浆时造成刀盘与盾体间因流入浆液固结,要做好相应部位防护,同时调整注浆角度及注浆压力。甘肃省引洮供水一期工程处于富水粉细砂层洞段,TBM 法施工过程中,采用硫铝酸盐水泥单液浆注浆加固。深圳地铁 10 号线工程断层破碎带 TBM 施工过程中,采用水泥-水玻璃双液浆加固。

(3)超前小导管注浆加固

为确保刀盘脱困后能顺利掘进,优先考虑采用小导管对破碎岩体进行超前注浆固结,超前小导管施工详见第 8 讲 TBM 施工支护。

(4)超前管棚施工

①适用条件

针对围岩强—全风化,局部具有强度,整体自稳能力差,拱顶及洞壁垮塌、剥落严重,破碎带宽度较小,地下水较发育的破碎带。

②方案简述

首先进行超前加固完成后对刀盘内及周边渣体清理恢复掘进。其次采用盾尾循环管棚+掌子面玻璃纤维锚杆循环加固的方式进行超前加固,为防止浆液固结损坏刀盘及主轴承,TBM 盾体周边注浆浆液应为化学浆液。掌子面及盾尾注浆加固(即短注),后施作深孔管棚(即长支)。最后注浆加固后清理刀盘周边积渣恢复掘进,并辅助施作超前泄水孔或超前泄水洞,初期支护为钢筋排+拱架+应急喷射混凝土封闭+径向初期支护背后注浆。

后续掘进中采用上述措施循环加固直至掘进通过不良地质,管棚搭接长度不小于 5m。围岩揭露后破碎段满铺钢筋排并应急喷射混凝土封闭,撑靴部位破碎严重时模筑混凝土,破碎段封闭后径向注浆加固,如图 16-23 所示。

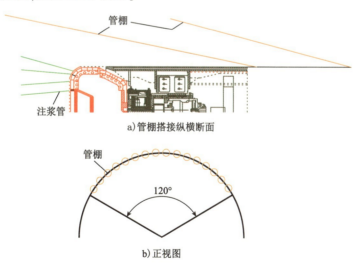

图 16-23　超前管棚施工断面示意图

(5)刀盘内清渣脱困

超前加固完成后参照"刀盘周边清理方案"清理刀盘内积渣,确保刀盘正常转动。

(6)分段掘进及注浆加固

当护盾区域及刀盘内注浆加固完成后可恢复掘进,每次掘进长度根据注浆效果可掘进一个注浆段(注浆长度的 70%~80%),分段掘进完成后,进行下一循环注浆加固直至通过该复杂地质段,掘进过程中每掘进循环完成后进入刀盘观察掌子面情况,如在分段长度内出现掌子面坍塌或注浆加固不到位时可停机后进行加密注浆。

3)小导洞法处理方案

上述方案无法脱困时,可采用小导洞法 TBM 脱困方案。在护盾顶部人工开挖小导洞,完成盾体、TBM 刀盘区域导洞施工后再向两边扩挖,清理刀盘上方、护盾顶部及两侧的积渣,以降低刀盘转动及盾体摩擦阻力以至恢复正常。同时利用导洞,施作超前管棚加固前方复杂地质围岩,完成后 TBM 掘进通过。

(1)总体方案

①在盾尾、刀盘内加固护盾区域围岩。

②自盾尾开挖小导洞并环向扩挖形成管棚工作间。

③在管棚工作间内设置管棚导向墙,加固施工超前管棚并注浆。

④清理刀盘上方、护盾周边积渣,完成设备脱困。

⑤TBM 掘进后,出露护盾位置空腔回填混凝土并注浆。

(2)施工工艺

施工工艺流程见图 16-24。

①盾体周边及掌子面加固(具体参见本节注浆加固方案)。

②小导洞施工

小导洞布置位置为拱顶区域围岩相对稳定洞段,自盾尾后方两榀拱架之间开口进入,小导洞开挖尺寸可根据现场实际情况确定,小导洞结构如图 16-25 所示。

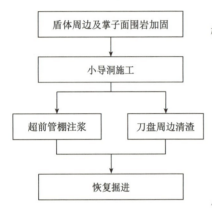

图 16-24 小导洞法施工工艺流程图

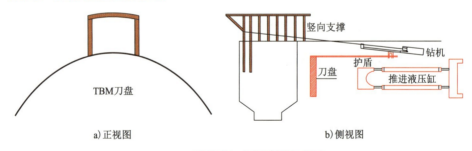

图 16-25 小导洞结构示意图

a. 小导洞开口处开挖支护。

径向化学注浆加固开口处及周边围岩,应先移除开口处初期支护,再人工自下而上开挖,并施作初期支护。为保证开口处开挖过程中上方及周边岩体稳定,该处岩体需注浆加固,同时周边设置一圈钢插管护壁。

钢插管及注浆加固后,移除该处初期支护,人工采用风镐等合适工具向上挖,开挖过程中利用木板、方木或其他适宜材料等合适工具做好临时防护。

开口处采用型钢门架支撑作为支护体系,开挖完成后安装型钢支架,下部支撑在 TBM 初期支护拱架外弧面上,两者焊接牢固。支架之间采用型钢连接加固,拱部施作锁脚锚管,斜向洞外方向,注化学浆液加固。面向掌子面一侧拱部施作超前小导管,注化学浆液加固。支架加固完成后喷射混凝土封闭,喷射厚度以与支架内弧面平齐为宜。

b. 小导洞开挖支护。

小导洞开挖之前要先施作超前探孔,单次探孔深度不小于3m,小导洞开口施作完成后,向前开挖,单循环架设拱架,导洞采用人工手持风钻开挖,渣土用小桶倒运至导洞开口处下部放置的手推车内,后由人工配合铲运至主机皮带输送机运至洞外。导洞开挖过程中采用方木及木板临时防护,同时上一循环拱架支护后,通过拱架外弧面向开挖方向打设钢插板,起到超前支护作用。

c. 小导洞扩挖段施工。

结合护盾长度和拱架落脚点需求,确定小导洞的开挖长度。小导洞开挖支护完成后向两侧扩挖(盾体卡滞时,扩挖直至盾体脱困),刀盘位置拱部外延施作成帽檐形式,利用斜撑固定在后部门架上。扩挖段如图16-26所示。

③超前管棚注浆。

参见本节注浆加固处理方案的超前管棚注浆。

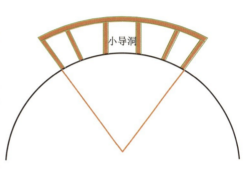

图16-26 扩挖段断面示意图

④刀盘周边清渣。

参见本节刀盘清理脱困方案。

⑤恢复掘进。

刀盘周边清渣、超前管棚施工完成后,清除作业区域内杂物,之后将竖撑与护盾分离,竖撑割除顺序为自两侧向中间,由刀盘至洞口方向,割除过程中做好监控量测,如有变形,人员立即撤出,之后采取加固措施。

扩挖处露出护盾后,使全圆拱架间距与导洞拱架间距相同,并与竖撑(竖撑落脚在全圆拱架上)焊接牢固,导洞内拱顶位置预埋注浆管,喷射混凝土封闭后灌注细石混凝土或回填砂浆。

恢复掘进,边掘进边支护,宜采用加强型初期支护,初期支护背后空腔及松散围岩及时灌喷回填及注浆加固。

4)迂回导洞处理方案

如断层破碎带规模较大,采用注浆加固和小导洞方案TBM无法脱困时,可开挖迂回导洞绕行至刀盘前部,之后通过导洞以矿山法全断面或上半断面施工断层破碎洞段,断层破碎带矿山法开挖支护完成后,TBM步进通过或下半段面掘进通过。待TBM通过后,再将导洞用混凝土回填。导洞开挖如图16-27所示。

根据现场作业空间、运输条件等综合因素选择开口位置,主要在两个区域:

①下半断面掘进通过护盾尾部。

②连接桥区域。同时,迂回导洞布置还应充分考虑断层破碎带附近横通道、平导与主洞之间的位置关系,尽可能减小迂回导洞开挖工程量及对设备的干扰。

迂回导洞开挖工艺流程如图16-28所示。

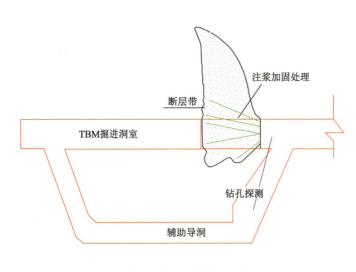

图 16-27　迂回导洞开挖示意图　　　图 16-28　迂回导洞开挖工艺流程图

（1）施工准备

①开口位置选择：根据隧道实际揭露地质情况，选择迂回导洞开口最佳位置。

敞开式 TBM 可在顶护盾位置选择围岩相对稳定地段开口，导洞方式可选择小导洞形式，或在锚杆钻机至后支撑之间空间相对宽敞的位置处开口，或在连接桥作业空间相对宽裕处开口。

②人员材料设备准备：根据施工需要提前配置设备、人员、材料等。

（2）迂回导洞开挖支护

迂回导洞开挖前，要考虑迂回导洞开挖过程中对围岩的扰动，需对迂回导洞附近已开挖初期支护进行注浆或二次套拱加固。迂回导洞开挖前首先施工锁口，设备区域迂回导洞宜采用控制爆破或适宜的非爆破方法开挖，爆破开挖过程中导洞洞口处放置废弃皮带或橡胶类材料，以减小爆破过程中对设备的冲击影响。迂回导洞开挖除采用常规的地质预报手段及超前小导管支护外，还应施工加深炮孔作探孔，以便对前方围岩准确性判断。

（3）断层破碎带开挖支护

迂回导洞挖至卡机位置后，台阶法开挖断层破碎带，开挖过程中依据地质情况采用小导管或超前管棚注浆加固处理，同时通过加深炮孔及时探知前方地质情况。如有必要，及时施作仰拱及衬砌。

（4）底板施作及 TBM 掘进

依据地质条件，刀盘前方断层破碎带可用矿山法全断面开挖或部分断面开挖，如全断面开挖，要及时施作 TBM 步进底板，待复杂地质段处理完成后 TBM 步进通过断层带。如部分断面开挖，剩余部分适当加固后由 TBM 掘进通过。

本讲参考文献

[1] 马栋,闫肃,王武现.赣深高铁龙南隧道大型富水断层破碎带施工技术[J].隧道建设(中英文),2020,40(11):1634-1641.

[2] 陈星明,苏华友.在特殊地质条件下的 TBM 施工[J].采矿技术,2002(01):56-57

[3] 任良超,王雁军.TBM在特殊地质地段的调向[J].世界隧道,1999(03):41-44.
[4] 袁晔.兰新二线大梁隧道高地应力软岩大变形控制技术研究[D].成都:西南交通大学,2016.
[5] 李玉波.三维地震波法超前地质预报在引汉济渭工程TBM施工中的应用[J].水利水电技术,2017,48(08):131-136.
[6] 陈馈,杨延栋.高黎贡山隧道高适应性TBM设计探讨[J].隧道建设,2016,36(12):1523-1530.
[7] 孙洪凯,祁海燕,潘旭,等.TBM在隧道不良地质条件下的施工技术[J].水利规划与设计,2015(06):78-79,82.
[8] 姚晓明.TBM在超长隧道施工方法研究[D].成都:西南交通大学,2011.
[9] 李苍松,谷婷,廖烟开,等.TBM突破断层、岩溶及地下水等不良地质地段的施工预案探讨[C]//全国工程地质学术年会.2011:405-410.
[10] 黄祥志.基于渣料和TBM掘进参数的围岩稳定分类方法的研究[D].武汉:武汉大学,2005.
[11] 宋天田.TBM应用与施工技术研究[D].绵阳:西南科技大学,2005.
[12] 任国青.双护盾TBM不良地质施工问题及对策[J].隧道建设,2007,27(03):108-111.
[13] 宋涛.TBM不良地质地段施工技术[J].农业科技与装备,2010(08):61-64,67.
[14] 王建伟,平少坤,齐梦学,等.一种敞开式TBM不良地质段塌方处理方法:109958447A[P].2019-07-02.
[15] 刘飞香,于洋.某隧道工程TBM不良地质处置探究[J].隧道建设(中英文),2019,39(09):1515-1522.
[16] 宋涛.TBM不良地质地段施工技术[J].湖南水利水电,2010(04):15-18.
[17] 张海波,杨海清,靳晓光,等.一种适用于小断面的TBM不良地质段的塌方处理方法:113622957A[P].2021-11-09.
[18] 苏华友,张继春,史丽华.TBM通过不良地质地段的施工技术[J].岩石力学与工程学报,2005(09):1635-1638.
[19] 成保才,苏枢,孙文安,等.双护盾TBM施工中处理不良地质和设置止浆环的初探[J].岩石力学与工程学报,2001(03):408-411.
[20] 刘绍宝.锦屏二级水电站施工排水洞不良地质洞段TBM施工技术[C]//地基基础工程与锚固注浆技术:2009年地基基础工程与锚固注浆技术研讨会论文集.2009:488-493.
[21] 赵毅.开敞式TBM穿越不良地质段施工技术[J].科技情报开发与经济,2008,18(12):215-217.
[22] 梅志荣,张军伟,章元爱.复杂山区TBM突破不良地质施工技术研究[C]//2011年隧道及地下工程新发展国际论坛论文集.2011:11-16.
[23] 刘斌,宋志成,聂利超,等.一种敞开式TBM穿越不良地质刀盘卡机预测方法及系统:112580165A[P].2021-03-30.
[24] 李术才,聂利超,刘斌.TBM施工隧道不良地质超前预报实践——以吉林省中部城市引松供水工程为例[J].Engineering,2018,4(01):281-294.

[25] 曾博文.不良地质条件下双护盾TBM掘进适应性研究及施工安全性评价[D].成都:西南交通大学,2019.

[26] 施春生.不良地质段TBM施工方案分析[J].东北水利水电,2014,32(11):29-30,41.

[27] 王亚锋.高黎贡山隧道TBM不良地质条件下卡机脱困施工关键技术[J].隧道建设(中英文),2021,41(03):441-448.

[28] 崔光耀,麻建飞,王明胜.双护盾TBM不良地质段卡机脱困技术研究[J].中国安全生产科学技术,2021,17(11):152-157.

[29] 杨建明.新疆达坂隧道不良地质洞段TBM施工新型化学灌浆技术应用[J].水利规划与设计,2009(01):57-60.

[30] 苏华友,任月宗,薛继洪.不良地质条件对TBM施工的影响与探讨[J].中国钨业,2009,24(02):44-47.

[31] 梁晋平.万家寨引黄工程南干线不良地质段TBM施工有关问题探讨[J].山西水利科技,1999(02):10-12.

第17讲　TBM系统维护

TBM是集光、机、电、液、传感、信息技术于一体的超大型隧道工装设备,具有开挖、出渣、支护和测量纠偏等功能,涉及地质、土木、机械、力学、液压、电气、控制以及测量等多学科技术。鉴于TBM具有体积大、结构复杂、施工工艺多样化和不易后退等特点,故TBM必须保持良好的使用性能和安全状态,才能更有效地发挥设备的优势,形成科学的掘进工作方式,为掘进创造条件,为生产提高效率。

17.1　TBM维护组织

本节介绍了维护的组织机构、维护中应遵循的原则、制度和计划等,在TBM维护中工作人员需要根据相关维护手册、操作规范等技术文件,合理安排TBM维护工作程序和方法,形成科学高效的维护体系,这也是TBM设备管理的核心内容。

17.1.1　组织机构

针对TBM维护保养,需要建立一支高效、规模合理、技术精良的专业化维修队伍。维修保养工作由TBM项目经理全面负责,由TBM总工程师、专家、各掘进工班长和维护保养班长、专业工程师(机械、液压、电气、监测)、各工位负责人和熟练技工组成专业的维修保养队伍。TBM维修保养组织机构见图17-1,维修保养组织机构职责见表17-1。

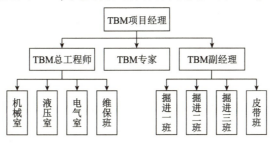

图17-1　TBM维修保养的组织机构

维修保养组织机构职责一览　　　　　　表 17-1

小组名称	人员组成	维修保养职责
领导小组	TBM 项目经理、总工程师、副经理及其他领导	全面负责 TBM 与皮带输送机的使用、管理、维修和保养;建立健全维修保养组织机构及各种规章制度;定期主持召开维修保养工作会;组织技术培训、引进新技术、检测新方法、开展岗位练兵和相应的考核等工作
专家组	TBM 专家(包括建设、监理单位专家)	利用丰富工程经验,根据设备状况并结合工程实际,为维修保养的决策提供意见和方案,特别针对设备出现的重大问题提出建设性意见
TBM 技术室	技术室主任、状态监测与故障诊断专业工程师、内业整理人员	全面配合维护保养领导小组的工作;负责各种规章制度的制订、督促落实;各类考核的组织实施;维修保养会议的组织;技术培训、引进新技术和检测新方法的具体落实;掘进施工、维修保养各种资料文件的汇总整理与分析;状态监测的实施;为维修班和掘进班提供技术支持与服务;负责设备技术方面的内外联络;汇总配件需求计划并报设备物资部落实;总结分析配件消耗规律
维护班	机、电、液工程师,清洁、润滑、故障排除人员	维修保养工作执行的主要力量,完成绝大部分的维修保养、状态监测等工作,并在必要时配合掘进工班完成维修工作;上报配件需求计划,探索配件消耗规律
掘进班	掘进工班全体人员	掘进过程中设备状况的巡查与实时监控;保持设备清洁;掘进中故障的排除;掘进数据的收集上报;向整备班报告设备运转过程中的情况与问题

17.1.2　维护原则

通过规范、及时和强制的维护工作,避免和减少 TBM 设备故障,保证 TBM 设备功能完善,设备良好,为 TBM 持续、快速地掘进创造条件。

(1) 全员性原则

树立全员参与的理念,从掘进工班长、技术工程师到 TBM 主司机、各类操作人员、准备工班及所有参与施工人员均需按照责任范围参与 TBM 维保工作。

(2) 并行性原则

TBM 掘进与维保工作并重,只有掘进与维护保养相辅相成才能够保证 TBM 在良好的状态下持续、均衡、快速施工。

(3) 强制性原则

严格遵守 TBM 维护保养规程,强制规范维护保养。按照日、周、月、季、年编制检查和维护保养项目,定期检查并密切关注设备的异常迹象,发现问题及时处理。

(4) 常态化原则

建立 TBM 状态监测体系,制订监测计划,实施 TBM 常态化状态监测,通过分析监测结果,评估设备运行状态,对故障或异常征兆提出针对性的维护保养建议。

(5) 责权利原则

明确一线施工人员在维护保养工作中的责权利,保证责权利的一致性。严格执行各项制度,对各类人员坚持考核上岗、逐级交接签认程序,将专人专责与群体参与相结合,避免出现人为差错。

17.1.3 维护制度

建立健全维护保养组织机构,落实相关人员的岗位职责,注重现场和领导形成闭合制度;建立维修保养日常管理制度;编制完善的日、周、月、季度和年度维护保养计划;编制合理的维护保养负责人日常巡检表;编制完善的整机润滑制度;建立每周问题故障集中商讨答复机制;建立健全TBM总工、部门主管及各负责人的集中监督检查制度。

根据以往TBM项目,建立了一系列设备使用管理制度,具体见表17-2。

设备使用管理制度 表17-2

制度名称	简要说明
技术培训制度	(1)岗前培训:包括安全培训、技术知识培训、操作培训和生产制度培训等; (2)组装中的培训:设备供应商进行的培训及内部专家开展的现场培训; (3)试掘进期间的培训:主要由设备供应商的人员进行操作指导,同时完成对本投标人技术人员的培训工作
日常学习制度	坚持学习经常化、学习工作化,在工作中学习,在学习中工作,不断更新知识与技能
定人定岗制度	定人、定机和持证上岗。不允许无证人员单独使用设备,保持操作、维修和管理人员的相对稳定
专人专责与群体参与相结合制度	专人专责,使工作落到实处;群体参与便于相互支持、相互督促,避免人为差错。让操作人员参与TBM设备管理,不断提高操作人员的素质才能
方案报批制度	(1)TBM设备安全操作规程、维修保养规程等,必须经建立人批准后实施; (2)向负责人提交维护保养与维修计划,实施后向建立人报告结果; (3)对设备的重要保养及修理,应严格按要求做好记录,验收签字后设备才能重新启用; (4)不得随意在设备上任意拆换、增设任何零部件或设施
重大问题按要求处理制度	在合同实施期间,如对TBM设备进行大修理、技术改造、系统设备及配件更新、更换等,将严格按照要求进行系统处理工作
日常维护与计划检修相结合制度	加强设备的日常维护保养、安全和污染防护工作十分重要,遵循日常维护与计划检修相结合的方法,以保证安全生产和降低设备的维修费用,保证设备状况持续良好
交接班制度	TBM施工严格执行交接班制度,交班人须把设备运行中发现的问题详细记录,并主动向接班人介绍设备运行情况,双方当面交接并签字
资料积累与上报制度	(1)TBM设备配套各种资料的保存,严格按照要求进行,日常使用可考虑复印、翻译等方式。 (2)做好TBM设备运行、维护保养、更换备品配件的记录与统计,并在每个月底上报
评比机制	以设备管理、计划检修、合理使用、正确润滑、认真维护等为主要内容。采取季评比、年总结
八字方针	(1)清洁:整机清洁、密封、轴承、相对运动部件、注浆系统、电气元件、液压元件、表面油漆; (2)紧固:运动部件的安装螺栓紧固、重要部件的安装螺栓、连接螺栓的检查紧固、电气部分连接的紧固、液压部分连接件的紧固; (3)润滑:运动部件的滑道润滑(变速箱、链条)、动密封的润滑(主轴承密封、螺旋输送机密封、砂浆搅拌轴密封、旋转接头密封、交接密封、盾尾密封);轴承的润滑(油润滑轴承、高温脂润滑轴承、脂润滑轴承); (4)调整:铰接密封、主轴承密封滑道、螺旋输送机仓门密封、皮带刮板、拖轮、推进液压缸支座、泡沫参数、油脂参数等

17.1.4　维护保养计划

(1)周检查计划:主轴承、主驱动变速箱、螺杆驱动变速箱的油位检查以及油的污染程度等。

(2)月检查计划:铰接部位的润滑、后配套应急灯电池的电量检查、液压系统压力检查等。

(3)季检查计划:混凝土输送泵磨损检查、罐体吊机链条张力变形和磨损检查、吊钩的破裂和磨损检查等。

(4)年检查计划:如空气压缩机滤芯的更换、电缆卷筒轴承润滑及更换齿轮油等。

(5)针对状态评估的计划检查:针对 TBM 使用及其本身特点制订有计划检查,对设备进行全面的状态评估后作出的保养内容、配件计划等。通过油水检测、振动监测分析对较大故障隐患进行维护。

17.1.5　维护中注意事项

(1)严禁随意踩踏、拉扯、敲击液压、电气元件。

(2)严禁随意开启或关闭 TBM 上各种阀门、钥匙开关,非操作人员严禁操作各控制面板或按钮。

(3)严禁随意调整各系统的参数,随意拆卸或改动设备、系统的部件或功能。

(4)运行部件的维修必须在停机状态下进行,并确保不会被启动,液压部件的维修严禁在带压状态下作业。

(5)严禁使用水冲洗电气设备及元件,电气部件的维修严禁带电作业。

(6)有两种以上操作部件的设备维修保养必须已将钥匙开关在异地拔出。

(7)维护保养工作完成后必须确保设备周围没有工具、材料及其他杂物。

17.1.6　配件管理

根据以往管理 TBM 的经验,由维护工班责任工程师对其所管设备每周做出周计划,每月做出月计划,由设备物资部根据库存情况提交配件计划或做出采购计划。在此基础上开发 TBM 掘进机配件储备及管理软件,建立常用配件库存量报警制度,保持常用易损件的合理储备,保障 TBM 维修中有关键部位的零件更换,不影响掘进。

要管好用好各类备品备件,必须周密计划、合理储备、严把进货关,库房必须账物相符、账账相符。成立专门的领导小组,由主管领导及有关技术、材料、财会、采购、仓管人员组成,定期召开例会,研究库存方面的问题,制订并完善管理与保障措施,做好备件的供应工作。

在需要承包人提供的备品、备件的准备上做到及时、型号正确、质量优良。特别对 TBM 上的钻机、喷射混凝土机械手的易损配件储备要确保工程施工的正常进行,排水泵等设备按照最大出水量合理配套。吊机的吊具及配件能够保证正常施工。

其他为保证设备正常运行、维护及维修要求所需的各种由承包人采购配件、材料、油料等必须严格按照采购程序,优选质量高、价格适中的配件、材料、油料,从而保证设备正常运行。

17.1.7 故障处理

根据施工中 TBM 使用、管理、维修的具体情况,把现场发现故障到故障分析,再到解决问题以后的后续观察,TBM 施工故障处理流程见图 17-2。

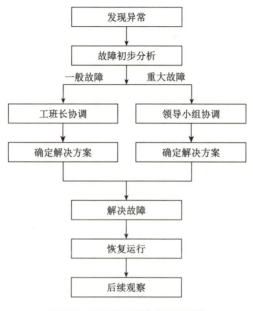

图 17-2　TBM 施工故障处理流程图

17.2　TBM 状态监测

TBM 的维护保养工作主要在专门维护时间段完成,可分为前期控制、运行维护和事后维修三类。前期控制是指对如主轴承、电机、轴承密封、液压泵站系统等重点部件的运行状态进行分项目实时监测;运行维护是指在掘进机使用过程中的周期性的维护保养;事后维修指当故障发生后及时地处理修复。其中状态监测对检测人员及检测设备要求较高,主要由技术室负责。

17.2.1 监测目的

设备在使用过程中,要保持其良好的性能,不发生故障,需要预测出可能发生故障的部件,在它即将发生故障之前进行更换。为了准确掌握 TBM 的运行情况,需对其相关参数进行不间断地监测,研究重要部件的磨损规律、消耗规律,判断异常情况的发生时段或预测即将出现的故障,以做出正确决策,并及时维护保养、提前预防,防患于未然,确保设备状况良好,从而进一步提高 TBM 的使用效率。

17.2.2　监测对象

根据设备的故障修复难易程度和修复所耗资金,确定监测系统以主驱动为主,重点是主机部分的大轴承、电机、轴承密封、液压系统、润滑系统和变速机构,其余液压泵站和辅助设备则根据需要,有选择地进行分项目监测。

17.2.3　监测项目

TBM 主要监测项目为运动部件润滑油样的光谱分析、铁谱分析和污染度分析,传感器检测和内窥镜监测等。

油样的光谱分析、铁谱分析和污染度分析,可了解进入润滑油中磨损产物的种类、磨损颗粒的形状、尺寸、含量,并由此判断机械磨损的严重程度;通过油液理化指标的化验,可得知油液的劣化情况,由油质的变化推测问题的部位及原因;同时按要求解决问题、维护保养,及时更换变质的油液并延长正常油液的使用时间。

通过各种传感器的监测,可实时监测各运动部件的运转参数和运动状态。位移、压力、温度、流量、油位、压差、转速等参数对故障诊断有直接和间接的参考作用。此外,借助于内窥镜,可免于拆卸,且直接观察到部件内部零件的损伤情况。

17.2.4　监测方法

状态监测需要根据不同的监测对象、监测目的,确定所要监测的项目,针对性地选择以下一种或多种监测方法,判断出设备所处状态。

(1)振动监测

对监测部位运用各种动态测试仪器拾取、记录和分析振动信号,是进行系统状态监测和故障诊断的主要途径。

(2)声学监测

采用噪声监测技术、超声波检测技术和声发射技术检测运动部件的状态。

(3)温度监测

利用接触和非接触的方式测温度不仅方便、直接,而且检测更灵活,适用范围很广,做到比较有效地检测变压器、变频柜、液压系统油温。

(4)红外测温监测

红外热辐射温度计和红外热成像装置进行系统状态监测和故障诊断得到了迅速发展和应用,实现了把景物的不可见热图像转变为可见图像。

(5)无损检测

无损检测是对材料和零部件进行非破坏性检测,以发现其表面和内部缺陷。

(6) 工业内窥镜

利用内窥镜对不宜拆检的堵头预留监视孔、其他小孔内部进行镜检,可直观地观测内部各元件的异常情况。

(7) 油样分析技术

油液中携带着来自运动中表面磨损的碎屑,因此油液分析应不仅能够测定润滑油或液压油的状态,而且能够据此推测设备的磨损程度。对油液的分析应尽可能全面,包括磨损金属(微粒分析);理化性能分析;黏度测定等。

磨损分析目前使用的方法有直接检测法、磨屑收集法、取样分析法。其中取样分析法包括光谱分析、铁谱分析、扫描电镜、颗粒计数法和离心法等。

(8) 综合监测方法

将上述各种监测方法与手段有机地结合起来,监测结果相互支持印证,利用长期跟踪监测获得的大量油液测试数据,用趋势分析、数理统计以及模糊聚类分析等方法,就能找到 TBM 各运行阶段的元件磨损规律,从而为维护及故障诊断提供强有力的依据。

17.3　机械系统维护

TBM 的主体主要由各个机械部件构成,TBM 掘进是各个机械部件相互配合运动的结果。TBM 机械系统维护是在刀盘、护盾、主梁、撑靴、后支撑、L1 区、L2 区、皮带输送机、后配套以及其他部位的检查的基础上,按照维护手册和技术文件对机械的磨损、开焊和螺栓松动、油脂润滑等情况进行维护,以保证机械系统运行完好。

17.3.1　刀盘系统维护

刀盘是 TBM 上的开挖部件。因此有必要根据地质条件对刀盘进行全面检查,根据磨损按规定的掘进循环间隔进行检查。围岩较硬时检查刀座、焊缝等位置变形,围岩耗刀量大时增加查刀次数,更换耐磨刀圈。

1) 刀盘检查

(1) 检查刀盘前面复合板、"V"形保护块、边刀保护块和塞板等是否损坏掉落,检查时必须在前方岩石较好的情况下退刀 1m,进入人孔进行检查,检查中不能转动刀盘,若发现破坏严重要及时修补,避免频繁损坏滚刀以及刀座。

(2) 检查刀盘的连接螺栓是否出现断裂和刀盘螺栓保护帽有无遗失,若发现螺栓断裂要及时取出并更换。由于刀盘连接螺栓为高强度螺栓,必须用专用工具进行紧固打压。刀盘断裂螺栓见图 17-3。

(3) 检查刀座、铲牙牙床、刀盘背板和支撑板有无压溃及开裂,发现问题需及时处理。检查刀盘喷水系统是否正常,喷水是否能达到良好的除尘及降温效果。

图 17-3 刀盘断裂螺栓

2）刀盘修复

以某项目刀盘检查发现问题为例，有部分支撑板和背板连接处焊缝开裂情况、靠近中心滚刀刀座位置小背板出现裂纹、刀座焊缝有裂纹、部分边滚刀刀座承压面出现压溃现象。刀盘损伤局部如图 17-4 所示。

a) 刀座磨损　　　　　　　　　　　　　　b) 刀座开裂

图 17-4 刀盘损伤局部

(1) 滚刀刀座承接面压溃修复方案

针对现场发现有多边滚刀刀座的滚刀安装面已出现压溃情况，应先对刀座的压溃深度进行检测，根据检测结果，按照刀座厂家建议进行灵活处理。

(2) 刀盘背板、支撑板和背板连接处焊缝开裂修复方案

确认焊缝开裂位置，将开裂焊缝刨除至母材并打磨清渣，补焊开裂焊缝，并按焊缝设计大小焊满，焊接时严格按照焊接工艺执行。

(3) 修复正面(边缘)滚刀刀座及其附近的焊缝

①确定刀座焊缝开裂的刀位，将开裂焊缝刨除至母材并打磨清渣。

②补焊开裂焊缝,并按焊缝设计大小焊满,焊接时严格按照焊接工艺执行,特别注意焊前预热,焊后加热保温。

3)刀具更换

(1)刀具的配置和参数

刀具配置的基本参数见表17-3。

刀具配置的基本参数　　　　　　　　　　表17-3

名　　称	直径/尺寸	额定荷载	安装部位	刀具照片
17in 双刃中心滚刀	432mm	315kN	刀盘中心部位(四把)	
19in 单刃滚刀	483mm	315kN	除了中心滚刀以外的部位(面刀、边刀及扩挖刀具)	
铲刀	228mm×162mm×90mm	—	刀盘箱体边缘部位(破碎、铲起石渣)	

注:1in≈0.025m。

(2)刀具检查内容

每天须对刀盘刀具进行检查、维保,岩层较硬时掘进1~2个循环需检查一次,岩层较软时可相对延长至3~5个循环。检查、维护保养刀具前,空转刀盘出渣,后退刀盘离掌子面一定距离,并扩挖边刀更换空间。检查流程如下:

①检查滚刀以及铲刀螺栓、滚刀压块及楔块有无丢失或松动,之后打紧或者更换。

②检查刀圈是否出现崩刃、断裂、偏磨、弦磨、漏油等故障,同时检查滚刀刀圈轴承是否正常,根据实际情况更换刀具,如图17-5所示。

a)刀圈偏磨

b)刀圈断裂

c)刀圈卷刃

d)刀圈崩刃

图17-5　刀具损坏问题

③滚刀磨损更换如图17-6和图17-7所示,把滚刀轨迹线分为6个区域:中心滚刀区域、正面滚刀区域一、正面滚刀区域二、边缘滚刀区域一、边缘滚刀区域二、边缘滚刀区域三,检查刀具时注意各个区域的磨损极限以及刀高差极限。检查滚刀是否满足更换标准,见表17-4,当达到更换条件,必须更换刀具。

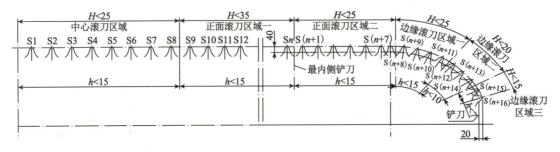

图17-6 滚刀磨损更换示意图(尺寸单位:mm)

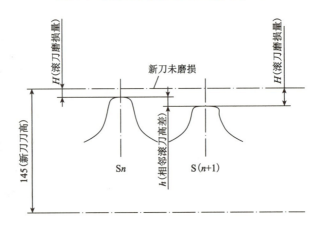

图17-7 相邻滚刀刀高差更换示意图(尺寸单位:mm)

滚刀磨损更换标准　　表17-4

序号	区域	磨损极限(mm)	刀高差极限(mm)
1	中心滚刀区域	25	15
2	正面滚刀区域一	35	15
3	正面滚刀区域二	25	15
4	边缘滚刀区域一	25	15
5	边缘滚刀区域二	20	10
6	边缘滚刀区域三	15	7

正常情况下铲刀磨损15mm时,特殊情况下铲刀可磨损至20mm,见表17-5中的数据,必须更换铲刀如图17-8所示,铲刀更换时注意可成组更换,同时注意铲刀紧固螺栓是否可用,若出现滑丝、断裂或者更换次数超过3次应更换新螺栓。

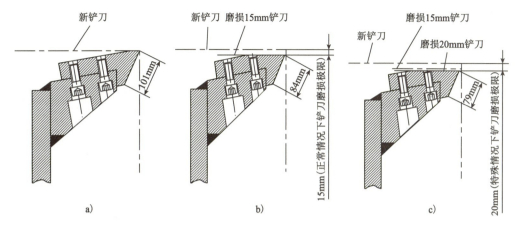

图 17-8 铲刀磨损更换示意图

铲刀磨损更换标准　　　　　　　　　　　　　　　　　　　表 17-5

名称	新铲刀	磨损 15mm 铲刀	磨损 20mm 铲刀
磨损量(mm)	0	15	20
长度(mm)	101	84	79
备注	—	正常情况下此磨损量更换	特殊情况下可以到此磨损量更换

铲刀过度磨损极易造成滚刀刀体、刀座和刀盘体磨损,应及时更换,如图 17-9 所示。

图 17-9 铲刀过度磨损示意图

掘进过程中由于受围岩条件、刀具的布置、掘进参数、设备状况和司机的操作习惯等多种因素的影响,每把刀的使用寿命迥然不同。即使同一部位的刀具,也无法预测出精确的寿命,而且随着机械的剧烈振动和掘进推力的急剧变化,即使是新换的刀具,也时常会出现预想不到的挡圈脱落、刀刃崩落、偏磨、刀圈移位、密封漏油和轴承破损等非正常损伤。

17.3.2　主驱动系统维护

主驱动系统向刀盘提供旋转扭矩,驱使刀盘旋转掘进,由于内部零件较多且比较精密,对 TBM 来说非常重要,在维护中要重点检查。主驱动机械维护检查包括连接处检查、电机检查和其他检查。主驱动系统维护见表 17-6。

主驱动系统维护　　　　　　　　　　　　　　　　表 17-6

检查项目	检查内容	检查周期	检查部位
连接处检查	(1) 刀盘、主梁、护盾、楔块连接处螺栓是否断裂，贴合面是否变形间隙是否变大； (2) 销轴、楔块、护盾活动是否正常，油脂润滑效果是否良好	日检	
电机检查	(1) 每隔 3000h 给电机注轴承润滑脂，每个电机前后共四个注油口，每次油枪打三下且不可过多； (2) 电机转动中是否有异响，轴承是否磨损； (3) 电机温度、减速机温度是否正常，减速机齿轮油是否变质和减少	日检+周检	
其他检查	(1) 齿轮油、密封油脂油管和接头处是否磨损漏油； (2) 主驱动油箱的盖板，小齿轮盖板螺栓是否松动，密封是否正常； (3) 传感器、其他接口是否正常	日检+周检	

17.3.3　护盾及推进支撑系统维护

护盾是在 TBM 掘进时，头部振动激烈时起保护机头、稳定机身的作用，构件往返动作。推进支撑系统为 TBM 提供推力和支撑且调整方向，包括推进液压缸、撑靴及撑靴液压缸、鞍架、扭矩液压缸、主梁、后支撑。这两个部位在掘进中受到较大的振动和较大的作用力，故维护中要重点检查，护盾及推进支撑系统如图 17-10 所示，系统维护见表 17-7。

a)

b)

图 17-10　护盾及推进支撑系统

护盾及推进支撑系统维护 表17-7

部位	检查内容	检查问题	解决方案
护盾	(1)护盾间隙漏渣情况； (2)顶护盾导向座磨损情况； (3)护盾焊缝有无开裂； (4)护盾防尘挡板及防尘橡胶圈有无损坏	护盾漏渣进入护盾间隙	清理漏渣，调整挡尘板和护板间隙
		顶护盾导向开裂	分析开裂原因并进行焊接加固
主梁支撑推进系统	(1)主结构、平台等连接螺栓有无松动，有无破损推进液压缸、U形耳座、撑靴球头等润滑情况； (2)支撑推进系统胀套螺栓有无松动； (3)鞍架导轨润滑情况，是否有积渣； (4)后支撑支腿润滑与磨损情况； (5)后支撑支腿与靴板销轴窜动情况	撑靴打滑扭矩液压缸销轴和鞍架筋板干涉冲击碰撞	调整缓冲箱、规范调向
		推进液压缸错位导致回正板簧断裂	液压缸更换回正板簧

17.3.4 拱架安装器

钢拱架安装器位于顶护盾下方，可分为钢拱架拼装环和撑紧环两部分。由于靠近刀盘位置受到较大的振动和所处的环境有较多的石渣，故在施工生产中会出现较多的故障，一旦需要拼装拱架，要保证随时可以投入工作。拱架安装器系统维护见表17-8。

拱架安装器系统维护 表17-8

检查内容	故障描述	处理方案
(1)齿轮齿圈磨损情况，是否有异常； (2)撑紧臂伸缩情况，有无松动； (3)托轮润滑情况，是否有异响； (4)撑紧环前后行走轨道磨损情况，是否有积渣； (5)撑紧环前后行走液压缸情况	撑紧环前后行走卡滞	(1)行走轨道、轮箱是否积渣； (2)轮箱滚轮是否转动，轮箱润滑轴件是否磨损； (3)油路压力不够或者电气故障
	拼装环无动作或误动作	检查控制多路阀是否损坏或者卡住，检查电气信号

17.3.5 锚杆钻机系统维护

锚杆钻机系统安装在主梁两侧，在掘进中遇到不良地质时可及时进行锚杆作业，是关键的支护设备，其性能直接关系到TBM支护的质量和进度，同时钻机工作环境和结构导致它又是故障率较高的系统，故在维护中应当重点检查。系统维护内容见表17-9。

锚杆钻机系统维护　　　　　　　　　　　　　　　　　　　　表 17-9

检查位置	故障描述	解决方法
（1）检查水盖和螺栓； （2）检查水密封、铜导向套、把持套； （3）检查钻头、钻杆、钎尾； （4）检查氮气压力； （5）检查导轨、"V"形块； （6）检查滑轮、钢丝绳；检查对中性； （7）洁齿圈、轨道	钻孔速度低,工作异常,钻进效率低	冲击压力不足或者压力不稳定,推力不匹配或者氮气不足氮气隔膜损坏
	钎尾频繁断裂	钎尾正常寿命为 3000h,频繁损坏的原因为打钻时偏打、空打导致弯矩集中钎尾断裂
	钻机分节处漏油	钻机空打、偏打,日常检查不到位螺栓松动导致打钻钻机晃动以及钻机使用寿命到头;分节处的贴合面间隙变大
	合金导轨滑出,与岩壁干涉折弯	后端盖上螺栓松动长时间未紧固
	钢丝绳频繁断丝	（1）打极限孔时钢丝绳与主梁碰撞； （2）钢丝绳调节不当
	钻机冲击动作时,突然卡滞停止	冲击活塞被异物卡滞
	机尾堵头脱落,导致配油阀、配油盖等全部从尾部掉落	钻机尾部堵头长期振动脱落

17.3.6　喷混系统维护

喷混系统可在初期支护中喷射混凝土,机械结构比较多,系统较为复杂,而且混凝土会造成设备的污染腐蚀,对设备造成较大损伤,因此要在使用完毕后及时清理管路和料斗。在维护中检查项目较多,包括喷射、输送泵等系统的各个部件检查,维护人员要熟悉设备参数,磨损件须及时更换,维护好设备。喷混系统维护见表 17-10。

喷混系统维护　　　　　　　　　　　　　　　　　　　　表 17-10

检查部件	检查内容	图例
喷射臂	（1）对喷射臂进行整体清洁,保证喷射臂可以正常伸缩； （2）对喷射臂油嘴位置加注黄油脂,并检查内臂和外臂之间的润滑是否到位； （3）检查喷射臂内臂与间隙调节板间隙,调节端部螺钉进行紧固;间隙调节板磨损超过 8mm 需进行更换； （4）检查喷射臂上管路、马达、卷盘等部件有无磨损和泄漏； （5）检查喷头有无松动,喷头、管路有无过度磨损	
旋转小车	（1）对旋转小车进行整体清洁,滚轮、小齿轮、卷盘须重点检查清洁； （2）对旋转小车油嘴位置加注黄油脂,检查滚轮、轴承是否润滑到位； （3）检查小齿轮和滚轮的磨损,磨损严重则更换； （4）检查管路、卷盘、马达等部件有无磨损和泄漏； （5）检查螺栓、接头等有无松动； （6）运行旋转小车,检查是否顺畅,有无异响	

续上表

检查部件	检查内容	图例
旋转框架	(1) 对旋转框架进行整体清洁,行走轨道和大齿圈须重点检查清洁; (2) 对旋转框架油嘴位置加注黄油脂,并检查行走滚轮是否润滑到位; (3) 检查大齿圈、行走滚轮和刮板的磨损情况,磨损严重则更换; (4) 检查螺栓、接头等有无松动,重点检查齿圈和滚轮的固定螺栓; (5) 检查电缆有无磨损,管路有无泄漏; (6) 检测减速机运行温度是否正常	
喷混桥主框架	(1) 对喷混桥主框架进行整体清洁,管线布置区域须重点检查清洁; (2) 对行走机构油嘴位置加注黄油脂; (3) 检查螺栓有无松动,重点检查桥架连接螺栓和行走轨道连接螺栓; (4) 检查管路、电缆等部件有无磨损,管路有无泄漏	
输送泵	(1) 输送泵要每天进行注脂; (2) 所有螺栓和螺母、管夹螺钉常检查,发现有松动时,必须拧紧,尤其是一些受交变载荷的零部件;如泵送系统的主液压缸、输送缸、料斗及底架等连接螺栓	
输送泵部件	(1) 眼镜板与切割环之间的间隙,若超过2mm且磨损均匀,应调整间隙或者更换切割环、橡胶弹簧、眼镜板。 (2) 按正确的步骤进行更换:清洗料斗→拆除止转螺钉→拧紧异形螺栓将S摆管阀拉向料斗后墙板,将切割环与眼镜板之间间隙缩小→拧紧止转螺钉	
	(1) 当输送缸的镀层未曾被磨损掉而混凝土活塞后部(即水箱)出现混凝土浆或砂粒,表示活塞已磨损; (2) 需要更换时,使活塞后退到终点,拆下接杆取出活塞,装上新活塞	

17.3.7 皮带输送机系统维护

TBM出渣运输的皮带有两条,包括主机皮带和后配套皮带。皮带输送机需要每天进行检查维护,包括电机、马达、滚筒、托辊、皮带及运行状态等。皮带输送机系统维护见表17-11。

皮带输送机系统维护　　　　　　　表 17-11

序号	检查内容	注意事项
1	检查各托辊转动情况和支架是否牢固	（1）皮带压力升高应停止掘进，及时检查马达或者皮带是否有异常卡住，处理完问题再进行掘进； （2）禁止将用完的废料、钢筋、铁块扔皮带对皮带造成损伤； （3）发现皮带有破损及时进行修补
2	检查皮带的磨损情况、刮痕和跑偏	
3	检查各减速箱油位，油位过低加注齿轮油	
4	检查滚筒运转，是否有异响，滚筒的油脂润滑情况	
5	检查皮带各道刮渣器刮渣效果，是否有损坏	
6	检查顶升液压缸和张紧液压缸有无回缩	

17.3.8　后配套系统维护

1）通风系统维护

TBM 通风系统有除尘器、除尘风机和二次风机。除尘器和除尘风机清除掘进中产生的灰尘,二次风机保证设备通风顺畅,维护好通风系统有利于掘进中有个干净良好的工作环境。通风系统维护见表 17-12。

通风系统维护　　　　　　　表 17-12

序号	检查内容	注意事项
1	检查风机工作是否正常,有无异常声响	风机中禁止吸入异物,导致风机旋转叶片干涉损坏
2	定期检查叶片固定螺栓有无疲劳裂纹和磨损	
3	定期检查、润滑电机轴承	除尘滤板要及时清理,防止吸入油水等导致除尘效果变差
4	检查风管卷筒的固定情况	
5	根据掘进情况及时延伸和更换风管	除尘器底部排灰口电机跳闸,检查排灰口是否被泥浆或者异物卡住
6	检查风管有无破损现象,及时修补或更换	

2）供排水系统维护

TBM 冷却采用闭式循环系统,如图 17-11 所示,设置有过滤装置。外循环水系统设置有自动给循环使用的节约环保功能,供、排水均配有水管卷筒用来储存软管,供掘进中设备延伸。隧道供水要求压力 $P = 5 \sim 8\mathrm{bar}$,温度 $\leqslant 25℃$。

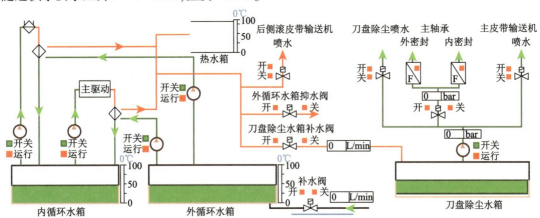

图 17-11　水循环系统示意图

(1)维护事项

供排水系统维护见表17-13。

供排水系统维护 表17-13

检查位置		检查内容
水泵站	电机转向	水泵电机旋转方向从电机尾部看是否顺时针
	润滑点	检查各润滑点是否润滑到位
	水箱液位	检查水箱液位是否正常
	散热器	检查散热器外表面是否有污物,有污物及时清理
	气动球阀	检查气动球阀状态显示是否正常,开关动作是否灵活
	螺栓	检查水泵站上螺栓是否有松动
	水泵运行	检查水泵运行过程中是否有异响
	仪器仪表	检查掘进过程中水泵站各压力、温度、液位和流量等是否正常
过滤器	压力	进出水压力
	温度	进出水温度
	滤芯	检查过滤器滤芯是否堵塞(前后压差超过1bar)
	滤芯清洗	过滤器滤芯堵塞是否清洗
主驱动	流量计	记录掘进过程中主驱动冷却水流量
	温度计	记录掘进过程中主驱动冷却水温度

(2)水质要求

水系统关联TBM各个系统,为了避免水污染造成管路堵塞、腐蚀,造成其他系统损坏,水中元素离子的含量必须满足要求,内循环水系统必须使用干净的蒸馏水。

3)压缩空气系统维护

一般TBM上配置3台低噪声螺杆式空气压缩机(空压机),其中两台大功率空压机为喷混提供气源,另外一台空压机满足TBM系统气源,且均预留有足够的余量。空压机冷却方式可采用风冷或水冷方式,每台空压机应单独配置一个储气罐。压缩空气系统维护事项见表17-14。

压缩空气系统维护 表17-14

检查项目		检查内容	注意事项
空压机站	专用冷却油	检查油色、油质是否乳化或者杂质	主机排气温度过高会导致空压机损坏,应注意空压机上方排气是否顺畅,换热器堵塞冷却剂泄漏或者温控阀损坏
	空气过滤器	检查进气滤芯是否堵塞	
	自动排污阀	检查自动排污阀是否动作	
	排风口	检查空压机冷却排风口是否被遮挡	禁止对着空压机进行冲水,禁止将杂物堆放在空压机上
	进风口	检查空压机进风口是否被遮挡	
	冷却器	清灰除尘	

续上表

检查项目	检查内容		注意事项
管路	安全阀	检查安全阀工作是否正常	空压机修理之前必须释放内部压力且关掉电源
	气动球阀	检查气动球阀状态显示是否正常,开关动作是否灵活	
三联件	润滑油	检查三联件是否有润滑油	
	水分离芯	检查水分离芯内液位	

4)其他维护

(1)升降平台、翻渣机维护:升降平台钢丝绳定期抹油,滚轮销轴定期注油;检查升降平台底部是否刮蹭轨道;检查液压缸固定是否牢靠。

(2)电动葫芦、风筒吊机、罐体吊机维护:检查是否有防水措施;动作是否正常,有无轴承损坏情况;连接部位螺丝是否松动;多吊机动作是否同步。

(3)台车维护:行走轮定期注油;检查行走轮是否转动轮缘是否正常;检查台车连接销轴是否正常;检查台车有无错位、有无变形开裂。

17.4 液压流体系统维护

液压流体系统维护主要包括对液压系统、主驱动润滑系统和油脂润滑三大系统的维护检查,保证系统稳定和工作正常。液压系统通过油液作用液压缸使 TBM 实现推进、换步、调向等主要运动功能。主驱动润滑系统采取压力循环方式,由泵站将润滑油送至主驱动腔内对主轴承、齿轮齿圈等进行多点润滑,减小刀盘转动中齿轮箱内的磨损并散热,保证了主驱动运行良好。油脂润滑系统针对 TBM 部位的润滑和主驱动机械密封,减小部件的磨损、腐蚀。由于液压流体系统对整体设备的重要性,涉及的功能数据专业性,在维护中要有非常专业的技术人员进行全方位的检查维护,保证系统无任何异常。对于实现自动检测流量温度的信号,要经常性地通过控制室显示屏数据观察界面分析系统是否处于稳定状态,有无压力泄漏、散热不良、流量不稳等情况,发现问题及时分析解决。

17.4.1 液压系统维护

TBM 液压系统维护包括对护盾系统、钢拱架安装系统、辅助系统、推进支撑系统和皮带输送机系统等压力、液位、温度参数的校对,对液压泵、阀、马达、管路等部位防护,发现运行中的异常,及时处理解决。液压系统维护见表 17-15。

液压系统维护 表17-15

检查项目	检查内容	注意事项
泵、马达、阀组	有无渗漏、异响	(1)油箱液位不得低于液位低限的报警值，低于时要及时加油； (2)所有液压管线的拆卸必须做到随时拆卸，随时封口，防止异物进入液压系统； (3)在对液压系统维修前，必须确保液压系统已停用并已卸压。特别是蓄能器的维修； (4)定期取油样送检； (5)检查所有过滤器工作情况，并根据检查结果和压差传感器的示数更换滤芯
管路、接头	有无管路破损、漏油，接头及法兰螺栓是否紧固	
液压缸	活塞杆清洁、完整，是否良好无泄漏	
压力表	压力表无损坏且准确	
保护套	撑靴液压缸和推进液压缸及其他液压缸的胶皮保护套是否破损，有无石块、沙子进入	
泵站	(1)推进泵、撑靴泵、复位泵、辅助泵、皮带输送机泵、锚杆钻机泵、冷却过滤泵、润滑回油泵出口压力； (2)过滤器是否报警； (3)泵站电机是否有异响； (4)液压油温度是否正常； (5)油箱液位处于高位	
液压阀组	接头是否紧固、渗漏	

17.4.2 液压系统故障分析

液压系统发生故障通常的表现形式有泵无压力、泵发热、液位升高、执行元件动作过慢、油温过高、执行元件不动作和泵不能输油等情况，在维护保养过程中应针对不同现象分析原因，找到最优的处理方法。液压系统故障分析见表17-16。

液压系统故障分析 表17-16

故障表现	原因	处理办法
泵无压力	溢流阀失效	检查溢流阀设定压力；更换溢流阀
	泵内部结构损坏	泵体解体检查，更换损坏件
泵发热	泵吸口无油或吸油不畅	检查吸油口球阀并打开；检查吸油管
	油温过高	检查吸油口球阀并打开；检查吸油管
	泵体异常磨损	解体，检查，更换损坏
液位升高	有水进入	更换冷却器，更换液压油
执行元件动作过慢	泵流量不足	泵溢流，溢流阀设定压力过低
	系统有空气	排气
	执行元件密封失效造成内泄	更换密封或执行元件
油温过高	泵高压溢流	更换溢流阀
	无冷却水	冷却水泵启动，冷却器堵塞

续上表

故障表现	原　因	处理办法
执行元件不动作	换向阀未工作	检查电气接线；更换电磁线圈
	溢流阀溢流	溢流阀设定压力过低
	安全条件未满足要求	检查报警信息，并及时解除
泵不能输油	吸油口球阀关闭	打开吸油口球阀
	联轴器损坏	拆开钟形罩联轴器，更换损坏件
	吸油管堵塞	拆下吸油管检查畅通，处理点堵塞物
	吸油过滤器堵塞	更换指定型号的新滤芯
	泵内部结构损坏	泵体解体检查，更换损坏件

17.4.3　主驱动润滑系统

在 TBM 掘进过程中，驱动电机带动小齿轮啮合大齿圈和主轴承的转动，来实现刀盘的转动。这些运动都是在主驱动这个大的减速箱中来实现，在转动中产生高温，齿轮齿圈的啮合磨损等均需要齿轮油来带走热量和润滑，这就需要润滑系统对主驱动润滑保护。主驱动润滑工作原理如图 17-12 所示。

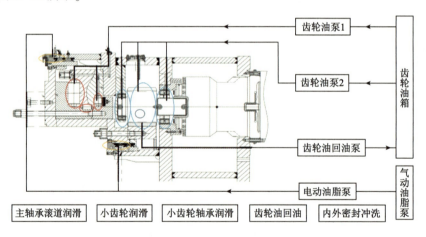

图 17-12　主驱动润滑工作原理示意图

润滑泵站的油泵将齿轮油从油箱吸出，经过滤器、流量限制阀及分配器等分配齿轮油至 TBM 主驱动的小齿轮、小齿轮前后两端轴承；主轴承滚道等，进行运动中的润滑，润滑方式采用底部浸油润滑和上部的喷淋润滑，保证主驱动稳定工作；回油泵将主驱动变速箱中的齿轮油吸出至冷却器冷却，再回到齿轮油箱。

（1）维护事项

齿轮油润滑系统维护见表 17-17。

齿轮油润滑系统维护 　　　　　表 17-17

检查项目	检查内容	检查计划
过滤器	磁性滤芯、进油滤芯、回油滤芯	每周
	齿轮油润滑泵站过滤器	每天
管路、接头	管路、接头及法兰螺栓	每天
流量限制器	流量有无异常	每天
齿轮油	温度、压力有无异常	每天
泵、马达、阀组	有无渗漏、异响	每天

（2）注意事项

对齿轮油油箱及减速箱液位检查每周对油进行常规检查，每月进行送检，送检的油样要有送检报告，若油样中的成分超过允许值时进行更换油品，油品检测发现油品中金属含量、铜元素含量超标或磁滤芯处发现的金属与铜屑杂物量大，可能是主轴承磨损，则需要专业技术工程师检查分析问题。若检查油有乳化现象或者样品中有泥砂，过滤器经常堵塞报警，则可能存在驱动密封问题，要停止掘进，分析原因解决问题后才可继续掘进。

17.4.4　油脂集中润滑系统

TBM 油脂集中润滑系统中主要包括设备上机械部位润滑和主驱动的油脂密封，气动油脂泵首先将油脂桶的油泵送至 1 号电动油脂泵和 2 号电动油脂泵。1 号电动油脂泵输出四路油脂主要为主驱动进行内外密封处油脂密封，2 号电动油脂泵为通过分配器将油脂送至液压缸、销轴、轴承等润滑部位进行润滑。1 号电动油脂泵密封为最重要也是最容易出问题的系统，它将关系到主驱动密封的完好，主驱动内部是否污染磨损进入杂质，在维护中要重点检查。

1）机械部位润滑

油脂集中润滑系统维护见表 17-18。

油脂集中润滑系统维护 　　　　　表 17-18

检查项目	检查内容	检查计划
油脂泵	气动油脂泵和两个电动油脂泵	日常检查
管路、接头	管路、接头及法兰连接	
主驱动	内外密封出油及泄漏情况	
各部位及销轴润滑	出油是否正常	

2）主驱动油脂密封系统

（1）主驱动密封原理

主驱动有内、外两套唇形密封，保证主轴承和变速箱不进水、灰尘及其他污粒，同时防止轴承和齿轮润滑油流失。由 EP2 润滑脂持续不断地供给到内外密封腔，增强密封的效果，提高唇形密封使用寿命。该设备的主轴承密封原理如图 17-13 所示。在正常掘进过程中，密封结构一旦出现问题，或者遇到涌泥涌水等恶劣的地质环境，迷宫腔就成为保护主驱动的第二道防线，可给相关技术人员一定的缓冲时间来清理迷宫和更换油品，以免造成主轴承的损伤，增加工作难度，因此迷宫腔在整个结构中是至关重要的。敞开式 TBM 主驱动密封系统由 3 道唇形外密封、3 道唇形内密封以及各自的机械迷宫组成。第二密封与第三道密封之间空隙为泄漏腔。

（2）内密封油脂检查

清理内迷宫环 1 与内迷宫环 2 采样点附近泥砂；拨开迷宫外端 10mm 深的油脂，抽查 6 个点迷宫内油脂，检查油脂情况，如果油脂中无砂且油脂均匀为正常，如图 17-14。外密封油脂检查类同内密封。

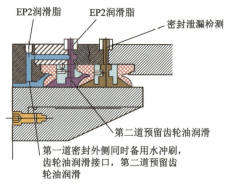

图 17-13　主轴承密封原理示意图

（3）内密封泄漏腔的检查

观察泄漏腔液位管中是否有其他杂质，无杂质即为正常。泄漏腔冲洗检查（每月对泄漏腔进行冲洗检查内部是否有杂质）；打开泄漏腔底部 LIA2 口；打开泄漏腔顶部 LIA1 口，从 LIA1 口往泄漏腔加入 320 号齿轮油对泄漏腔进行冲洗，观察 LIA2 口流出油液中是否有杂质；用新堵头对 LIA1 和 LIA2 口进行封堵，如图 17-15 所示。外泄漏腔检查同内泄漏腔。

图 17-14　检查内密封

图 17-15　检查泄漏腔

（4）故障处理

主驱动润滑系统故障处理见表 17-19。

主驱动润滑系统故障处理一览　　　　表 17-19

故障内容	处理方法	图例
主控室显示主驱动油脂流量低或者没有流量	检查电气故障；流量分配器接头处漏油，流量分配器里面阀芯有杂质无法动作	

续上表

故障内容	处理方法	图 例
气动油脂泵不动作	拆开马达检查换向阀块是否松动或者损坏	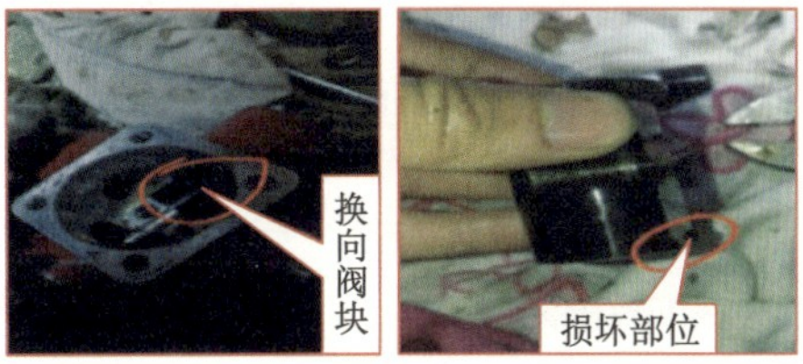
1号电动油脂泵无法出油	油脂泵轮盘是否变形损坏	
电动油脂泵泵头流量远低于20ml/min的正常标准	检查泵头是否有问题	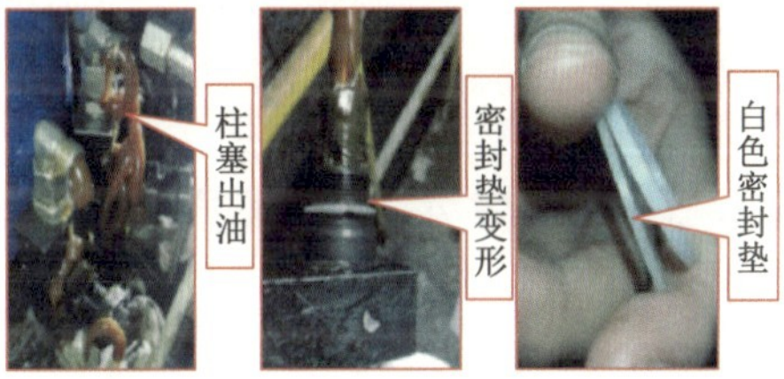

17.5 电气系统维护

TBM 电气系统涉及项目比较多,控制到 TBM 运行的每一个系统中,在维护中需细致全面,把握关键点,按照安全正确的流程操作设备、采用合理科学的方法处理所遇到的电气故障。在维护中要保证人身和设备的安全性,降低设备电气故障率,提高 TBM 的作业效率。如图 17-16 所示,TBM 电气系统维护对象包括电缆卷筒、中压端子箱、变压器、变频柜、驱动电机等设备位,需做好日常维护工作以保证掘进顺利。

17.5.1 操作流程

电气系统危险性高于其他系统,断送电路必须按照操作步骤来,否则轻则造成设备损坏,重则造成人员伤亡。

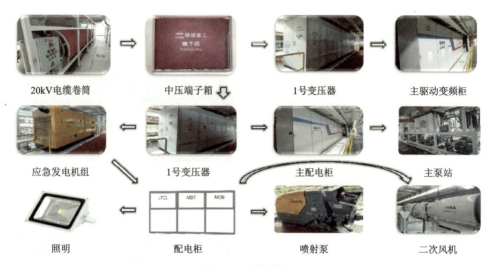

图 17-16　电气设备

(1) 高压送电流程：检查 SF6 气压→合负荷开关；手柄插入 C 单元面板操作孔，顺时针旋转→断接地开关；手柄插入 V 单元面板下操作孔，逆时针旋转→合隔离开关；手柄插入 V 单元面板中间操作孔，顺时针旋转→储能合闸；储能，按下合闸按钮→检查；三相电压、温度是否正常→挂牌上锁；悬挂"已送电，请勿靠近"警示牌，上锁。

(2) 高压断电流程：分闸按钮，按下出线柜 V 单元断路器"分闸"按钮→断隔离开关；手柄插入 V 单元面板操作孔，逆时针旋转→合接地开关；手柄插入 V 单元面板下操作孔，顺时针旋转→断负荷开关；手柄插入 C 单元面板操作孔，逆时针旋转→挂牌上锁；悬挂"已停电，请勿合闸"警示牌，上锁。

(3) 低压送电流程：检查高压供电，变压器温度、电压→合应急回路总断路器，辅助变安全继电器通电→顺时针旋转急停，使之弹出→按下复位开关复位→按下合闸按钮→电气原理图，分级逐个合上支路断路器→上电完毕，关好柜门。

(4) 低压断电流程见图 17-17。

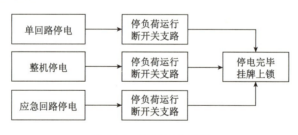

图 17-17　低压断电流程图

17.5.2　系统维护

TBM 设备运行期间各个环节相互衔接，任何一个环节出现问题都将影响掘进速度，降低运行效率，故电气系统维护工作应做得细致到位。通过实践总结，电气系统维护要点见表 17-20。

电气系统维护要点 表17-20

维护部位	外观检查	功能性检查	仪表检查
箱式变压器	铜排干净无异物,无放电,导线、元器件安装稳固无松动	分合闸、储能、地刀、断路器、急停、冷却降温功能是否正常	SF6充气式开关、相序继电器、绝缘检测仪、熔断器等元器件均正常工作
配电柜	导线、元器件安装稳固无松动,槽、导轨及铜排连接处螺栓紧固可靠、无松动	断路器、熔断器等元器件功能正常,动作可靠稳定,温度正常	接地电阻在合适的范围之内,相关显示仪器显示正常
变频柜	元器件是否外壳完好,无变形,无漏液,导线、元器件安装稳固无松动	水冷进出水温度合适,柜内温度在规定范围之内,输出电压正常	面板显示清晰
发电机组	油水液位合适,导线、元器件安装稳固无松动	自启及手动功能正常	电压电流显示正常
电动机	电机外壳表面无剐蹭、掉漆,无碰撞凹	电机联轴器紧固可靠、无松动;电机转速稳定,运行噪声小	电压电流显示正常
电线电缆	电缆外护套完好无破损;电缆外护套完好无破损	电缆无超温过热现象	测量电缆绝缘电阻
高压电缆卷筒、端子箱	箱体内部及接线铜排上无异物,干燥清洁;内部无放电现象	控制箱的收缆、放缆、卷筒的限位功能正常。加热器正常工作	面板的按钮和指示灯工作正常;急停功能正常工作

17.5.3 典型问题处理

(1)隧道涌水或者长时间停机

日常维护中需做好配电柜防水措施,在大涌水情况下可用防水布盖住电气设备防止进水,如图17-18所示。设备长时间停机或者涌水后再次开始启动前,要检查电气元件有无受潮,尤其是高压柜滑环箱、中压端子箱等高压带电部位,开启设备的加热器加热。电气设备加热包括端子箱加热、变频柜加热、变频电机加热、电缆滑环箱加热。如有必要,配电柜可放置干燥剂或切断电源。

a)

b)

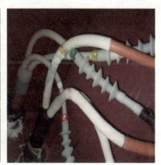
c)

图17-18 涌水防护示意图

（2）掘进中报刀盘驱动错误停止掘进

TBM 驱动中常见的故障为刀盘驱动错误，主要原因有传感器检测到刀盘驱动电机的温度、电流、转矩等数据异常，减速机的温度异常，变频柜传输过来的数据异常，以及刀盘急停回路故障等，出现故障报警要根据实时数据或者报警界面分析故障来源，不可盲目掘进损坏设备。在某工地掘进中，报警界面显示刀盘驱动错误信息，变频柜面板界面也有相应的报警，复位后继续掘进，不予理会，最终导致逆变模块烧坏，如图 17-19 所示。

图 17-19　逆变器烧坏

（3）主驱动电机整流模块过热报警

某工地主控室操作界面出现主驱动电机整流模块过热报警。到变频柜检查整流模块显示屏温度显示为 134.7℃，冷却系统、供电系统均正常，断电 1h 后重新送电，温度还是维持在 134.7℃。停机一天后再次检查整流模块温度为 24℃，已经显示正常。尝试启动刀盘，刀盘转动一下后，再次出现整流模块报错故障，供应商服务人员到现场初步判断整流器内部电源及信息采集电路板故障，故更换新电路板后报警消除，转动刀盘重复报故障，经现场排查判定为内部温度传感器故障，并非电源及信息采集板问题，内部四个温度传感器有一个热敏阻值低于其他 3 个导致温度报错，更换后可正常掘进。

（4）模块通信中断

通信中断故障现象：CPU 模块红色报警指示灯亮；IO 模块通信状态指示灯未亮。由于 TBM 每个 PLC 子站和主站是通过以太网通信的，当相应模块的通信中断时，应检查通信线接口、以太网插头和网线问题，如图 17-20 所示。

a)

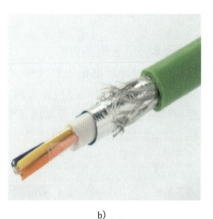

b)

图 17-20　检查通信中断

（5）断路器跳闸

断路器跳闸应检查漏保是否弹出，弹出说明有漏电或者接地，需使用万用表测量相线是否接地短路。查看电机负载，是否存在堵转。断路器跳闸检查如图 17-21 所示。

（6）变压器典型故障

①变压器高压测不能合闸：合闸机构未储能、高压进线电压超限、变压器温控仪回路故障或高压开关控制回路接线松动。

②变压器超温警告:变压器冷却风机故障、变压器风机接线松动或变压器温控仪回路故障。

③低压开关不能合闸:回路短路、回路接地或开关损坏。

 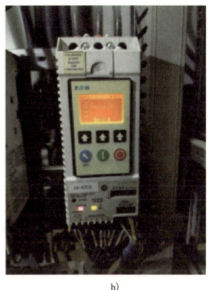

a)   b)

图17-21 断路器跳闸检查

(7)发电机组典型故障

①无法启动:油管有空气、燃油液位不足及质量不足、蓄电池欠压、起动马达急停按钮被拍下或控制器接线松动。

②冒黑烟或灰烟:负载过大、燃油质量低、高压油泵故障或空滤堵塞。

③无电压输出:发电机接线松动、自动转换开关(ATS)打设位置错误或发电机有无励磁。

本讲参考文献

[1] 黄仕保,刘有为.浅谈TBM电气系统维护检修[J].湖南水利水电,2018(05):32-33.

[2] 袁鹏辉.TBM电气系统维护及抗干扰[J].工程技术,2016(01):318.

[3] 张瑞春.隧道掘进机(TBM)电气系统维护[J].山西水利科技,2004(03):56-57.

[4] 邱慧清.浅析隧道掘进机(TBM)电气系统维护[J].科学与财富,2013(09):24.

[5] 刘振华,潘杰.CCS项目双护盾TBM供电系统的设计、运行与维护[J].四川水力发电,2014,33(04):15-17.

[6] 李子洲,丁彭彪,孙晋永,等.浅谈敞开式TBM混凝土喷射系统组成及日常维保[J].建筑机械,2021(S1):17-20.

[7] 李振明.TBM机电设备维修保养管理系统关键技术研究[D].石家庄:石家庄铁道大学,2018.

[8] 杨勇.TBM主轴承润滑系统污染成因分析[J].国防交通工程与技术,2009,7(05):69.

[9] 孔祥政.TBM主机设备的维护保养[J].东北水利水电,2016,34(10):66-68.

第18讲 TBM施工管理

TBM 隧道施工以掘进作业为核心,以掘进、支护、出渣运输为主要作业,以通风、供电、供水、排水等为辅助作业,各个作业具有并行性、协调性和连续性等特点,此特点决定了 TBM 施工组织管理的特殊性。因此,必须明确建立各作业工序间的合理关系,确定 TBM 施工管理的主要内容、方法和措施,避免某一环节出现问题而影响全局工作的开展。本讲从 TBM 施工生产管理、安全管理、质量管理、进度管理和成本管理等多个方面讲述 TBM 施工管理。

18.1 TBM 施工生产管理

18.1.1 TBM 施工生产管理体系

TBM 工程采用项目法施工,成立高效、精干、配套的项目部组织施工生产。选派有资质、有施工组织经验的管理人员担任项目经理,优选管理人员和技术业务人员组成项目部进行 TBM 工程施工管理。TBM 施工生产由掘进班、维护班、皮带班和洞内外综合班等专业班组来完成,实行专业化施工。TBM 的使用和保养维护由专业班组负责。开工前对各专业班组进行强化培训。

TBM 施工生产组织管理体系机构见图 18-1。

(1) TBM 项目经理

主要职责是控制与协调 TBM 的施工组织管理,是 TBM 施工的全权组织者和监督者,也是 TBM 在施工过程中发生突发情况的主要决策者。

(2) TBM 总工程师

主要职责是负责 TBM 的正常运转,组织制订 TBM 保养计划、维修方案、设备配件的需求和供应,参与厂家的业务沟通,以及制订人才培养计划和技术总结应用。

(3) TBM 生产经理

主要职责是负责施工组织协调、施工进度控制,组织协调掘进、维护、皮带、综合各班组人员施工生产和劳动力安排。

第18讲 TBM施工管理

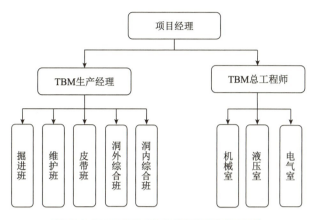

图 18-1　TBM 施工生产组织管理体系机构框图

（4）掘进班

每台 TBM 的掘进班由 3 个掘进班组成，实行"三班两倒"的作业制度。TBM 掘进施工中，掘进班是开挖生产的先锋队，在 TBM 组织生产时需要灵活组织，各工序及时跟进，做到支护可靠、及时，轨道、皮带、风、水、电延伸可靠、充分，同时根据揭示围岩情况对 TBM 参数及时调整，做到安全质量可控。掘进班组下辖作业区域小组有 L1 区（锚杆支护）支护组、轨道组、L2 区（喷混）支护组、后配套延伸组，由掘进班班长统一领导。

（5）维护班

主要职责是贯彻预防性维修的理念，确保 TBM 设备安全、稳定、持续地生产，即在设备发生故障前，按照维护计划进行维修、保养，防患于未然，日常对刀盘刀具进行仔细全面的检查，认真量刀，及时倒刀、换刀。

（6）皮带班

主要职责是对连续皮带、支洞皮带进行不间断巡查，及时对损坏的皮带系统零部件以及运行时造成破损的皮带进行更换和补换，做好合理的计划，对连续皮带及其他部位皮带进行硫化，同时，要经常对电机、滚筒和绞车等机械原动件和从动件进行润滑和齿轮油更换。

（7）综合班

其主要职责是负责洞内排水、机车的运行与管控，以及 TBM 材料的运输。洞内综合班设置在洞内，洞外综合班设置在洞口。

（8）机械室

主要职责是细化 TBM 机械方面的维护计划，对 TBM 机械故障进行方案编写和日常总结，对 TBM 机械设备零部件，以及对刀具的组装进行全面掌握，及时进行 TBM 备件计划采购申请，同时和液压、电气各部门加强沟通，相互协作。

（9）液压室

主要职责是细化 TBM 液压方面的维护计划，对主驱动及其他重要部位的油液进行收集，有条件的进行油液分析，保证 TBM 重要部件健康运行，对 TBM 液压方面故障进行方案编写和日常总结，以及对 TBM 液压设备零部件进行全面掌握，及时进行 TBM 备件计划采购申请，同时和机械、电气各部门加强沟通，相互协作。

(10) 电气室

主要职责是细化 TBM 电气方面的维护计划,对 TBM 电气故障进行方案编写和日常总结,及时进行 TBM 备件计划采购申请,同时和液压、机械各部门加强沟通,相互协作。

18.1.2 TBM 施工劳动组织

TBM 施工设掘进班、维护班、洞内综合班、洞外综合班、皮带班、刀具班。掘进班主要负责洞内 TBM 掘进作业。维护工班主要负责机械的维修保养作业。洞内外综合班与掘进、整备工班同时作业,承担洞内外的运输任务。皮带班和刀具班配合掘进,负责洞内外各皮带输送机。各工班人员配置可参考表 18-1～表 18-5 中的数据。

掘进班组配置　　　　　　　　　　表 18-1

序号	工　种	人　数	工种类别	备　注
1	掘进班长	1	工长	管理人员
2	掘进副班长	1	工长	管理人员
3	TBM 主司机	1	工长	管理人员
4	副司机	1	工长	管理人员
5	锚杆钻机操作手	2～4	高级工	锚杆钻组
6	砂浆搅拌手	1～2	高级工	锚杆钻组
7	支护人员	2～4	高级工	锚杆钻组
8	轨道延伸人员	4～6	高级工	轨道组
9	喷混操作手	2～4	高级工	喷护组
10	输送泵操作手	1	中级工	喷护组
11	皮带支架延伸人员	2～4	高级工	皮带组
12	电工	1～2	高级工	风水电组
13	普工	1～4	初级工	后勤组
14	跟班刀盘	2～3	高级工	刀盘组
	合计	22～38		

维护班组配置　　　　　　　　　　表 18-2

序号	工　种	人　数	工种类别	备　注
1	班长	1	工长	管理人员
2	机械小组长	2	高级工	管理人员
3	电气小组长	1～2	高级工	管理人员
4	液压小组长	1～2	高级工	管理人员
5	机械组	6～8	中级工	工人
6	电气组	1～2	中级工	工人
7	液压组	2～4	中级工	工人
8	普工	1～4	初级工	工人
9	刀具小组长	1	高级工	管理人员
10	工人	5	中级工	工人
	合计	20～30		

皮带班组配置　　　　　　　　　　　表18-3

序号	工 种	人 数	工种类别	备 注
1	班长	1	工长	管理人员
2	硫化组	7~10	中级工	工人
3	巡查组	7~10	中级工	工人
	合计	15~21		

洞内综合班组配置　　　　　　　　　表18-4

序号	工 种	人 数	工种类别	备 注
1	调度	2	工长	管理人员
2	机车驾驶员	8~14	高级工	工人
3	备料人员	6	中级工	工人
4	搅拌站人员	3	中级工	工人
5	电工	1~2	高级工	工人
6	普工	2~6	初级工	工人
	合计	22~28		

洞外综合班组配置　　　　　　　　　表18-5

序号	工 种	人 数	工种类别	备 注
1	调度	2	工长	管理人员
2	装载机驾驶员	3~6人	高级工	工人
3	随车吊驾驶员	2	高级工	工人
4	小巴驾驶员	2~3	高级工	工人
5	大巴驾驶员	1~2	高级工	工人
6	出渣车驾驶员	4~6	高级工	工人
7	水泥罐车驾驶员	1	高级工	工人
8	挖掘机驾驶员	1~2	高级工	工人
9	机修工	2~4	中级工	工人
10	普工	5~8	初级工	工人
11	焊工	2~4	高级工	工人
	合计	25~35		

18.1.3　TBM 各工序间的关系

"掘进—出渣—运输"和"运输—支护—掘进"两个过程是 TBM 施工的基本作业。掘进作业的保障系统包括直接和间接两大部分,即由物料的组织与运输和 TBM 的维护保养所构成。TBM 隧道施工是以掘进、支护和出渣等三项工作为基础进行的,并有供电、风、水系统支持。

环保系统是用来满足施工所必需的基本环境的。监控系统是用来保证自动化(生产)施工的。TBM 施工工序关系及过程如图 18-2 所示。

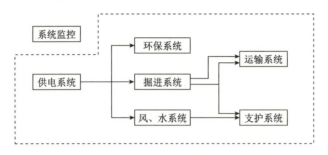

图 18-2　TBM 施工工序关系

(1)掘进与运渣作业

TBM 掘进是刀盘推进—旋转—切削的过程。切削下来的岩石碎屑通过刀盘上的铲斗和刮板进入刀盘的空腔内,之后通过皮带输送机倒运出去,如图 18-3 所示。

图 18-3　TBM 掘进系统与出渣系统作业过程

这一作业过程是掘进机的核心作业过程,它决定着工程施工的掘进速度,以及与之相应的各个配套工序工作的衔接和工作质量要求。根据 TBM 系统的纯掘进速度、单掘进行程的掘进时间,提出物料运输的基本需求。

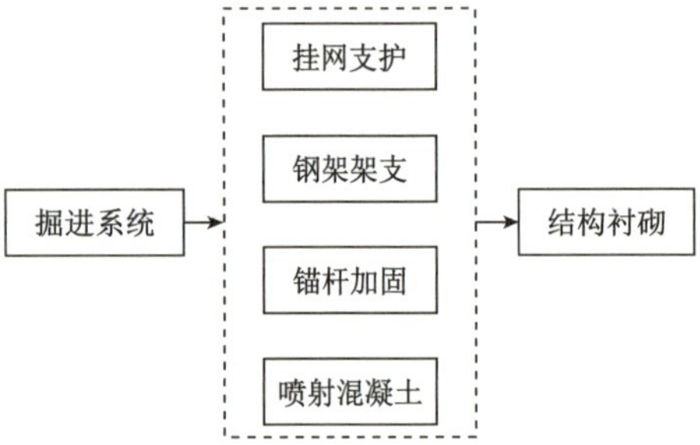

(2)TBM 施工支护

支护方式是根据工程水文地质状况来决定的,其支护结构、参数与措施等也是根据地质情况决定的。支护除应满足工程质量要求、设备及人员作业安全要求外,还要根据掘进的速度和时间顺序进行规划设计。这对于避免和减少工作干扰及等待支护时间,提高纯掘进时间的比率和工程进度都是非常重要的,如图 18-4 所示。

图 18-4　支护与掘进流程图

(3)运输系统

运输主要是弃渣与材料运输。材料部分主要包括工程用材料及设备维护用材料,运输系统是通过转运弃渣、支护和设备维护材料的运输等同掘进作业相关的。在不间断地掘进循环过程中,它是掘进工作过程与洞外工作相联系的纽带,是不可忽视的一个重要环节。掘进与运输系统作业关系如图 18-5 所示。

(4)能源供应与劳动组织关系

电力是掘进机的重要能源。因此,供电质量的好坏与配电系统的优劣直接关系到掘进机系统能否正常运转,必须根据用电设备的配电标准,以及掘进系统的各种工况要求进行配电设置。风、水、电等是进行隧道施工消耗的基本能源,TBM 施工亦如此。因此,保证风、水、电的供应,是满足正常有效施工的基本条件。

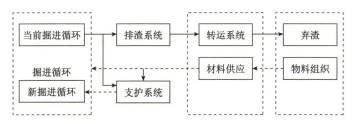

图 18-5　TBM 掘进与运输系统作业关系

在隧道施工过程中,会伴随着粉尘、有害气体、噪声及潮湿等对人体、设备及周边环境的危害。因此,为避免设备故障及人身伤害,应切实保护劳动环境。

TBM 工厂化施工生产的管理,表现在对宏观大系统的作业序列协调组织,和对微观单项作业的时间、质量等的控制。系统作业及工序管理包括对硬件系统的监控、生产系统的施工组织、保障系统运作组织和异常状态下故障处理等。TBM 施工与传统钻爆法不同的是它的工效是以机器的工作时间来决定,而钻爆法是以全工序的循环时间来决定。TBM 施工各系统关系如图 18-6 所示。

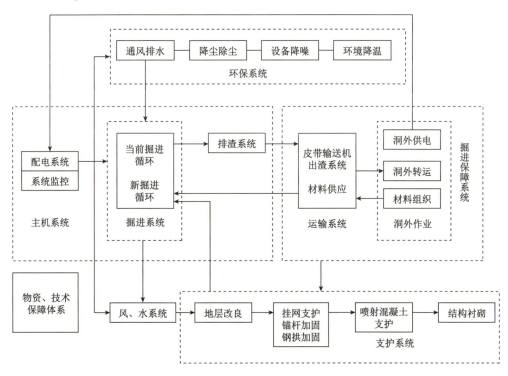

图 18-6　TBM 施工各系统关系示意图

在客观因素确定的条件下,通过正常作业时间和停机时间工序的优化,缩短辅助作业时间,如维护、换刀等,延长有效掘进时间。加强 TBM 组织管理,做到科学组织施工,合理安排各班组及相关管理人员,能大大提高 TBM 的工时利用率。在平行作业基础上保证重点工序,加强协调,避免工序干扰,减少 TBM 掘进的辅助工时,根据不同阶段相应特点,优化各工序安排,建立科学合理的 TBM 生产管理体系。

18.1.4　TBM 施工管理主要内容

(1) 洞内施工管理

TBM 施工管理模式应适应其施工特点，建立健全 TBM 的施工管理模式。TBM 掘进循环包括开挖、出渣、运输和支护等主要工序，TBM 换步、激光定位、通风除尘、风、水、电管路及轨道延伸、检查刀具等辅助工序组成。在 TBM 施工中设置 2 或 3 个掘进班、1 个维护班、1 个皮带班和 1 个洞内外综合班，各班组按职责分工，形成一个既分工又合作的集体。对于关键岗位的操作人员，应固定不变，使其在岗位上能掌握设备性能，成为该岗位的技术骨干，满足 TBM 施工生产的需要。TBM 主司机应由 TBM 专业技术人员担任，同时应具备丰富的实际操作经验，能根据岩渣的变化、机械振动等判断围岩情况，选择更优的掘进参数，机械、液压和电气工程师应跟机作业，能迅速判断和排除故障，辅助班组保证材料供应及时，连续皮带等辅助系统正常工作。在施工中建立统一的指挥系统，变分散管理为集中管理，协调洞内外各工序间的关系，保证施工的连续性。

(2) 生产保障

该保障包括软、硬件两部分。硬件主要是保障施工生产相关消耗性材料，应将物料流量、作业时间以及各种状态下用量进行量化。软件主要是对不稳定地层的改良与支护施工技术及措施，以及根据 TBM 施工特点进行物料组织管理、配给、组织运输及流量规划。

(3) 设备维护

设备维护是 TBM 施工的重要保障环节，没有设备维护的保障就没有 TBM 的高利用率和设备的完好率，因此必须对设备故障、严重故障、干扰故障、一般性故障等比率等进行统计和分析，总结出科学的故障诊断、修理时间、强制维护保养时间、配件供给时间、设备状态检查和监测分析的周期规律等。

(4) 技术支持

作为高度机械和自动化生产施工手段，TBM 施工是一种技术密集型的施工生产，技术支持的内容包括系统技术管理、维护技术、系统培训以及岗位培训等，同时还包括机器使用、状态记录、掘进性能，以及故障分析处理的资料等数据信息的统计分析与管理。

18.2　TBM 施工安全管理

TBM 具有施工速度快、安全性高、洞室成形好和扰动小等优点，已在国内外隧道工程建设中得到了广泛应用。就 TBM 工装特点，与传统施工相比，施工安全风险存在显著的差异，因此对安全管理提出了新的挑战。本节针对敞开式 TBM 施工特点，结合实际施工管理，对 TBM 施工所面临的危险源辨识与风险评价、安全管理要点和措施进行了总结，为类似工程安全管理工作提供参考。

18.2.1 TBM 施工危险源辨识与风险评价

安全生产只有事前进行有效控制才能避免和减少事故的发生,准确及时地对风险源进行识别和有效控制是事前控制的重要手段。由于风险源是动态的,因此在 TBM 掘进施工中应将风险源的识别和有效控制作为项目生产的一项重要安全管理工作进行。应结合 TBM 施工环境、条件,实时进行主要危险源辨识与风险评价,并制订相应的技术措施和防护方法,消除 TBM 掘进施工的危险。

(1)安全风险管理

应将风险管理贯穿于隧道建设周期全过程。建设、勘察设计、施工和监理等隧道建设各方应建立风险管理机构,制订风险管理沟通制度,开展动态风险评估和风险监测。同时应根据工程地质、施工环境和条件对隧道工程实施动态、有效的风险控制和跟踪处理。在隧道施工中,应通过风险计划、风险辨识、风险估计、风险评价、风险处理、风险监测、风险后期评估等程序进行风险管理,其流程和节点应与项目建设管理相适应。风险管理基本流程如图 18-7 所示。

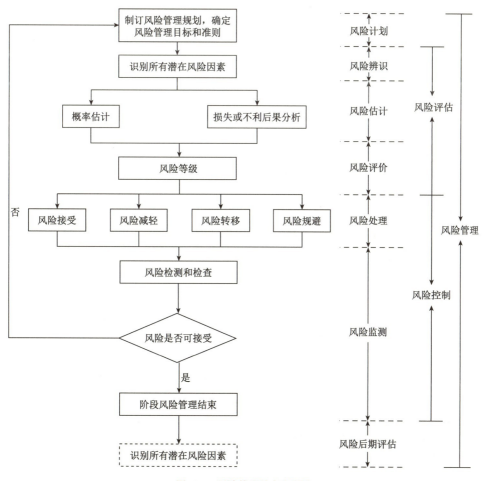

图 18-7　风险管理基本流程图

(2) 在不良地质条件下施工风险管理与控制

TBM 施工时可能会通过断层破碎带等不良地质段落。断层破碎带是由断层角砾岩及断层泥充填而成,为松散体结构。因此,围岩开挖时,易发生坍塌、剥落,挤向 TBM 刀盘,造成刀盘旋转困难,甚至卡机;岩体下陷、坍塌,会造成 TBM 撑靴打滑,刀盘下沉,导致掘进方向偏离且不易控制;围岩软硬不均,刀盘旋转时振动加剧,会影响刀具的使用寿命;撑靴支撑部位不能提供足够的支反力,需进行换填处理,造成进度缓慢,同时增加了安全风险。

TBM 掘进通过前应采取超前地质预报手段探明断层破碎带等不良地质情况,对前方地层进行注浆预加固;确定合理的掘进参数,采取小推力、大扭矩慢速掘进通过;加强初期支护参数,尽早封闭支护结构。

(3) 下穿建筑物的风险管理与控制

TBM 下穿施工对建筑物的影响分为均匀沉降、不均匀沉降(倾斜)、地表曲率变化和水平变形(拉伸、压缩变形)等 4 种。地层沉降和位移变形对于建(构)筑物的破坏作用,不单是受单一种类的地表变形影响,而是几种变形同时作用的结果。

TBM 下穿建筑物的控制标准包括保证上覆既有建筑物结构的安全和正常使用;保证新建隧道的安全和正常使用,特别是新建隧道的变形要满足施工正常运营限界要求,即不能发生过大的变形;满足新建隧道周围环境的要求,比如地面沉降要满足地面建筑物的变形要求等。

根据 TBM 下穿建筑物的控制因素和控制标准,应从以下几个方面考虑措施规避风险:对两结构之间的地层进行预加固;对既有建筑物进行现状评价和加固处理;TBM 施工支护参数根据需要适当加强;根据实际条件调整 TBM 操作参数,降低对围岩的扰动。

18.2.2　TBM 施工安全管理要点

TBM 施工管理的整个过程包括设备的设计与制造、现场组装、掘进和拆机等 4 个阶段,其中掘进阶段是持续时间最长、安全风险最高的阶段,设备设计与制造和现场组装阶段亦会对 TBM 掘进阶段的安全工作造成较大影响。在 TBM 施工阶段,除了按常规项目管理需要开展安全生产管理工作外,还需要针对 TBM 设备和施工特性分阶段开展有针对性的安全管理工作。

(1) 设备设计与制造

TBM 设备的选型和设计不仅决定了 TBM 在施工过程中能否发挥正常的施工功能,而且直接影响其施工阶段安全风险发生的概率。在该阶段,应重点通过各次设计联络会,在充分理解或掌握土建施工图纸和 TBM 施工段地质条件的基础上,全面识别项目可能存在的各种风险,对 TBM 的各项功能提出具体的要求,尽可能地在其出厂前完成优化,并通过设备监造以确保生产质量并解决预组装过程中发现的装配问题,从而提高设备的适应性。

(2) 现场组装和拆机

在 TBM 现场组装阶段,重点应关注现场组装安全、装配精度和质量。由于在 TBM 现场组装过程中涉及较多特大件吊装和电、焊、压力容器等多项特种作业工作。因此,需要重点加强特种作业、高空作业和消防安全管理;对于涉及危大工程或超过一定规模的危大工程,需要编制专项方案并进行专家论证。TBM 拆机阶段与组装阶段的安全管理工作类似,主要是做好拆机洞室的开挖与支护、大件吊装、大件运输和特种作业、高空作业、消防安全等管理工作。现场组装和拆机阶段安全管理见表18-6。

现场组装和拆机阶段安全管理　　　　　　　　　　　　　　　表 18-6

作业内容	事故类型	致险因子	损失程度	不安全状态	不安全行为
TBM 吊装	起重伤害	作业不当	重伤	吊具不符合要求	操作错误
	坠落	安全设施	重伤	防护设施不良	忽视警告标志
	倾覆	作业环境	重伤/死亡	基础不牢	操作失误
TBM 组装和拆机	触电	设备本身	轻伤	线路老化、未接地	操作错误
	机械伤害	设备本身	轻伤	设备状态不良	操作错误
	火灾	作业环境	重伤/死亡	消防器材不良	操作错误
TBM 临时用电	触电	设备本身	轻伤	线路老化、未接地	操作错误
	火灾	作业环境	重伤/死亡	消防器材不良	操作错误
TBM 始发和到达	坍塌	作业环境	轻伤/重伤	地质不良	未采取加固措施

（3）掘进

在 TBM 掘进阶段，开挖完成且未及时支护的不稳定围岩会对 TBM 上的设备和人员造成安全威胁。因此，在不良地质段应根据现场需要加强支护，在特殊情况下（如岩爆）甚至需采取停机等待或根据需要配置超前钻注一体机、微震监测仪器等设备以完善支护或监测措施。TBM 存在的粉尘大、气温高、湿度大和振动大等工况造成了刀盘维保人员、L1 区施工人员、喷射混凝土设备操作手等大部分设备操作人员和施工人员的工作环境比较恶劣。掘进阶段安全管理见表18-7。

掘进阶段安全管理　　　　　　　　　　　　　　　表 18-7

作业内容	事故类型	致险因子	损失程度	不安全状态	不安全行为
TBM 通过断层破碎带	卡机	作业环境	轻伤	地质不良	未采取加固措施
	坍塌	作业环境	重伤/死亡	地质不良	未采取加固措施
	涌水突泥	作业环境	重伤/死亡	地质不良	未采取加固措施
	路面塌陷	作业环境	轻伤/重伤	地质不良	未采取加固措施
	管线破坏	作业环境	轻伤/重伤	地质不良	未采取加固措施
管片安装	物体打击	设备本身	轻伤/重伤	吊具状态不良	操作错误
有轨运输	交通事故	交通事故	轻伤/重伤	制动失灵、信号不通畅	操作错误
垂直提升	起重伤害	作业不当	重伤	吊具不符合要求	操作错误
TBM 下穿高架桥	坍塌	作业环境	轻伤/重伤	地质不良	未采取加固措施
TBM 下穿河流、湖泊、海洋	涌水	作业环境	重伤/死亡	地质不良	未采取加固措施
TBM 下穿建筑	开裂、倾斜	作业环境	轻伤	地质不良	未采取加固措施
TBM 下穿防空洞	开裂、坍塌	作业环境	轻伤	地质不良	未采取加固措施

敞开式 TBM 作为一种现代化的大型设备,在设计、制造过程中已充分考虑到设备操作人员的职业健康安全,配备了具有良好密闭性能的主机室和休息室等。即便如此,也一定要做好操作人员和施工人员职业健康安全风险的防护工作。职业健康风险及采取的应对措施见表 18-8。

职业健康风险及采取的应对措施　　　　表 18-8

职业健康风险	应对措施
灰尘大	配备并定期更换专用防尘口罩,可以有效应对灰尘的威胁
振动大且持续时间长	加强设备维保并减少人员在设备前部 L1 区的活动时间来降低对人员的伤害
噪声大且持续时间长	配备防噪声耳塞,可在一定程度上解决噪声问题
高温和高湿环境	主要依靠加强通风和设备上配置的空调解决高温、高湿问题
有毒气体伤害风险	配备多种气体检测仪器,随时监测洞内的空气状况;配备报警仪器,当出现有毒、有害气体或氧气含量不足时立即报警提醒

18.2.3　TBM 施工安全管理措施

从 TBM 施工机理及安全管理的分析可看出,TBM 施工现场安全管理有其特殊性和复杂性,必须运用系统工程理论的观念,树立整体观和全局观,提高系统的整体功能。应完善安全生产管理,提高安全管理水平,从而提高施工防护水平,减少、杜绝伤亡事故。

(1)安全组织机构与安全生产责任制度

安全组织机构在安全生产的管理中是一项最基本也是最重要的工作。根据《中华人民共和国安全生产法》《铁路隧道工程施工安全技术规程》(TB 10304—2020)等,在项目开始之初应成立安全生产委员会,配备足够的 TBM 施工专职安全员及兼职安全员。建立安全生产责任制,明确责、权、利。通过签订安全生产责任书,使各级部门、各岗位都负起应有的职责。

(2)建立健全规章制度

依据安全法律和行业规定,结合 TBM 施工特点,制订有关安全生产教育、检查、劳动保护、应急预案、事故处理、奖惩等内容齐全且针对性强的规章制度,并根据施工特点制订出合适的 TBM 掘进操作规程及特种设备管理制度等,在工程实践中不断完善补充,使参建人员能够有章可循。

(3)施工组织设计与施工方案

根据采用的 TBM 机型和施工特点,从施工组织设计与施工方案制订方面,针对 TBM 施工选用的机械、设备、变配电设施等存在的不安全因素,以及可能危害施工人员人身健康的特殊材料,从技术措施、安全装置上加以控制,或采取相应的措施,保证施工人员的安全。

(4)施工安全技术交底

在项目开工前和施工过程中,随同施工组织设计,对施工人员进行安全技术措施交底,以保证施工的安全性。在施工管理中,一般采取的安全技术交底有分部工程安全技术交底、分工种的安全技术交底和特种作业人员的安全技术交底。要求凡进行安全技术交底的人员均填写安全技术交底卡,交底人与被交底人签字齐全各执一份,便于安全措施的实施与检查。

(5)制订标准化的操作规程

在项目施工管理中,为了杜绝操作者在施工中的不安全行为,避免事故的发生,制订操作规程和手册,有车辆安全操作规程、仰拱预制厂安全操作规程、TBM安全操作规程、常规钻爆法安全防护手册等,用科学的作业标准来规范作业者的行为,以减少人为失误。

(6)项目安全教育与培训

安全培训教育要与技术交底同步进行,特别是当使用非专业辅助人员进入项目施工时,要把对作业者的安全意识、素质的培养与提高、强化作业者的行为控制,作为安全管理的重要内容要抓好。

(7)管理人员及特种作业人员的资格管理

项目负责人和专职安全生产管理人员应具备TBM施工安全管理经验和能力,掌握相关的安全管理知识,并严格按照合同及工程TBM施工安全责任制度等有关要求,经相关部门安全生产考核,取得安全员证书,方可担任相应职务。特种作业人员也要按照有关规定,进行特种专业培训、资格考核、取得特种作业人员操作证后方可上岗。

(8)项目安全生产检查

安全检查是在发现不安全行为和不安全状态时,消除事故隐患,落实整改措施,防止安全事故,改善劳动条件的重要方法。由于TBM施工场区环境复杂,工作面多、工序繁杂,施工机械的性能、施工人员的技术等级和文化素质参差不齐,因此,施工活动场所的安全检查是安全管理非常重要的环节。施工单位要制订定期的安全检查制度,为安全生产做好保障。

18.3 TBM 施工质量管理

由于 TBM 施工速度快,若出现开挖、衬砌质量缺陷,则处理难度很大。故在施工中应以事前控制、事中控制为主,严格每道施工工序,杜绝各种隐患和缺陷。本节主要介绍了 TBM 隧道掘进、支护、二次衬砌等工序的施工质量管理,对 TBM 施工质量通病进行了分析,并提出 TBM 施工质量通病的应对措施,从而保证了 TBM 施工过程中隧道的整体质量。

18.3.1 TBM 组装质量控制

(1)设备的现场组装安装调试必须遵守相关服务手册及装配的技术文件。

(2)设备清洗部分应严格清理,露出光洁面。清洗不同材质的物件,要分清所使用的部位。

(3)设备需要现场改造的部分在满足现场使用又不影响其他设备及功能的前提下进行改造。

(4)主机组装、大件吊装及装配严格遵守专用吊具的使用规定,保证人员、设备的安全;单件设备组装保证安装面结合牢靠,连接螺栓安装标准紧固到规定扭矩。

(5)液压系统组装严格控制油液的清洁,泵站加油用专用滤油机、各系统的管路等安装必须保证清洁。

(6)电气系统严格按照设计图纸进行安装和连接,动作前应进行仔细的确认,防止因接错线而产生无动作或造成其他事故。

18.3.2　TBM 拆卸质量控制

(1)TBM 拆卸前要组织培训。

(2)应根据服务手册和工艺设计要求,编写拆卸施工细则,按照部位和系统制订拆卸施工质量标准。

(3)各结构件的接合面按技术要求无损拆卸,检验后涂抹防锈油,其他部位涂防锈漆。

(4)各类螺栓及销子应尽可能无损伤拆卸,拆卸后及时清洗、分类、统计并核对,出现缺少件及时统计上报。

(5)各类液压管路必须用堵头堵好,阀块接口也要堵好并进行防锈处理后进行包裹。

(6)各类电气元件按照技术规范进行清理和防潮包装,缺损件及时进行统计上报。

(7)做好拆卸记录工作,将拆卸过程中的重点、难点予以详细记录,以便查询和总结。

18.3.3　TBM 掘进质量控制

TBM 掘进质量控制要点为平面、高程控制、掘进中的推力控制、掘进姿态控制和围岩变形控制等,具体控制措施见表 18-9。

TBM 掘进质量控制　　　　表 18-9

控制内容	控制措施
平面、高程控制	(1)编写有关 TBM 施工的测量方案; (2)做好施工平面,高程控制网,并定期进行控制点复核; (3)对每一个工作环节进行 TBM 姿态测量,并完成 TBM 姿态报表指导施工
掘进推力控制	(1)推力控制是指掘进时的地层反压力、刀盘前围岩压力等的控制,工作压力一般由 TBM 前方围岩地质条件及水文地质状况和岩体的硬度等决定; (2)应严格监测压力变化,保持压力平衡及围岩的稳定,以免发生掘进中的坍塌引起围岩变形
掘进姿态控制	(1)根据 TBM 导向系统显示的数据,对掘进方向进行控制,使偏离中线的误差不超过设计规定偏差; (2)在掘进方向超出规定误差时,需合理调整,不得硬调,且定期对掘进方向进行人工复测; (3)加强掘进过程中的测量控制,不断调整 TBM 姿态,确保 TBM 沿设计的轴线掘进
围岩变形控制	(1)按照监测方案合理布设监测点位,每天进行一次跟踪测量并形成监测日报表; (2)围岩控制变形量以监控量测规范标准要求数值为准; (3)TBM 掘进时,监测人员要密切观察已通过的围岩曾经发生过变形的洞段; (4)严控围岩变形监测,及时反馈,以便更好地调整掘进参数; (5)当围岩变形较大时,应立即上报并停机,要在分析和确定原因后,方可恢复掘进

18.3.4 TBM 支护质量控制

TBM 掘进过程中采用锚网钢架喷射混凝土联合支护体系,该支护体系质量控制见表 18-10。

锚网钢架喷射混凝土联合支护体系质量控制 表 18-10

项 目	内 容
锚杆	(1)锚杆杆体为 HRB400 螺纹钢,常规注浆材料为水泥砂浆。 (2)按规范要求对检测项目进行抽检,抽检数量不低于 10%,单次检查数量不少于 20 孔。 (3)锚杆孔深偏差小于 50mm,且锚杆入岩深度不小于设计长度的 95%。 (4)采用常压注浆、孔底返浆法施工,待孔口溢出浆液或排气管停止排气时,停止注浆。 (5)锚杆安装质量采用拉拔检测,按作业分区 300 根为 1 组每组抽检 3 根
钢拱架	(1)安装前应检查钢拱架制作的质量是否满足设计要求。 (2)钢拱架安装必须准确测定位置,上下左右不得有偏斜。 (3)钢拱架间连接筋必须焊接牢固,钢拱架与岩面之间的空隙必须喷混凝土充填密实。 (4)发生较大塌方时,向拱架外侧的塌腔内灌注混凝土一定要密实,无空洞。 (5)加强围岩量测,并将分析结果及时反馈,制订相应对策
钢筋排	(1)钢筋排应配合钢拱架安装使用,起到稳固围岩,防止塌方、掉块等作用。 (2)钢筋排应具有足够承载力,在塌落岩石压载下不变形。 (3)钢筋排间隙适宜,不易漏渣
钢筋网	(1)钢筋网应与锚杆或其他固定装置连接牢固,在喷射混凝土时不得晃动。 (2)钢筋搭接长度不得小于 35 倍钢筋直径,并不得小于一个网格长边尺寸
喷混凝土	(1)TBM 喷射混凝土采用湿喷工艺。 (2)冬季施工应确保原材料温度控制在 15℃ 以上。 (3)通过工程的材料指标及试块强度等综合试验检测,最终选定配合比。 (4)搅拌丝的称量允许偏差值:粗、细集料为 ±2%,其余均为 ±1%;混凝土搅拌时间不小于 1min;混凝土运输采用轨道轮式编组列车带混凝土搅拌运输罐。 (5)混凝土喷射前质量控制:应对喷射手进行技术质量培训,合格后持证上岗;岩面冲洗无岩粉等杂物;严重漏水、渗水地段,喷射作业前做好引排水工作;检查受喷面厚度标识点埋设情况。 (6)喷射混凝土施工过程质量控制:喷射作业分段、分片依次进行;供料连续均匀,TBM 喷射混凝土厚度严格按照设计规定控制,单层喷射厚度控制在 5cm 之内,分 2~3 次喷射完成;喷射混凝土表面应平整。 (7)喷射混凝土终凝 2h 后开始喷水养护,养护时间不少于 7d
注浆	(1)浆液使用效果与地质状况相匹配,包括扩散能力、凝结时间和止水效果等。 (2)浆液应满足施工要求,如毒性、寿命和价格等

18.3.5 TBM 衬砌质量控制

1) TBM 衬砌质量控制要点
(1) 台车要求
模板台车支撑系统刚度及强度要满足泵压和振捣要求,板面厚度宜大于 6 mm,台车断面尺寸须可调，长度不宜大于12m，顶模板与侧模板结合部最大缝隙不大于4mm。为利于混凝土分层浇筑和振捣，浇筑窗口左右两侧对称设置，相邻排窗口高差不大于2m，拱顶浇筑口设1排共3个，均位于台车顶模的中线上，此举可避免泵送浇筑时，两侧混凝土流动不均，造成台车跑位。混凝土浇筑时应按照从下往上顺序从浇筑口进行浇筑，不允许从拱顶浇筑口开始浇筑，输送管也应始终保持在浇筑面以上1m左右，不可超过2m，否则混凝土从拱顶高处掉落下来，易产生泌水现象，从而影响混凝土的致密性以及混凝土与钢筋间的握裹力。

（2）模板控制要点

台车脱模移位涂刷脱模剂时，禁止采用喷射方式，防止钢筋黏附油污后与混凝土结合不紧密。脱模剂可以采取用PVC管或软管刺孔外缠透油布的方法进行涂刷。模板和输送泵管每次都必须冲洗干净后才能再次使用，禁止残留混凝土等黏附在上面，否则模板不能紧贴在底板上，无法封堵严实，在施工时易造成跑浆、纵缝凸起倒坡、隧道净空尺寸不够等问题。

（3）施工缝的质量控制要点

施工缝应清除垃圾、表面松动砂石和软弱混凝土层，同时应加以凿毛，用水冲洗干净并充分润湿，残留在混凝土表面的积水应予清除。施工缝是一个较为薄弱的地方，边、顶拱浇筑完成后不能立即达到一定的强度，在一段时间内，在外水压力作用下，施工缝部位必然会渗水。被有压地下水击穿未凝固的混凝土是引起混凝土漏水的一个普遍原因。解决好此问题，主要做好两个工作：一是在未进行二次混凝土浇筑时，预先设置排水孔，创造导排外水减压的条件；二是在浇筑混凝土后，使用引导水管将无规则地渗漏水变为有规则地卸压排水导流，使混凝土有足够的强度增长时间，以保证混凝土的质量。

（4）混凝土施工质量控制要点

①混凝土的运输。混凝土在运输过程中不应发生离析、严重泌水及坍落度损失过多等现象。当运至浇筑点发生离析现象时，应在浇筑前进行二次搅拌，但严禁再次加水。在运输已拌制好的混凝土时，宜按照要求的转速搅动，严禁高速旋转。卸料前应以常速再次搅拌；车体内壁应平整光滑，不吸水，不漏水。每天使用完毕后应清洗黏附的混凝土。

②混凝土浇筑准备及入仓。在浇筑混凝土前，确认基底施工缝符合要求且无虚渣、积水及其他杂物，并应采取防、排水措施。浇筑混凝土前以及浇筑过程中，应对模板、支架、钢筋骨架、预埋件等加以检查，当发现问题及时处理。检查的主要内容包括下列各项：模板的高程、位置及截面尺寸；模板、支架、支撑等结构的可靠程度预埋件的安装位置和高程；钢筋的安装位置；脱模剂涂刷情况。混凝土浇筑时的自由倾落高度不得大于2m，当大于2m时，应采用接软管等方式浇筑。

③混凝土的振捣。用插入式振捣器振捣混凝土时，应符合下列规定：振捣棒捣固时应快插、慢拔，在每一孔位的振捣时间，以混凝土不再显著下沉、水分和气泡不再逸出并开始泛浆为准，一般为20~30s；振捣时不得碰撞模板、钢筋和预埋管件，距模板的垂直距离，不应小于振捣器有效半径的1/2；混凝土必须振捣密实，无漏振及过振现象。混凝土定人定位振捣：专职捣固手定人定位用插入式振动器捣固，保证混凝土密实；起拱线以下辅以木槌模外敲振和捣固铲抽插捣固，以抑制混凝土表面的气泡产生。灌注过程中严禁用振动棒拖拉混凝土。

④在混凝土浇筑振捣过程中,要有专人负责模板看守,防止发生跑模和漏浆现象。

⑤混凝土运输、浇筑及间歇的全部用时不应超过混凝土的初凝时间。底层混凝土初凝后浇筑上一层混凝土时,应按施工缝处理。

⑥输送泵管路布置:接头管箍应避免不当接触造成爆脱,管路宜用方木支垫高出地面,穿过台车时管箍不与台车构件相接触。混凝土输送管路端部设置一根软管,软管管口至浇筑面垂距控制在1.5m以内,以避免混凝土集料堆积和产生离析。

⑦混凝土坍落度控制:根据混凝土灌注部位的不同,墙部混凝土坍落宜小,拱部混凝土坍落度宜大。在保证混凝土可泵性的情况下,宜尽可能减小混凝土的坍落度,并提高混凝土的和易性、保水性,避免混凝土泌水。

⑧混凝土采用分层、左右交替对称浇注,每层浇筑厚度不得大于0.5m。两侧高差控制在0.5m以内。浇筑过程要连续,避免停歇造成冷缝。混凝土对称灌注时间控制:采取混凝土灌注时间和灌注高度两个指标进行双控,即单侧混凝土灌注高度达0.5m时,必须换管;单侧混凝土灌注间歇时间不超过混凝土的初凝时间,规定每侧边连续灌注时间达60min时,必须换管。

⑨混凝土浇筑后,12h内即应洒水养护。操作时,不得使混凝土受到污染和损伤;混凝土养护时间不宜少于14d,洒水次数应以混凝土表面保持湿润状态为度;养护用水与拌制用水相同。

⑩二次衬砌施作完成、下循环二次衬砌施作前,并在孔口封堵材料达到一定强度后,进行衬砌拱顶填充注浆,注浆压力控制在0.2MPa以内,注浆材料采用M20水泥砂浆。注浆达到0.2MPa或排气管出浆时即可终止注浆。

(5)二次衬砌封顶质量控制要点

①将准备好的注浆管通过预留孔进行试穿量测,确定注浆管的安装长度后,预埋好注浆管。浇筑拱顶混凝土时,注浆管作为观察口,看混凝土是否浇筑到拱顶,注意观察预埋管是否泌浆,必要时可对注浆观察口进行清理,避免堵塞。

②拱顶注浆按照从低端往高端开始注浆。二次衬砌混凝土浇筑完成1~2h后进行,注浆材料采用微膨胀性水泥砂浆和专用的制浆注浆一体机进行操作。浆液要求连续拌制,确保浆液的质量。

③注浆以排气孔和端头模流出浓浆标志结束。若台车模板处出浆压力达到1.0MPa,仍未出浓浆,更换排气孔注浆,直至中间排气孔和端模排气孔流出浓浆时停止注浆。

④注浆完毕更换注浆连接件时及时封堵注浆管口,防止漏浆。

⑤注浆结束,浆液初凝后卸除定位法兰,卸下注浆机软管,将注浆管孔封堵密实。预留注浆孔进行表面防护,经拱顶无损检测合格后,对注浆管外漏部位使用角磨机切割打磨平整。

2)TBM衬砌通病应对措施

TBM衬砌质量通病主要表现为二次衬砌混凝土结构空洞、蜂窝麻面、错台、裂缝冷缝、烂根和渗漏水等,二次衬砌混凝土施工质量通病应对措施见表18-11。

二次衬砌混凝土施工质量通病应对措施　　　　　　　　　　　　　　　表 18-11

质量通病	原 因 分 析	应 对 措 施
结构空洞	回填不密实或回填混凝土浇筑时夹渣、气泡、积水等形成孔洞	主要以注浆为主,注浆前将表面进行封堵,最终通过注浆达到回填空洞补强的目的
二次衬砌裂缝	砂中的石粉含量较高;水热化引起的混凝土开裂;混凝土当中的粉状颗粒含量较高,增加了混凝土的干缩量,导致出现裂缝;混凝土受外力冲击造成裂缝	各下料窗口应布设均匀,避免人字坡和粗细集料离析;混凝土左右对称逐层浇筑;拆模后时洒水养护;严格控制原材料的粉状颗粒含量,在源头上控制住裂缝的产生;合理设置沉降缝来减少裂缝的产生;加强二次衬砌混凝土成品防护等
混凝土冷缝	后浇混凝土速度过慢,或先浇混凝土的初凝时间过短,会在混凝土内部形成施工冷缝	要严格控制浇筑速度、初凝时间等,避免在混凝土内部产生冷缝
	混凝土泵送过程中,经常发生输送管堵塞故障	泵送压力不宜过小,尽可能选择距离最短、转弯部分最少的路线;泵管上保持湿润,可淋水散热;砂石应具有良好的级配;选择初凝时间较长的混凝土配合比
渗漏水	止水材料存在质量问题或者老化;混凝土结构受力造成结构变形;洞身的防水层结构被破坏	严格把控止水材料的质量;合理设置施工缝,改善回填注浆技术;适当使用凿槽埋管引排技术;合理选择防水材料铺设安装工艺
烂根	烂根现象的出现是由于模内仓底未清理干净,台车模板与已施工的混凝土面接触不紧密,有漏浆现象发生	加强施工缝凿毛、浇筑混凝土前润湿处理;加强模板根部处理;提高操作人员素质;控制模板周转次数
蜂窝麻面	振捣不充分,大量的气泡排不出来;混凝土过于黏稠,使混凝土在搅拌时裹入大量气泡	适当调整混凝土水灰比、砂率、胶结材料用量以及外加剂的组分,改善混凝土的黏稠性;控制混凝土的和易性;选择使用优质的脱模剂;可加入少量的减水剂和消泡剂,消除有害气泡
二次衬砌错台	台车大梁和模板发生变形导致二次衬砌混凝土出现错台的现象	对于台车模板轻微的错台可利用打磨机来进行打磨,必要时粘贴止缝胶布,从而弥补错台造成的工程影响,严重的模板错缝应重新进行加工以满足设计要求

18.4　TBM施工进度管理

通过运用科学的进度管理方法,认真分析研究进度风险,逐步优化工序结构,不断提高现场组织、管理水平,积极做好各项辅助保障工作,制订完善施工方案,才能充分发挥TBM施工的优势,高质高效快速完成施工。根据TBM施工项目的进度现状,分析影响进度的各种因素,在资源的有限投入下,调整施工工序,优化现场进度管理。在此基础上,结合现场存在的问题和管理中存在的短板,提出切实可行的改进措施,充分发挥TBM在施工中高质高效的优势。本节为TBM项目管理和进度管理方面提供帮助,帮其梳理现场进度管理工作,选择最优施工组织方案,节约成本,缩减工期,推动TBM项目建设又好又快地健康发展。

18.4.1 TBM 施工进度指标

以下为某项目持续掘进 7682m，刀盘直径 7.8m，各类围岩掘进状态下推力、刀盘扭矩、刀盘转速、掘进速度、贯入度连续皮带输送机转速、撑靴有效支撑力以及各类围岩平均月进尺进行分析统计，具体结果可参考表 18-12 中的数据。

某项目 TBM 掘进数据统计　　　　　　　　　　　　　　表 18-12

参数类别	围岩级别				
	Ⅱ（1422m）	Ⅲ$_a$（1122m）	Ⅲ$_b$（4208m）	Ⅳ（748m）	Ⅴ（182m）
推力（kN）	15000～18580	13000～18580	7000～13505	4980～12000	3950～11250
刀盘扭矩（kN·m）	1000～1600	1560～2300	1239～2840	1500～3500	1500～3800
刀盘转速（r/min）	6.5～7	5.5～7	3.0～6.0	1.4～4.5	0.4～1.5
掘进速度（mm/min）	20～65	20～50	35～65	35～65	35～80
贯入度（mm/r）	5～25	5～9	8～15	10～25	25～50
连续皮带输送机转速（m/s）	3.0	3.0	3.0	2.8	2.8
撑靴支撑力（0.1MPa）	260～300	265～287	244～265	235～250	200～235
月进尺（m）	751	654	497	392	195

近 30 年来，TBM 掘进技术水平大致为：20 世纪 80 年代，TBM 最高日进尺为 30～40m，平均月进尺 300～500m；20 世纪 90 年代后，最高日进尺为 45～60m，平均月进尺 500～700m。2020 年在我国新疆某工程使用的直径 7m 的 TBM，最高日进尺达到 65.3m，最高月进尺达到 970m。

TBM 选型设计时需要根据工期、工程地质、工程设计和施工工艺等多种因素对掘进性能提出相应合理要求。衡量 TBM 性能的主要指标有 TBM 利用率和完好率。TBM 设备的完好率包括其可靠度和维修度两方面，可靠度越高，故障所占维修时间越短。设备完好率越高，纯掘进作业时间比例越大，说明 TBM 本身性能越好，因此，这是一个主要取决于 TBM 制造技术水平的性能指标，在 TBM 选型设计中，通常要求设备完好率达到 90% 以上。

TBM 设备完好率，TBM 利用率 R_U 和完好率 R_l 计算可按式（18-1）、式（18-2）计算：

$$R_u = \frac{t_1}{t_1+t_2+t_3+t_4} \times 100\% \tag{18-1}$$

$$R_l = \frac{t_1+t_2+t_3}{t_1+t_2+t_3+t_4} \times 100\% \tag{18-2}$$

式中：R_u——利用率（%）；

R_l——完好率（%）；

t_1——纯掘进时间（h）；

t_2——换步时间（h）；

t_3——非故障停机时间（h）；

t_4——故障时间（h）。

18.4.2 TBM 施工工期保证措施

(1)建立健全施工组织机构,制订多级管理体系

在 TBM 工程施工管理工作中,需创建完善的施工组织机构,保证 TBM 工程施工的组织性以及机构性,以此对项目建设全过程进行全面细致地管控,保证 TBM 施工质量。在项目建设过程中,需组织成立领导班子,对施工现场各类工作人员进行科学合理地配置和管理,保证在不同岗位均有专业负责人管理。在 TBM 工程施工现场协调过程中,不同施工人员应当明确自己所处岗位的工作特性,配合现场施工人员,保证不同专业施工能够协同化发展。通过创建多级管理体系,可促进 TBM 工程管理人员责任意识的提升。在 TBM 工程施工现场管理中,要求施工人员与管理人员协调配合,保证将管理措施落实到位。施工现场管理并非某个单位可独立完成的任务,要求参建单位之间协调配合,提升对施工现场管理的重视度。明确不同施工人员以及管理人员的责任和义务,保证现场基础工作落实到位,保证施工质量,提高项目建设效益。

(2)编制掘进阶段进度计划,加强施工进度监督

在 TBM 工程施工进度控制方面,需编制完善的施工计划方案,据此开展项目建设进度控制。为了保证各项环节的合理性,在正式施工前,首先需对施工计划方案进行全面细致的检查,保证施工计划方案的科学性以及可行性。另外,施工单位还需制订进度计划表,对实际施工进度进行监督,并及时对进度控制方案进行优化调整,促进施工现场各类资源利用效率的提升。需要注意的是,在进度规划方案制订过程中,必须涵盖施工现场设备需求计划、劳动安排计划、采购计划等,对施工进度进行监督管理。若发现实际进度与计划进度之间存在较大偏差,需及时采取针对性控制措施,避免对施工进度造成不良影响。

在 TBM 工程施工前,需制订施工方案,合理安排班组及上下班工作时间,为了保证施工进度计划与施工方案的统一性,应当在施工现场合理配备施工人员,组织专业管理人员负责施工现场管理,定期对施工场地的具体情况进行检查,主动解决进度控制过程中产生的各类问题,在保证施工质量以及施工安全的基础上强化进度管控。加强组织管理,责任落实到人,洞内外统一协管。施工工序责任落实到个人,项目部对各工序进行监督、检查。效益直接与施工进度挂钩,不仅节约成本,而且方便管理,还极大促进了施工进度;灵活作业组织,保证保养时间的前提下,使得定时保养和机动保养相结合。在岩石比较硬,支护量不大的情况下,每天专门抽出 4h 进行强制保养;在围岩不好的情况下,把部分系统的保养穿插于支护时间内;优化工艺,缩短工序作业时间在刀具更换、拱架安装、连续皮带硫化等工序通过优化施工工艺和改进设备,不断缩短时间。

(3)完善各项技术方案

在 TBM 工程施工管理中,必须明确项目建设的最终目标,据此开展项目管理。TBM 工程施工周期长,施工流程复杂,针对各个施工环节,均要求制订具体的施工管理目标,以此对技术方案进行优化调整。在 TBM 工程施工前以及施工过程中,要根据不同环节的施工目标进行现场管理,将先进的管理理念以及管理方法落实到实际工作中,保证施工管理的合理性和有效性。

(4)加强施工现场管理

在 TBM 工程施工中可能会产生各类复杂问题,若防控管理不当,则会对施工质量以及施工精度造成不良影响。对此,在 TBM 工程施工现场管理中,应当对施工过程中的各类隐性因素、显性因素进行全面细致地分析,在不同层面落实施工监管,具体包括施工人员、施工材料、工艺技术、机械设备管理等,充分发挥不同资源的应用效能。比如,在现场人员管理方面,可定期组织开展培训教育,指导员工学习机械设备和技术工具使用所需掌握的专业技术,提高现场作业人员的专业水平,另外,适当提升基础施工人员的招聘门槛,合理配备现场作业人员。在 TBM 工程施工中,需将工程设计文件作为依据,以此制订工程监督管理方案,保证根据施工文件中的规定强化施工工序控制,对施工过程中的误差进行严格控制。在对施工现场进行监督管理时,不仅需对施工材料、施工人员等加强监管,同时还应关注外界自然因素,比如暴风天气、暴雨天气等,均可导致工期延长,同时也会对施工质量以及施工现场安全构成危害,因此要求加快制订应急预案,一旦出现突发情况,能够及时启动应急预案,快速实施针对性控制策略。

(5)加强施工风险管理

TBM 施工管理要求针对整个工程项目实施一体化监管,涉及质量管理、成本管理、安全管理以及风险管理等,为保证施工现场管理的时效性,需对不同施工阶段常见质量问题、诱发因素进行分析,据此制订风险控制措施。首先,准确识别施工过程中的风险因素,分析 TBM 工程主体施工目标,以此判断不同阶段的施工质量控制效果,针对各个施工专业确定施工侧重点,强化风险识别和防控力度。另外,对施工现场管理中所存在的风险因素进行评估。若施工现场管控不当,则可能增加安全事故的发生概率,对此,应当提高对风险识别的重视度,强化内部控制和外部环境管理,对现场施工以及质量监管中的风险因素进行评估和测量分析,制订完善的风险防控方案。

(6)加强施工过程质量控制评价

施工过程质量控制评价的作用是对施工环节所暴露出的各类问题进行全面细致地分析,与传统的笼统化评测方式相比有一定的特殊性,针对原有不合格机制以及合格机制,需通过主控项目、一般项目开展分阶段检验,并依据检验所得结果进行评价处理,对精细化目标进行审核,保证将施工质量管控制度落到实处。比如,针对主控项目,应当对关键施工工序进行重点分析,判断是否具有差异性问题,具体包括施工材料、机械设备、各类结构的承载能力等,以此判断 TBM 工程的整体性能。针对一般项目,需在施工环节采集各类数据,并开展评价分析,为施工现场管理提供可靠依据。

(7)控制设计变更问题

在 TBM 工程施工中,需将工程设计方案作为依据,鉴于施工现场环境条件较为复杂,因此可能会发生设计变更的问题,一旦 TBM 工程结构发生变化,将导致延长工期,同时还需对施工技术工艺进行调整,导致显著增加施工成本。为提高施工进度管理水平,在正式施工前,首先需对工程图纸内容进行全面细致地检查。在实际施工中,若发现施工现场与工程图纸内容之间有偏差,应当及时纠正,但不能随意变更设计方案,而是需要组织各个参建单位沟通交流,协调处理,保证在工期规定范围内完成项目建设。在发生工程变更后,可能会使工期延长,导致进度管理成效不理想,对此,在工程设计和施工过程中,必须提高责任意识,对细节内容进行严格检查,尽可能避免对施工进度造成不良影响。

(8)引入智慧工地系统

在信息化时代,信息技术发展迅速,并被推广应用到 TBM 行业,在施工管理中,通过应用信息技术,对多元数据进行科学组织和细致化分析,能够以数据的形式描述施工现场所产生的各类信息,促进施工现场监管效率的提升。智慧工地系统中具有完善的检索体系,可发挥射频识别功能、自动交互功能,对施工现场人员出入情况、施工材料和机械设备运输应用等相关数据,均可进行全面细致地分析,根据日志记录自动形成备份信息,保证施工方式的规范性。

18.4.3 TBM 快速施工方法

(1)设备设计与制造阶段

重点研究地应力、支护钢架、锚杆以及围岩变形等相关情况,收集相关施工资料和现场岩体样品,并开展相关试验工作。收集关于复杂艰险山区隧道钻爆法建造的相关资料,对隧道机械化配套施工方案进行了研究,并对施工设备进行了适应性优选。针对围岩监控量测自动化技术研究方面,调研了国内外研究现状存在的不足与缺陷,针对项目研究需求,制订了详细的研究思路与实施方案。

①特殊地质及环境隧道 TBM 设计。针对隧道地质特点,结合国内外 TBM 施工经验,研发新型多功能 TBM,从超强脱困、辅助推进、加强型快速支护、高效超前支护等方面针对性设计,提高不良地层的掘进速度。

②软岩大变形及岩爆条件下的 TBM 针对性设计。通过刀盘预留刀座进行扩挖,护盾通过底护盾抬升液压缸和顶护盾液压缸来满足扩挖后的主机姿态。TBM 上预留微震检测接口,利用微振动探测方法,24h 持续进行超前感知预测;L1 区配置 2 台应急喷混机械手、钢拱架拼装器、钢管片拼装装置、锚杆钻机等设备,及时快速封闭围岩;超前应力释放,利用超前钻机在刀盘掌子面进行钻孔,进行应力释放,降低岩爆等级。

③断层破碎带与节理密集带针对性设计。长短结合,物探+钻探,多手段综合预报;多台管棚钻机,掌子面前方>30m 超前注浆和管棚支护;及时支护,小断层破碎带,连续初期支护、底拱辅助推进,掘进支护同步、快速通过;大断层破碎带,进渣可控,超强脱困,限速大推力掘进。

④应对长距离硬岩。刀盘、主驱动等关键部件采用高可靠与长寿命设计;重载刀盘承载提高,利于破岩,更耐磨;超大功率多电机同步驱动适应长距离开挖与大功率脱困。配备高效快速的支护体系。

(2)组装阶段

在 TBM 法隧道施工过程中,复杂地质、设备故障、技术欠缺、物资供应不及时、施工管理落后或与工况条件不符等,都会影响施工进度。因此,必须采取有效的工期保障措施,以实现对施工进度的主动控制,提高 TBM 掘进效率,确保施工工期。本节从组织保障措施、技术保障措施、设备物资保障措施 3 个方面说明 TBM 法隧道施工工期保障措施,具体见表 18-13。

TBM 法隧道施工工期保障措施 表 18-13

分　类	内　容
组织保障措施	针对 TBM 运行与管理、超前地质预报、突(涌)水的治理、掘进与支护、原型观测安全监测、风水电保证、物料运输供应等，成立相应的专业班组
	成立突发事件应急抢险突击队，随时处理由于特大地质灾害可能引发的突发事件和因 TBM 重大设备故障引发的停工
	组建公司专家协调组，提供技术、资源支持和组织协调；聘请知名专家组成技术咨询组，提供技术咨询与相关的科研单位联合成课题研究组，专题研究隧道施工中存在的重大技术问题
	成立超前勘探联络组，及时取得地质预报资料
	成立公司级 TBM 备件保障组，保证及时取得设备备件
	成立项目协调组，加强与相邻标段的协调、沟通
技术保障措施	分别成立土木、TBM 设备技术领导小组，在技术咨询团队的指导下，负责施工中技术难点的调研、咨询和释疑工作
	邀请行业专家到现场指导工作，并参加技术鉴定工作
	对于施工中遇到的难题，成立技术攻关小组，开展专项技术攻关
	大力开展四新技术的推广应用工作
	优化 TBM 组装程序与工作计划，节省时间
	贯彻执行 TBM 持续、均衡、快速施工理念，改变传统的 TBM 进度呈过山车式的弊端：综合进度慢、资源浪费、成本高
	对于复杂地质地段要做好预测预报工作，提前做好各项准备工作，避免计划不到位，临时停工待料现象发生，同时做好 TBM 掘进参数的调整工作
设备物资保障措施	根据施工组织设计及总进度计划的要求，超前编制并落实好各阶段的人力、机械设备、材料物资及资金供应计划，确保施工进度的需要
	保证主要的机械设备、TBM 备品备件、材料物资有足够的备用
	施工过程中强化管理、杜绝浪费，强化对施工机械的养、用、管、修的控制，保障供应，以保证施工进度

(3) 掘进阶段

TBM 隧道施工环节多，而且各个环节相互协调度要求高，一个环节出现问题往往会影响其他所有环节的正常进展，甚至会造成某一环节停工待工，使掘进成本增加。加强 TBM 施工组织管理，一方面要加强技术、管理人员培训；另一方面还要健全现场各项管理制度。加强组织管理，正确计划、指挥、组织、协调，做到科学组织施工，建立健全员工岗位责任制度、奖罚制度，优化各工序安排，避免各工序交叉干扰，有利于提高掘进效率，降低成本。

保证施工材料供应及时性。TBM 工程施工过程中，不可避免会受到各类复杂因素的影响，如果控制不当，可能会导致工期延长，对此，在施工前应当准备所需机械设备以及施工材料。具体而言，需根据项目建设要求制订采购计划方案，选择所需材料类型，采用适宜的配件运输方案,在将施工材料运输至施工现场后,多次开展质量检测,保证所采购的材料符合项目建设要求。在TBM工程施工中需应用多种机械设备,需检查各类设备的使用性能,保证所有设备处于正常运行状态,避免由于施工材料质量隐患、机械设备性能无法满足项目建设要求而对施工质量、施工进度控制造成不良影响。例如,在TBM施工中,塔吊设备比较常见,在塔吊设备应用前,首先需检查塔吊设备的质量合格证明,同时,还需在施工现场开展试验检测,保证塔吊设备能够始终平稳运行。

要加强超前地质预报和超前预加固处理的能力,做到超前探测、加强支护。当推进压力呈现反抛物线下降,扭矩上升等情况时,表明TBM从硬岩进入了软弱破碎围岩。同时,相应的掘进主参数和皮带输送机的出渣量、渣粒大小会出现明显变化。此时应调整TBM各参数,适速推进,减少扰动,同时准备相应的超前支护措施。

在岩性、TBM性能等客观因素确定的条件下,通过正常作业时间和停机时间段内工序的优化,缩短辅助作业、维护、换刀及其他可人为控制的时间,延长有效掘进时间,加强TBM组织管理,做到科学组织施工,就能大大提高TBM的工时利用率。因此主要采取以下措施:建立科学合理的TBM生产组织,根据不同阶段相应特点,优化各工序安排,有所侧重;在平行作业基础上保证重点工序,加强协调,避免工序干扰,减少TBM掘进的辅助工时;合理把握换刀时机及提高换刀速度。在刀圈磨耗量较小时更换既增加换刀时间,又增加刀圈消耗;刀圈磨耗量达到或接近极限值时才换刀不能有效保护刮渣板,刀圈刃口很宽,破岩能力大幅度下降,增加掘进时间与电能消耗。现场在遵循刀具磨耗到限换刀的原则基础上,根据掘进刀具磨耗测量的结果,尽可能避免大批量换刀造成的时间延误,除刀具轴承漏油必须随时更换外,采用每次在维修保养期间进行小批更换的办法;优化掘进参数。合理选择刀盘推力等掘进参数,降低刀具的损耗,提高破岩效果,减少停机时间;建立科学合理的监测诊断和维修保养方法,以迅速判明或预见故障的发展趋势及部位,及时采取应对措施,避免更大事故和损失;建立严格的责任制,做到责任到人,各负其责,每天定点定位检查,做到准确事故预测、快速事故处理、完善事故分析和交流制度,保证设备的完好率及掘进速度。

奖励激励措施。积极合理的激励措施可充分调动现场管理人员和作业人员的积极性、主动性,使所有参建人员处于更好的工作状态,保持应有的工作激情。考核奖励由基本任务奖金与超额任务奖金相结合确定。完成月度施工计划奖励基本奖金,每超额完成1m,按一定数额奖励,上不封顶。同时,月度考核与现场安全布局、质量管理等挂钩考核,避免只重视施工进度而忽略安全质量问题。月度考核完成后,由各作业班组按施工贡献大小分配奖金,并造表报项目部财务部门,奖金直接发放到每位作业人员。同时将奖励文件、奖励金额分配表以及相关影像资料等张贴于全标段各工区食堂、浴室等公共区域,加强宣传,在标段内形成人人讲生产、人人讲大干的良好氛围。

引入智慧工地系统监管施工过程。在信息化时代,信息技术发展迅速,并被推广应用到TBM行业,在施工管理中,通过应用信息技术,对多元数据进行科学组织和细致化分析,能够以数据的形式描述施工现场所产生的各类信息,促进施工现场监管效率的提升。智慧工地系统中具有完善的检索体系,可发挥射频识别功能、自动交互功能,对施工现场人员出入情况、施工材料和机械设备运输应用等相关数据,根据日志记录均可进行全面细致地分析。

18.5　TBM 施工成本管理

一般情况下，项目施工成本管理分为六大环节，分别为成本预测、成本计划、成本控制、成本核算、成本分析、成本考核。成本管理贯穿于施工项目的全程寿命周期，是决定项目经济效益情况的重要手段，分为事前控制、事中控制、事后控制。在施工项目中，成本的控制、核算、分析作为成本管理的事中控制尤为重要。

18.5.1　TBM 施工成本

TBM 施工总成本是指该 TBM 工程项目对该工程从开工到竣工交付使用的整个期间发生在该工程实体上的所有支出（成本费用），它是一个动态的成本，是随着工程的进展情况不断地进行修正和调整的。按成本构成类型划分为直接成本、间接成本和税金，其中直接成本包括劳务成本、物资成本、机械成本、摊销成本、其他直接成本，间接费成本包括规费、企业管理费。

劳务成本主要包括掘进劳务成本、皮带、维护等班组劳务成本、TBM 吊装专业劳务成本、渣土外运及消纳成本、地质补勘专业分包成本、零散用工劳务成本及其他劳务分包成本。

物资成本主要包括施工机具维保、刀具维修及消耗、TBM 及后配套动力消耗及注浆材料、二三项材料及周转材料。

机械成本主要包括 TBM 租赁费或折旧费、门吊及电瓶车等 TBM 后配套机械的租赁费或折旧费。

摊销成本主要包括项目生活及生产临建成本、临电成本、临建成本等。

其他直接成本主要包括检验试验费、第三方监测费、科研经费等。

间接费成本主要包括规费和企业管理费。

税金是本项目可抵扣增值税后的综合增值税税金成本。

（1）TBM 班组配置及工费

TBM 施工是工厂化流水作业，人员分工较明确，按照项目施工计划组织，确定掘进班、维护班、皮带班、洞内洞外综合班、刀具班等各班组及组内人员数量。TBM 的组装、试掘进、拆卸期间所需人员数量要单独考虑。另外，根据 TBM 的不同转场情况，整个出渣皮带运输和材料运输都有所调整，所需人员数量也单独考虑。施工现场管理人员工资、生产人员工资、劳务工工资、分包单位（扣除材料费、机械使用费、其他直接费）的劳务支出，参考企业平均工资水平，考虑劳动力市场变化情况分工种、分班组进行确定。工程在严寒、高原、风沙类地区施工，生产人员、劳务工工资均有一定程度考虑，福利费按企业文件以预计工费为基数。每月人数根据工程施工进度计划表有关数据加权平均求得。以上 TBM 六大班组，根据施工考勤考核情况发放工资奖金。

根据施工作业工程条件的不同，合理配备 TBM 各班组人员，是控制 TBM 成本重要环节，根据计划表一般人员配置情况结合施工项目实际,按月可核定 TBM 班组成本费用情况。

(2) 刀具消耗量

刀具消耗一般用耗刀率来度量,即每米进尺的耗刀数或每 100m 进尺的耗刀数。为反映和隧道开挖直径的关系,用开挖每立方米的耗刀数更可取。耗刀率和 TBM 性能、开挖直径、岩石特性、刀具设计均有直接的关系。在实际施工过程中,由于岩石、机械和刀具等存在许多变数,实际耗刀率往往会和预期耗刀率不一致,不同围岩级别估算耗刀率可参考表 18-14 中的数据。

不同围岩级别估算耗刀率　　　　表 18-14

名称	岩石级别				
	Ⅰ	Ⅱ	Ⅲ	Ⅳ	Ⅴ
预期损耗(把/m³)	0.001138	0.001138	0.001138 ~ 0.001707	0.001137 ~ 0.001706	0.001137

施工项目盈亏分析时,按月记录刀具损耗情况,根据不同的围岩类别,分析比对刀具刀盘损耗是否合理,及时调整刀具方案,针对不同类型的围岩选择合适的刀具。刀具消耗指标 = ($\sum XY$)元/100m,统计可参考表 18-15。

不同围岩级别刀具损耗记录　　　　表 18-15

名称	岩石级别				
	Ⅰ	Ⅱ	Ⅲ	Ⅳ	Ⅴ
消耗数量(把/100m)	X1	X2	X3	X4	X5
单价(元/把)	Y1	Y2	Y3	Y4	Y5
合价(元/100m)	X1·Y1	X2·Y2	X3·Y3	X4·Y4	X5·Y5

(3) 油脂及油料消耗量及指标形成

TBM 油脂油料作为月度盈亏核算的物资消耗指标之一,施工项目按照现场每月分围岩类别统计各项油脂、油料消耗,形成统计分析数据,可核定出油脂、油料消耗指标。油脂油料消耗指标 = ($\sum XY$)元/100m,具体记录方式见表 18-16。

不同围岩级别油脂、油料损耗记录　　　　表 18-16

名称	岩石级别				
	Ⅰ	Ⅱ	Ⅲ	Ⅳ	Ⅴ
消耗数量(L/100m)	X1	X2	X3	X4	X5
单价(元/L)	Y1	Y2	Y3	Y4	Y5
合价(元/100m)	X1·Y1	X2·Y2	X3·Y3	X4·Y4	X5·Y5

(4) 用电量统计

TBM 电气设备功率大、耗电量高,由于其施工特点,即使 TBM 停机,洞内、外的通风机、接力风机、空气压缩机以及各种照明设备等也要昼夜运转。故为了节约成本必须加快 TBM 掘进进度,做好日常用电量统计工作。电费消耗 = ($\sum XY$)元/100m,具体记录方式见表 18-17。

不同围岩级别电费记录　　　　　　　　表 18-17

名　称	岩石级别				
	Ⅰ	Ⅱ	Ⅲ	Ⅳ	Ⅴ
消耗数量(度/100m)	$X1$	$X2$	$X3$	$X4$	$X5$
单价(元/度)	$Y1$	$Y2$	$Y3$	$Y4$	$Y5$
合价(元/100m)	$X1 \cdot Y1$	$X2 \cdot Y2$	$X3 \cdot Y3$	$X4 \cdot Y4$	$X5 \cdot Y5$

(5) TBM 修理费

TBM 建设工程管理项目过程中，TBM 设备管理与维护是项目管理的重要环节。TBM 设备投资大、投资回报周期较长，在日常的项目管理中做好 TBM 维修费的整理核算是把控项目最终成本的重要环节。

(6) TBM 施工设备折旧摊销

设备在整个使用过程中，其效能是变化的。在使用期限的前几年，设备处于较新状态，效能较高，维修量少，配件消耗少，可为企业提供较多的经济效益。而后几年，特别是接近报废前夕，效能大为降低且配件消耗量大幅度剧增，为企业提供的经济效益也相对减少。因此，前几年分摊的折旧费应比后几年多一些才更趋合理。

折旧提取的种类很多，归纳起来可分为两大类，即直线法和曲线法。现行的直线法即不考虑设备的新旧程度，每年都按相同的折旧率按原值提取折旧费，曲线法是同一设备每年按不同的折旧率提取折旧费，该方法虽然较为合理，但计算较复杂，执行较麻烦。因此，按净值法提取较好，即对于某种类型的设备每年按相同的折旧率按净值提取。如此既能保持曲线法的优点，又能简化计算，方便提取。例如设备的折旧年限假定为 6 年，则以 30% 的固定折旧率按净值法提取其结果可参考表 18-18。

按净值法固定折旧率 30% 计提折旧　　　　　　　　表 18-18

时间	1 年	2 年	3 年	4 年	5 年	6 年
年提折旧率(%)	30	21	14.7	10.3	7.2	5.0
净值(%)	70	49	34.3	24.0	16.8	11.8

TBM 建设项目管理中，月度盈亏分析项目管理人员可按照自身的 TBM 设备情况来选取折旧计提方式，做好每月的折旧费用记录。

(7) 辅助及其他材料费

TBM 建设项目管理中，设备机械化程度高，配置复杂性，操作人员工种多样性，因此需配备的辅助材料种类繁多，按以往经验估算不同种类的小型材料多则上千种，在月度盈亏平衡分析核算时，要将各类辅助分类做好台账，按月如实反映消耗情况。统计分析各类型辅助材料的消耗情况，盘点库存按一定比例的富余量购置对应类型的辅助材料。

(8) 掘进完成进度统计

国内外关于 TBM 掘进效率的大量研究结果表明，影响 TBM 掘进效率的主要因素存在两个方面，首先是主观因素，其中包括 TBM 操作人员的技术水平、现场施工组织管理水平和机械设备运行参数选择，这些因素可以通过技术培训、提高管理水平、优化设备参数选择等方法提高 TBM 掘进效率。其次是客观因素，主要指的是 TBM 施工的围岩地质条件，只要隧道走向线路确定,围岩地质条件就是客观存在。能够影响 TBM 掘进效率的围岩地质条件因素有很多种,主要包含岩石单轴抗压强度、岩体的完整性、地下水的发育情况等。

TBM 二次衬砌分为管片衬砌、模筑衬砌两种形式,管片衬砌随掘进同步进行,模筑衬砌滞后 300~500m 进行。在分析 TBM 盈亏平衡点时,以掘进为考核指标。

TBM 建设工程项目在进行月度平衡分析时,最重要的一点就是核定月度一般水平进度 $V(m)$,因项目各异,开挖单价 $Q(元/m^3)$ 也不尽相同,各项目的盈亏平衡点 $S = V \times Q$ 也会有所偏差。

以国内某 TBM 项目为例,不同围岩级别情况下月度进尺情况见表 18-19。

某项目不同围岩类别月度进尺　　　　　　　　　表 18-19

名　　称	围岩类别				
	Ⅱ	Ⅲ$_a$	Ⅲ$_b$	Ⅳ	Ⅴ
月进尺	550~700m	600~700m	350~450m	350~450m	100~150m

18.5.2　其他间接成本

1) TBM 安装调试、拆除转场费

TBM 安装调试费用包含 TBM 现场组装调试、试掘进期间技术指导费用,此部分技术服务大部分由 TBM 的制造厂家提供,在签订 TBM 设备采购合同时可约定单独支付或包含在 TBM 设备采购中。

2) TBM 施工月度盈亏分析

盈亏平衡点又称零利润点、保本点、盈亏临界点、损益分歧点、收益转折点。在施工项目管理中盈亏平衡点可以宏观地量化体现项目具体的盈亏平衡情况。TBM 施工项目的月度盈亏分析中,通常采用收入与实际成本比较法来确定项目月度盈亏平衡情况,根据不同的项目单价、资源配置情况,项目的盈亏平衡点不同。通常来讲,施工项目进度越快、资源配置越合理,项目的收益越显著。

在 TBM 施工项目中,人工成本、机械成本、电费油脂油料等月度消耗基本为定值,在此条件下每月完成进度越高项目经济效益越好。建设工程项目按月统计各类成本费用情况,与完成产值形成比较分析,如表 18-20 所示,若 $S > C$,则说明项目进度、成本控制情况良好,项目经济效益情况较好;若 $S < C$,则项目处于亏损状态,则需要根据各类数据分析成本超支及进度滞后原因;若 $S = C$,项目处于盈亏平衡点,此状态下的进度 V 为项目的盈亏平衡进度指标,可作为下月掘进的最低目标值。

某项目月度盈亏分析　　　　　　　　　表 18-20

序号	工程费用名称	计算公式
一	收入(S)	$V \times Q$
1	完成产值	$V \times Q$
二	成本(C)	=1+2+3+4+5+6+7+8+9+10+11
1	TBM 班组工费	雇工/劳务分包费用

续上表

序号	工程费用名称	计算公式
2	刀具消耗费用	$\sum AB \times V/100$
3	油脂油料消耗费用	$\sum XY \times V/100$
4	电费	$\sum AB \times V/100$
5	修理费	按修理费台账统计
6	TBM 折旧摊销费	按折旧费台账统计
7	辅助及其他材料费	按辅料费台账统计
8	后配套机械设备折旧费	按折旧费台账统计
9	TBM 安装调试费	以实际签订的服务合同费用
10	分摊管理费用	按管理费用台账统计
11	无法抵扣的增值税金	按当月税金筹划情况统计
三	月度盈亏情况	收入情况 – 成本情况

18.5.3 TBM 施工成本测算案例

案例参考数据为国内某 TBM 隧道施工项目，此项目 TBM 每延米单价 1.5 万元，该隧道综合月进尺指标 500m，由此可得，此项目月度完成产值收入（S）为 750 万元，项目班组配置每月工费 150 万元，刀具消耗、油脂油料、电费、修理费、折旧费等上表各项成本费用（C）为 626 万元，由此可分析该项目月度完成 500m 进度的情况下利润 124 万元。在不考虑各项成本因素变量的情况下，由数据可算出此项目盈亏平衡进度点（C/Q）为 417m，国内某项目月度盈亏分析表见表 18-21。

国内某项目月度盈亏分析　　　　表 18-21

序号	工程费用名称	金额(万元)	计算公式
一	收入情况（S）	750	$V \times Q$
1	完成产值	750	$V \times Q$
二	成本情况（C）	626	$= 1+2+3+4+5+6+7+8+9+10+11$
1	TBM 班组工费	150	雇工/劳务分包费用
2	刀具消耗费用	70	$\sum AB \times V/100$
3	油脂油料消耗费用	30	$\sum XY \times V/100$
4	电费	45	$\sum AB \times V/100$
5	修理费	10	按修理费台账统计
6	TBM 折旧摊销费	80	按折旧费台账统计
7	辅助及其他材料费	50	按辅料费台账统计
8	后配套机械设备折旧费	21	按折旧费台账统计
9	TBM 安装调试费	50	以实际签订的服务合同费用
10	分摊管理费用	100	按管理费用台账统计
11	无法抵扣的增值税金	20	按当月税金筹划情况统计
三	月度盈亏情况	124	收入情况 – 成本情况

本讲参考文献

[1] 李文富,伊长友,狄鑫卓.大伙房水库输水工程TBM施工管理方法[J].华北水利水电大学学报(自然科学版),2011,32(04):61-64.

[2] 武志鹏,刘素彦.浅析TBM施工管理措施[J].中国水利,2016(10):35-37.

[3] 杨宏欣.TBM施工进度影响因素及控制措施[J].东北水利水电,2011,29(02):15-17.

[4] 林长杰,李光波,苑晓倩.特长隧道TBM施工组织管理技术的研究与实践[J].水利建设与管理,2011(S1):61-65.

[5] 谭顺辉.TBM施工现场管理探讨[J].隧道建设,2000,(03):47-49,74.

[6] 李文富,伊长友,狄鑫卓.大伙房水库输水工程TBM施工管理方法[J].华北水利水电学院学报,2011,32(04):61-64.

[7] 陈竹,杨德慧,隋晓丽.浅谈TBM工程项目成本控制分析[C]//深基础工程新技术与新设备发展论坛.中国建筑业协会,中国工程机械工业协会.2013:124-127.

[8] 文雯.TBM隧道施工安全信息化管理探讨[J].山东水利,2021(11):39-41.

[9] 彭道富,李忠献.特长隧道TBM掘进施工技术研究[J].岩土工程学报,2003(02):179-183.

第19讲　TBM发展及展望

随着社会经济、技术的发展以及对环境保护、人员职业健康要求的提高，TBM法相对钻爆法具备更大的优势，施工技术更加成熟，故采用TBM施工的隧道越来越多，这对TBM隧道施工技术的发展既是机遇又是挑战。展望TBM未来发展，将有如下几个特点。

1) 开挖直径两极化发展

开挖直径向大直径和微型两个方向发展，大直径甚至达到15m，断面利用率高、工程占地面积少、地面交通影响小，广泛应用于过江隧道等；直径≤5m的小直径隧道，操作便捷、灵活、效率高，广泛应用于管幕支护、油气管道、管廊和联络通道等。但直径过大或者过小都会给掘进施工带来很多的困难和问题，因而在工程设计和TBM选型过程中应予以高度重视。开挖断面形状从单一的圆形断面，发展为双圆或多圆，甚至不规则断面TBM，隧道走向则有水平掘进TBM、竖井TBM和斜井TBM。

2) 由单一模式向多模式发展

一般来说TBM选型与地质条件是相对应的。随着隧道建设快速推进，呈现出长距离、地质条件多样化、建设环境复杂化的特点，特别施工地质由单一地层向复合地层发展。常规TBM支护方式单一，在施工过程中，只能拼装管片或者钢拱架中的一种，应对复杂地质的能力明显不足。近年来已开始研究TBM多模式支护系统，同时具备钢管片拼装功能和钢拱架拼装功能，在地质突变情况下快速切换支护模式，及时为隧道提供支护。综合考虑施工地层和环境条件等因素，采用多模式化掘进设备是解决上述问题的一个有效途径。

3) 地质工况多元化，多支护融合技术发展

超深埋隧道、超长山岭隧道、城市地下隧道、穿江越海大断面隧道等多种隧道建设目前逐步出现。TBM不具备主动稳定掘进面的能力；从刀盘前端到护盾尾部这一区域的围岩是处于无支护状态；超前处置由于护盾内及紧邻护盾尾部位布置了拱架安装机、锚杆钻机、内置皮带的主梁等，使得超前钻孔、超前管棚、超前注浆等都受到制约，对施工配套设备提出了更高的要求。TBM法隧道地质呈多样化发展趋势，面对诸多复杂地质条件，如极强岩爆、极高地温、强蚀变、严重破碎围岩、大变形等，施工安全、进度、成本都会受到极大影响。在复杂地质条件下也能够持续稳步施工，避免长时间停机，多支护融合技术是未来解决此类问题的一个有力支撑。TBM多支护融合技术发展方向见表19-1。

TBM 多支护融合技术发展方向一览　　　　　　　　　　　　　　　　　表 19-1

技术方向	技术名称
专用工具	TBM 上抓取不同支护结构用不同的专用工作机构和装置
联合支护模式	TBM 上支护结构的布置方案和模式转换。敞开式 TBM 的装配式支护钢管片及其与喷锚联合支护等
	钢管片+锚杆联合支护技术
支护技术	侧壁模筑支护技术
	高适应性锚网喷支护系统
运输及储存	不同支护结构长距离洞内运输、转运、存储技术

4) TBM 卡机防控与高效脱困技术发展

各种隧道地质灾害的存在是 TBM 隧道施工成本增加、工期延误的主要原因,隧道地质灾害造成的损失远远大于施工预案及超前处理的成本。因此,在将来的 TBM 施工中,应采用新技术、新方法,提高对不良地质的定量化判断水平,对不良地质采取有效的处理措施,以减少隧道地质灾害的发生或降低地质灾害造成的损失,实现 TBM 快速安全施工。TBM 施工的隧道多为长隧道,地质条件复杂多变,受勘察技术、勘察周期、勘察经费等的限制,前期的勘察很难将各种地质条件完全查清,且 TBM 对不良地质条件的适应性差,处理手段较为有限,TBM 施工中存在较高的地质风险,这就要求在施工阶段必须进行超前地质预报,及时查清掌子面前方的不良地质条件,采取有效的处理措施,避免地质灾害的发生或减轻地质灾害的危害程度,从而保障 TBM 的快速安全施工。TBM 机载超前地质探测集成技术发展方向见表 19-2。

TBM 机载超前地质探测集成技术发展方向　　　　　　　　　　　　　表 19-2

技术方向	技术名称
钻探	多功能钻机结构及功能转换技术(搭载式超前钻注一体机)
运动空间及范围	多功能钻机水平钻孔、周向运动安装平台
岩渣识别	基于岩渣体积分析的风险识别、预警方法
超前探测	TBM 搭载围岩探测系统

TBM 在穿越围岩节理裂隙发育,常有大量非常破碎的石块、石渣夹泥水涌入刀盘,皮带输送机出渣量剧增,刀盘扭矩和电机电流急剧上升,最终导致刀盘扭矩过大无法转动、皮带输送机被压死而被迫停机;或围岩的收敛速度大于 TBM 各盾体的通过速度,围岩抱紧盾体,盾体与围岩间的摩擦力以及地应力过大,盾体向前移动的动力不足以推动盾体,从而造成卡盾;卡机对工期和成本造成极大的影响,TBM 卡机防控与高效脱困技术显得尤为重要。具体参照表 19-3。

TBM 卡机防控与高效脱困技术发展方向　　　　　　　　　　　　　　表 19-3

技术方向	技术名称
机械结构	刀盘大尺度扩挖结构优化技术
	可伸缩护盾结构优化技术
	天窗护盾结构优化技术

续上表

技术方向	技术名称
预警	基于卡机前后数据特征挖掘的预警技术
加固改良地质	提高软岩、破碎带两侧围岩支撑强度的技术
脱困扭矩	护盾液压脱困技术等

5）无刀化高效掘进方向发展

高压水射流破岩技术、高压电脉冲破岩技术、激光破岩技术、粒子冲击破岩技术、微波破岩、超临界二氧化碳射流破岩、液氮射流破岩、高压气液两相射流破岩、超声波破岩等新型破岩技术等先进技术正逐步应用于 TBM 施工作业中。在新型破岩方式下，岩石产生弱化甚至直接破碎作用，弱化后的岩石强度降低，脆性增加，岩石内部裂纹拓展多且深，此时盾构刀具能轻易地将岩石破碎，大大降低了滚刀的磨损，提高了施工效率。无刀化高效掘进方向发展，将解决当前隧道掘进机存在的掘进速度缓慢、刀具易磨损等难题，大幅度提升掘进效率。

6）TBM 施工辅助高效快速发展

目前 TBM 施工作业效率有较大的提升空间，卡机、突水涌泥的安全事故也时有发生，支护、维护和管理问题也会影响 TBM 的整体施工环节。为解决上述问题，需要针对掘进、支护、维护和管理多方面发展相关辅助技术。为提高 TBM 掘进效率和保障施工安全提供保障。目前，TBM 施工辅助高效快速发展技术见表 19-4。

TBM 施工辅助高效快速发展技术 表 19-4

技术方向	技术名称
掘进	TBM 辅助驾驶与自动巡航技术
	掘进机语音辅助操控技术与智能导向系统
	关键部件多参数状态监测与故障预警技术
	岩渣智能识别与预警技术
支护	TBM 自动喷混技术
	TBM 自动拱架（管片）安装技术
维护	机器人快速换刀技术

7）管理平台化

通过融合地理信息系统（GIS）、建筑信息模型（BIM）、大数据、人工智能等先进技术，实现掘进机装备数据的远程采集、集中存储、挖掘分析及应用展示，从多个角度形象展示所属工程项目的地质条件、设备状态、工程进度、风险源等主要信息。

平台围绕地质、设备、环境、质量四个维度对掘进过程可能发生的风险进行实时预警，并根据风险危害程度进行等级划分，以数字看板的形式对风险信息进行统一综合呈现，支持以微信、短信等多种方式进行定向推送，确保风险的及时处置，提高施工安全。

集中展示了初期地勘结论、多种物探分析结果，额外应用大数据分析技术，实现了基于掘进参数实时预测前方围岩状况，从装备自身角度为围岩判识提供了额外的技术手段。结合装备导向系统，实时判断掌子面前方一定范围内是否存在地质风险，并通过平台、移动端多方定向推送报警信息，保障掘进机安全高效掘进。

8）以工序为导向，推动智能化建造

以施工工序为导向，隧道 TBM 施工掘进、支护、出渣和姿态控制智能化系统向着无人的方向发展。掘进过程中，地质风险实时感知，掘进参数自动选择，预警辅助决策，刀盘刀具在线监测；根据出渣、渣土物理特性监测，出渣参数自动控制，物料运输协同作业；支护过程中，管片自动选型排版，管片自动运输拼装，同步注浆智能监控，支护效果同步评估；姿态调整过程中，盾尾间隙自动测量，隧道姿态实时控制，激光导向精准控制，掘进状态实时可视。

9）完善规范，提升管理

标准规范的技术保障作用主要体现在安全可靠、技术先进、经济合理三个方面，同时采用标准规范可促进科技成果转化为生产力，实现良性循环。目前 TBM 相关标准规范还不够完善，还在向着标准规范设计发展。文化理念融合包括中外文化融合、跨界文化融合以及设计与使用文化相融合等，可极大促进 TBM 产业的发展。技术管理提升可从设计、制造、生产、使用整个过程全方位把控，节约成本，提高效率。

10）跨专业、跨行业合作共享

跨专业合作最终目的还是通过数字化、网络化、智能化将行业设计、生产、营销、流通全产业链高效赋能，推动产业管理水平提升、生产效率和产品品质提高、创新能力提升。开放共享，合作共赢是世界发展的大势，也是我国 TBM 发展必须遵循的主线，TBM 从整机制造也将逐步转换为旧机翻新或租赁共享，TBM 的发展需要探索共享经济新模式。

本讲参考文献

[1] 洪开荣,杜彦良,陈馈,等.中国全断面隧道掘进机发展历程、成就及展望[J].隧道建设（中英文）,2022,42(05):739-756.

[2] 陈青芳.TBM 掘进技术的发展与展望[J].科技情报开发与经济,2005,15(21):170-171.

[3] 齐梦学.我国 TBM 法隧道工程技术的发展、现状及展望[J].隧道建设（中英文）,2021,41(11):1964-1979.

[4] 王雁军,齐梦学.岩石掘进机关键技术展望[J].隧道建设,2018,38(09):1428-1434.

[5] 何川.盾构/TBM 施工煤矿长距离斜井的技术挑战与展望[J].隧道建设,2014,34(04):287-297.

[6] 隆威,尹俊涛,刘永正,等.TBM 掘进技术的发展应用及相关工程地质问题探讨[J].探矿工程-岩土钻掘工程,2005(02):55-59.